Theodor Hermann Pantenius

Die von Kelles

Ein roman aus Livlands vergangenheit

Theodor Hermann Pantenius

Die von Kelles
Ein roman aus Livlands vergangenheit

ISBN/EAN: 9783741172793

Hergestellt in Europa, USA, Kanada, Australien, Japan

Cover: Foto ©Andreas Hilbeck / pixelio.de

Manufactured and distributed by brebook publishing software (www.brebook.com)

Theodor Hermann Pantenius

Die von Kelles

Die von Kelles.

Ein Roman aus Livlands Vergangenheit

von

Theodor Hermann Pantenius.

Erster Band.

Bielefeld und Leipzig.
Verlag von Velhagen & Klasing.
1899.

Vorwort.

Eine kurze Übersicht über die geographischen und politischen Verhältnisse Livlands in den Jahren, in denen dieser Roman spielt, wird manchem Leser willkommen sein.

Unter Livland verstand man im XVI. Jahrhundert die heutigen Provinzen Liv-, Kur- und Estland, drei Kreise des Gouvernements Witebsk und die Stadt Narwa. Im eigentlichen Livland unterschied man das Erzstift, das Stift Dorpat, die Insel Ösel und das Ordensland, doch lassen sich die geographischen Grenzen hier nicht in der Kürze angeben. In Kurland lagen Semgallen (Mitau, Bauske, das Oberland), Kurland (Goldingen), das Stift Kurland (Pilten, Amboten, Hasenpoth). Estland zerfiel in die Landschaften: Harrien (Reval), Wierland (Wesenberg), Jerven (Weißenstein), Allentaken (Narwa), die Wiek (Hapsal).

Politisch gehörte der größere Teil des Landes dem Deutschherrenorden, dessen Besitzungen in Kurland und dem südöstlichen Livland in kompakter Masse zusammenlagen, sonst aber durch die Stifte vielfach unterbrochen waren. Die vier oben zuerst genannten Landschaften Estlands standen ebenfalls unmittelbar unter dem Orden. Der Herrmeister residierte in Wenden.

Nächst dem Herrmeister verfügte der Erzbischof von Riga über den größten Besitz. Seine Residenz war im XVI. Jahrhundert gewöhnlich das an der oberen Düna liegende Kokenhusen.

Die Stadt Riga wurde vom Erzbischof wie vom Herrmeister in Anspruch genommen, nahm aber beiden gegenüber eine sehr selbständige Stellung ein.

Außer dem Herrmeister und dem Erzbischof gab es noch vier Landesherren, den Bischof von Dorpat, den von Ösel — dem auch die Wiek gehörte —, den von Reval — dessen politisches Machtgebiet aber nur sehr beschränkt war — und den von Kurland (Residenz Pilten). In der Zeit, in der „Die von Kelles" lebten, waren die Stifte Ösel und Kurland in den Händen des Bischofs Johann von Münchhausen vereinigt.

Das waren die Herren des alten Livland, neben und unter benen die Städte und die Ritterschaften ihren Anteil am Regiment hatten. Ein näheres Eingehen auf dieses komplizierte Staatengebilde erscheint aber hier entbehrlich.

Über den historischen Eilhard Kruse gibt es eine interessante Abhandlung in dem fesselnden Buche Theodor Schiemanns: „Charakterköpfe und Sittenbilder aus der baltischen Geschichte des sechzehnten Jahrhunderts." Mitau, E. Behre 1877.

In Bezug auf die Schicksale Barbaras findet man das Historische in dem Aufsatz: „Bischof Johann von Münchhausen" von K. Schirren (Baltische Monatsschrift: XXVIII. I. Heft). Was Bonnius betrifft, so bin ich in bezug auf seine Lebensstellung Russow und Renner gefolgt.

Der Verfasser.

Erster Teil.

Erstes Kapitel.

Es war um die Zeit, in der die ersten warmen Winde von Süden her über das schneebedeckte Land streichen. Noch lag tiefer Schnee in den Wäldern und auf den Fluren, und das Eis auf den Strömen trug noch schwere Lasten; aber auf den Heerstraßen trat doch schon hie und da der nackte Sand zu Tage, und wer auf das Eis des Flusses wollte, mußte erst durch Uferwasser. Noch ein paar Wochen und es trat die böse Zeit ein, in der es weder brechen noch halten wollte und niemand auf den aufgeweichten Wegen fort konnte. Das wußte man nur zu gut, darum eilte auch alles, was noch vom Lande in die Stadt wollte, die letzte Bahn zu benutzen, und auf allen Straßen herrschte reges Leben. In langen Zügen von einspännigen Schlitten brachten die Bauern das Korn, das sie während des Winters gedroschen, oder den Flachs, den sie für den Verkauf hergerichtet hatten, zur Stadt, und ihre kleinen zottigen Pferdchen hatten tüchtig zu ziehen, um die schwerbepackten Fuhren fortzubringen. An der Spitze dieser Züge ritt wohl auch der Gutsherr selbst oder der Amtmann, oder ein wohlverwahrter Schlitten mit reicher Pelzdecke barg gar die Edelfrau, die die Gelegenheit benutzte, um in der Stadt allerlei Einkäufe zu machen. Fleischer trieben, die lange Peitsche in der Hand, mit Hilfe ihrer wohlabgerichteten Hunde große Herden Ochsen vor sich her und hatten ihre liebe Not, die Tiere an den Schlitten vorüberzubringen, auf denen die Köpfe gewaltiger Balken ruhten, während das Ende derselben, weil nachschleifend, die Straße abschüssig und spiegelglatt machte. Schlitten, gefüllt mit gefrorenem Wildbret oder voll gefrorener Fische oder Schweine begegneten anderen, auf denen Salz oder Heringe und was sonst noch zum Bedarf einer ländlichen Wirtschaft gehörte, verladen war. Den Reisenden, die meist hoch zu Roß des Weges zogen, wurde es oft nicht leicht, an all diesen Zügen glücklich vorüberzukommen, denn die Bauern waren wenig geneigt, ihnen Platz zu machen, und wenn sie, was bei dem naßkalten Wetter nicht allzu selten war, im Kruge des Guten zuviel gethan hatten, so waren Händel kaum zu vermeiden. War der Reisende indessen durch Kleidung und Dienerschaft als vornehmer Herr gekennzeichnet, so hatte er dergleichen Widerwärtigkeiten keineswegs zu befürchten. Dann wich ihm alles ängstlich aus und war froh, seinerseits ungeschlagen davonzukommen.

Zu dieser Klasse der Bevorzugten gehörte zweifellos der junge Mann, der um die Mittagsstunde eines der letzten Februartage des Jahres 1556 auf der großen von Tuckum nach Riga führenden Heer-

straße sich dem Flecken Schlok an der Semgaller Aa
näherte. Sein kurzer Reitpelz war mit edlem Rauchwerk reich verbrämt, Griff und Scheide seines
Schwertes und seines Dolches zeigten wertvollen
Schmuck. Dazu ritt er einen edlen Rapphengst, der
des kostbaren Zaum- und Sattelzeuges, das er trug,
würdig war.

Hart hinter ihm, so daß der Kopf seines Pferdes
sich in gleicher Linie mit dem Schenkel des Jüng-
lings hielt, ritt in Harnisch und Sturmkappe, das
Faustrohr am Sattel, ein Reisiger und in ein paar
Schritt Entfernung folgten noch zwei geharnischte
Reiter. Ein berittener „Junge" und ein von einem
starken Doppelklepper gezogener Schlitten, der die
Bagage barg, und auf dem, beide Beine auf einer
Seite, der gut gekleidete Troßkerl saß, schlossen
den Zug.

Die Reiter, die heute schon ein tüchtiges Stück
Weges hinter sich hatten, ritten schweigend einher,
und man hörte nichts als das schnelle Atmen der
Rosse und das klatschende Geräusch, das entstand,
wenn ihre Hufe durch den harten, zu Eis gewordenen
Schnee drangen.

„Hans," sagte der junge Mann an der Spitze
des Zuges plötzlich, „Hans, sieh doch! Was ist das
für ein seltsamer Wanderer!"

„Ich gucke mir schon eine ganze Weile die Augen
aus dem Kopf nach dem seltsamen Kerl," war die
Antwort. „Hat man je so etwas gesehen!"

Der Anblick, der sich den Reisenden bot, war in

der That auffallend genug. Vor ihnen ging nämlich ein Mann, der trotz der nassen Kälte, die die Reiter unter ihren Pelzen erschauern machte, barhäuptig und barfüßig und überdies nur mit einem langen, härenen Gewande, das wie ein Sack an seinem Leibe herabfiel, bekleidet war. Der Wanderer schritt so rüstig aus, daß die Reiter sich ihm nur sehr langsam näherten.

„Daß dich aller Welt Plage bestehe!" fuhr Hans fort. „Ich will nie wieder eine Kanne Bier trinken, wenn dem tollen Kerl nicht beide Füße erfrieren, noch ehe ich des Junkers Rappen in das Stabol des Schloßschen Kruges führe."

Der Junker trieb sein Roß an, die Pferde verfielen in Trab, und der Wanderer war bald eingeholt. „Heda, guter Freund," rief der Junker, „versteht Ihr deutsch?"

Der Wanderer blieb einen Augenblick stehen und wandte sein Gesicht dem Reiter zu. Das lang auf die Schultern herabfallende, reichlich mit Grau gemischte schwarze Haar und ein gewaltiger Bart umrahmten ein schmales Antlitz. Unter den stark vorspringenden Augenknochen blickten ein paar dunkle Augen in wunderbarem Feuer. „Ich bin ein Deutscher, Herr," erwiderte der Mann in oberdeutscher Mundart.

„Und warum streicht Ihr dann in solchem Aufzuge durch das Land?" fragte der Junker weiter, indem er die Stirn runzelte. „Ihr macht gemeiner deutscher Nation wenig Ehre in diesem Lande, wenn Ihr, ein Deutscher, zu Fuß und noch dazu in solchem Aufzuge auf offener Landstraße einherschreitet, wie ein undeutscher Knecht, der seinem Herrn entlaufen ist."

Der also Angeredete erhob seine Arme gen Himmel, und blickte nach oben. Seine lange hagere Gestalt sah in dieser Haltung noch viel schlanker und größer aus und schien ihn weit über das gewöhnliche Menschenmaß zu erheben. „Wehe über Livland!" rief er mit lauter, tiefer Stimme. „Wehe! Wehe! Wo wirst du an dem Tage bleiben, da der Herr sein schreckliches Gericht halten wird über die Gerechten und die Ungerechten! Wehe! Wehe! Wo wirst du bleiben an dem Tage, da es weder Deutsche noch Undeutsche geben wird, sondern allein Schafe, die eingehen zu ihres Hirten Freude, und Böcke, die hinabgejagt werden in die ewige Finsternis. Wehe! Wehe! über dich auch, Junker, der du ein Kind bist dieses Landes der Ungerechtigkeit! Ich sehe die Weihe herabfahren auf die Küchlein, die auf der Mutter Rufen nicht hörten, ich sehe, wie ihre Fänge sie zerreißen, wie die Federn fliegen, wie das Blut rinnt! Wehe! Wehe! Ich sehe die Zuchtrute, die der Herr dir gebunden, dein üppig Fleisch zu zerfleischen; aber du läßt nicht von deiner leichtfertigen Art! Wehe! Wehe! Gewogen, gewogen und zu leicht befunden!"

Der Hengst des Junkers war schon, als der Fremde die Hände erhob, jäh zurückgeprallt; nun aber, da der Mann in wilder Verzückung auf den Reiter einschritt, stellte das Tier und stob davon, daß der von seinen Hufen aufgeworfene Schnee den Folgenden um die Köpfe flog.

Es währte geraume Zeit, bis der Junker des Rosses Herr wurde. Dann wandte er sich zu Hans, der neben ihm hergejagt war. Sein Gesicht war so blaß, wie das des Dieners, als er fragte: „Wer war das, Hans? Um Gotteswillen, wer war das?"

„Das war ein Prophet, Herr!" war die Antwort. „Er heißt Georg von Meißen und war schon einmal anno 47 im Lande. Damals hat er denen von Riga verkündet, daß, wenn sie nicht abließen von ihrem sündhaften Leben, Gott sie heimsuchen würde mit Brennen. Und kaum war er fort, da entstand zu Christi Himmelfahrt ein Feuer in der Vorburg in den Speichern, und die Funken flogen über die Mauer und steckten die Häuser im Domstift links der Neupforte in Brand und den Dom! Wenig fehlte, so wäre die ganze Stadt darüber in Rauch und Asche aufgegangen!"

Mittlerweile waren auch die beiden anderen Diener und der Junge herangekommen. „Herr," fragte der eine von den ersteren, „soll ich zurückreiten und dem frechen Burschen eins über den Kopf geben, daß er das Aufstehen vergißt?"

Der Junker schüttelte den Kopf. „Was weißt du noch von ihm, Hans?" fragte er.

„Er hat damals sich alltäglich am Morgen an die Schiffe gestellt," berichtete Hans, „und hat sich sein Brot selbst verdient mit Säcketragen. Danach aber ist er in die Kirchen gegangen und hat die

Prädikanten vermahnt mit scharfen Worten, und hat keiner vor ihm bestehen können. Er ist so stark gewesen, daß er einmal, da er mit anderen Säcke auf die Schiffe getragen hat, und ein Träger, dem die Last allzuschwer gewesen, hingefallen, dessen Sack, da doch drei Lof Roggen darin gewesen, noch zu dem seinigen über den Rücken gethan und über das Brett, so man von dem Bollwerk auf das Schiff gelegt, getragen. Das Brett aber hat solche Last nicht aushalten können, ist geborsten und hat den Propheten fallen lassen. Da ist der Prophet mit beiden Säcken auf dem Wasser um das Schiff gegangen, bis er an eine Falltreppe gekommen, so an der anderen Seite über Bord gehangen, und ist also die Treppe hinaufgestiegen und hat sich seiner Last entledigt!"

„Was hat das zu bedeuten, Hans?" fragte der Junker weiter, „erst der Komet am Himmel und nun dieser Prophet auf Erden? Was will Gott, der Herr, über dieses arme Land verhängen?"

„Das weiß er allein," versetzte Hans, „aber Gutes verheißen solche Dinge nicht. Sind auch nicht die einzigen Zeichen und Wunder. Als ich durch Riga ritt, erzählte mir der Wirt, daß unter Ronneburg eines Bauern Sau im Busch zwei Ferkel mit fünf Beinen geworfen; die hat aber der Eber alsogleich gefressen. Das deutete ein Stallbruder von Cremon, der mit mir am Tische saß, darauf, daß der Herrmeister den Herrn Erzbischof und den jungen Herrn Christoph gefangen nehmen und nach seinem Willen mit ihnen verfahren würde. Daß Gott erbarm und daß seine Väterlichkeit der Herr Erzbischof vor solchem Unheil bewahrt bleiben möge! Besagter Stallbruder hatte übrigens einen solchen Rausch, daß ihn hernach, wie er unter den Tisch fiel, der Wirt und zwei starke Hausknechte nur mit vieler Mühe und großem Anken und Stöhnen zur Streu bringen konnten."

„Also es hat damals wirklich gebrannt, Hans?" fragte der Junker. „Warst du zu der Zeit selbst in Riga?"

„Nein, Junker," erwiderte Hans, „ich war dazumal mit dem gnädigen Herrn und der gnädigen Frau in Dorpat, wo die Abenteurer aus Welschland vom Turm am Dom über alle Stadtwälle und Gräben ein unmäßig langes Kabeltau bis auf die Reperbahn haben schlagen lassen und nachher auf selbigem Tau einhergelaufen sind wie auf der Erden. Der Junker wird sich dessen wohl erinnern, ich habe ihm wenigstens damals immer und immer wieder von dem wunderlichen und erschrecklichen Spektakel erzählen müssen. Aber daß sich in Riga wirklich alles so zugetragen, des habe ich sichere Kundschaft, denn der von Kawelecht war zu der Zeit mit fünf Dienern in Riga, und die haben mir das beim Bier oft genug erzählt, sie und die beiden Jungen, die mit dabei gewesen."

„Und er hat es ihnen vorhergesagt, daß Gott sie mit Brennen heimsuchen würde?"

„Mit Brennen."

Hans trieb sein Roß an, beugte sich über den Sattel vor und flüsterte: „Herr, nicht weit von meiner Vaterstadt Osterhagen liegt ein Kloster, das heißt Walkenried. War einst schön gebauet, liegt aber nun wüst. Zu dessen Abt kam einmal ein Bettelmönch und strafte ihn mit harten Worten, daß er und die Mönche ihr schandbar Leben lassen sollten. Wo nicht, so würden ihre Zugtiere die Kirche des Klosters umwerfen. Da hat der Abt gelacht und gemeint, damit habe es gute Weile. Nach einiger Zeit aber hat der Abt in trunkenem Mute zwei Bauern aus Klettenberg, die wegen Feldbiebstahls vor ihn gebracht waren, vor einen Pflug spannen und mit der Geißel antreiben lassen, bis ihnen die Zunge zum Halse heraushing. Bald darauf aber, da das Evangelium von Wittenberg ausgegangen war, haben sich die Bauern, und darunter die zwei, zusammengerottet und Feuer in die Kirche gelegt und sie verbrannt. Und haben also die Zugtiere Kirche und Kloster umgeworfen."

Die Reiter hatten unterdessen eine jener langen Schlittenreihen eingeholt, von denen weiter oben die Rede war. Da die Straße hier einen weiten Bogen machte, so sah man die ersten Schlitten und eine Schar Reiter, die ihnen entgegenkam, in nicht allzuweiter Entfernung. Unsere Reisenden gewahrten mit nicht geringer Verwunderung, daß der Bauer, der den ersten Schlitten führte, denselben nicht nur vom Wege ab in den tiefen Schnee lenkte, sondern ihn auch umwarf, und daß alle anderen Bauern seinem Beispiel folgten. Die Reiterschar, an deren Spitze zwei Herren ritten, deren Tracht sie als Ordensherren kennzeichnete, nahm davon übrigens in keiner Weise Notiz, sondern eilte in scharfem Trabe an den Bauern vorüber. Als die beiden Herren aber dem Junker begegneten, sahen sie ihn so scharf an, daß ihm darüber eine Blutwelle ins Gesicht stieg. Als sie kaum vorüber waren, hielten sie still, und der eine von ihnen, dem eine furchtbare Schmarre über das Gesicht lief, wandte sich zu einem Reiter aus dem Gefolge und flüsterte ihm etwas zu.

Der Reiter verneigte sich, gab seinem Pferde die Sporen und hielt gleich darauf neben dem Junker. „Mein gnädiger Herr, der Vogt von Tuckum," sagte er, „entbietet Euch seinen Gruß und läßt Euch fragen, wer Ihr seid, woher Ihr kommt und wohin Ihr wollt?"

Der Junker maß den Frager mit einem finsteren Blick und wollte schweigend weiter reiten, der Stallbruder aber trieb sein Pferd nun quer über den Weg und rief: „Halt!"

„Zurück!" schrie der Junker und zog sein Schwert, Hans aber fiel ihm in den Arm und flüsterte: „Um Gotteswillen, Junker, gebt nach, sie sind fünf wider einen und hinter ihnen steht der Herrmeister!"

Die beiden Ordensherren waren mittlerweile herangejagt, und ihr Gefolge, das aus vielleicht zwanzig Reitern bestand, umgab die kleine Schar von allen Seiten. Die schwarzen Augen des Vogts leuchteten wie ein Paar Kohlen aus seinem gelben Gesicht, und die furchtbare Schmarre, die über dasselbe weglief, lag wie ein blaurotes Band darüber. „Euer Schwert her, Herr!" schrie er. „Ihr seid mein Gefangener. Ich will Euch lehren, auf offener Heerstraße blank ziehen wider des Ordens Diener."

Der andere Ordensherr, ein noch junger Mann, drängte sein Pferd zwischen die Erzürnten. „Gemach, gemach!" sprach er zum Vogt und wandte sich dann an den Junker: „Steckt Euer Schwert ein, junger Herr," sprach er, „und zeigt dem Herrn Vogt hier Euren Paßbrief oder sagt ihm wenigstens, wer Ihr seid. Er hat das Recht, Euch zu fragen, und Ihr müßt einsehen, daß es in Zeiten wie in den unsrigen natürlich ist, daß wir wissen wollen, wer so bewaffnet und gefolgt durch das Land reitet."

„Gnädiger Herr," rief Hans schnell, „mein gnädiger Herr hier ist der Junker Eilhard Kruse, des ehrbaren und gestrengen Herrn Eilhard Kruse zu Kelles, Stiftsvogts des Stiftes Dorpat, Sohn, und mein gnädiger Herr, der Junker, kommt jetzo aus Deutschland und zieht zu seinem Herrn Vater nach Riga."

„Ich kenne Euren Herrn Vater wohl, Junker," sagte der Ordensherr und reichte dem Junker mit einem gewinnenden Lächeln die Hand. „Grüßt ihn von mir, wenn Ihr nach Riga kommt. Ich bin Gotthard Kettler, der Komtur von Dünaburg."

Die freundlichen Worte entwaffneten den Junker. Er steckte sein Schwert in die Scheide und reichte dem Komtur die Hand. „Verzeiht, edler Herr," sagte er, „und wenn Ihr meinen Paßbrief sehen wollt, so —"

„Laßt das nur," erwiderte der Komtur, indem er sein Pferd wandte, „Gott befohlen!"

Der Vogt von Tuckum blickte unterdessen grimmig darein. „Dankt Eurem Gott, Junker," rief er zornig, „daß er Euch den Herrn Komtur in den Weg führte. Ich hätte Euch anders mores gelehrt." Und dann zum Komtur gewandt, fuhr er fort: „Ihr seid zu gütig gegen die vom Adel. Das wird alle Tage unbotmäßiger und wird nicht eher ruhen, als bis die Weihe wieder einmal tüchtig unter die Küchlein fährt."

Das Gefolge der Ordensherren hatte mittlerweile die Straße freigegeben, und der Junker und seine Diener setzten ihren Weg fort.

„Das hätte eine böse Geschichte werden können, Junker," sagte Hans, als die vom Orden außer Hörweite waren. „Es ist nur gut, daß der Komtur dabei war. Der mit der Wesenbergischen Kralle im Gesicht sieht gerade so aus wie einer, der eine stählerne Zunge im Munde führt."

„Die verdammten Kreuziger," knirschte der Junker. „Wann wird endlich der Tag kommen, an dem wir den letzten Weißmantel werden zum Lande hinausfliegen sehen!"

„Amen, Junker, aber der letzten Kutte wollen wir den Vortanz lassen."

Sie waren mittlerweile zu den Bauern gekommen, die damit beschäftigt waren, ihre Pferde aus dem Schnee und die Kornsäcke wieder auf die Schlitten zu bringen. „Hört," rief Hans, „warum warft ihr denn vorhin eure Schlitten selbst um?"

Einer der Bauern richtete sich auf, schob mit dem Rücken seines Handschuhes die Pelzmütze aus der Stirn und erwiderte: „Wir erkannten den Vogt von Tuckum. Dem weicht unsereiner immer nicht weit genug aus, und er führt die Ruten allezeit gleich mit sich. Nur wenn man es macht wie wir, reitet der schwarze Teufel ruhig vorüber und läßt uns in Frieden."

Hans lachte laut, und die Reiter hinter ihm kicherten in ihren Bart; über die Lippen des Junkers aber kam es wieder: „Die verdammten Kreuziger!"

Noch eine Viertelstunde scharfen Trabes, und der Junker hielt mit seinem Gefolge vor dem stattlichen Kruge in Schlok. Der Wirt trat heraus und verneigte sich tief; ehe er aber noch ein Wort der Begrüßung sagen konnte, fühlte er sich beiseite gestoßen. Ein hünenhafter junger Mann flog an ihm vorüber und auf den sich eben vom Pferde schwingenden Junker Kruse zu. „Elert," rief er. „Daß mich aller Welt Plage bestehe! Du bist es wahrhaftig."

Damit schloß Jürgen Nötken den Vetter so kräftig in die Arme, daß diesem Hören und Sehen verging.

„Laß doch, Jürgen, um Gotteswillen, laß nur," rief Eilhard. „Wo kommst du her? Und siehe da, Heinrich Taube, du auch und du, Reinhold Stahlbiter. Seid ihr mir entgegengeritten?"

„Ja und nein," meinte der zuletzt Genannte, indem er dem Freunde die Hand schüttelte. „Aus

Riga sind wir deinetwegen nicht geritten, aber wir hofften wohl dich hier zu finden."

Jürgen Nölken hatte sich unterdessen mit Hans begrüßt und stand nun bewundernd vor Eilhards Hengst. „Ist das ein Staatsgaul!" rief er. „Na, Elert, du reitest ja überhaupt einher wie der Komtur von Reval. Hast du die Knechte da für den Alten mitgebracht?"

Eilhard nickte, und die Junker begaben sich in den Krug und an den Tisch, den die drei eben verlassen hatten. Der Wirt versprach ein Mittagessen, und Eilhard that den Freunden in tiefen Zügen Bescheid, denn der lange Ritt hatte ihn durstig gemacht. Jürgen aber berichtete, daß in Kelles, so viel er wisse, alles wohlauf und der „Alte" voraussichtlich schon seit ein paar Tagen in Riga sei.

„Und nun," sagte Eilhard, indem er seinen Krug beiseite schob, „und nun erzähle, wo ihr herkommt."

Jürgen Nölken that einen langen Trunk, fuhr sich dann mit der Hand über den jungen Schnurrbart und stützte beide Ellbogen auf den Tisch. „Wir waren nach Weihnachten," erzählte er, „auf einer Köste in Wolmar, wo Heinrich Schwarzhof mit Tönnies von Campen Tochter Ursula Hochzeit hielt. Da haben wir drei Tage getrunken, daß am Abend keiner wußte, wo rechts und wo links war. Darauf sind wir mit den Tebingsheim von Kalzenau geritten und haben uns in Versohn und Erla und wo sonst noch Tebingsheims sitzen, umgetrieben. Ja, das waren schöne Tage, denn wir haben mit dem

Thebingsheimschen Frauenzimmer schier alle Tage
getanzt, und ohne ordentlichen Rausch sind wir auch
keinen Abend zu Bett gegangen. Nun war da auch
ein Junger vom Adel aus Kurland, ein frischer
Mensch, der erzählte, daß sein Vater im vorigen
Herbst einen gesegneten Strand gehabt und daß ihm
noch ein paar Faß spanischen Weins davon im Keller
übrig geblieben. Meinte, wir sollten ihnen helfen
den Wein austrinken. Da sind wir mitgeritten bis
drei Meilen hinter Tuckum und haben daselbst über
eine Woche einen schweren Trunk gethan. Man hat
uns auch gut gehalten, und wie das eine Faß leer
war — das andere hat er nicht herausrücken wollen
— hat der gute Herr jedem von uns fünf Gulden
verehrt. Die haben wir in Tuckum im Kruge mit
anderen Jungen vom Adel und zwei kurländischen
Domherren vertrunken.

„Wie nun das Geld alle ist, schlägt der eine
Domherr vor, wir sollten nach Schrunden reiten.
Das ist ein festes Haus, liegt an der Windau, darauf
haust ein abgestandener Komtur. Das sollte ein
lustiger, alter Herr sein, darum hat der eine Dompfaffe diesen Anschlag gemacht, daß jeder von uns
eine Art Musik machen sollte; der eine mit Pfeifen,
der andere auf einer Maultrommel, der dritte mit
Schlagen auf einem alten Kessel und sofort. Außerdem haben wir drei Sackpfeifer angenommen, die
haben vor uns herreiten müssen, als wie Trompeter.
Nun kannst du dir denken, Elert, was das für ein
Spektakel war. Als wir mit solcher Musik durch

das Hackelwerk ritten, sind die Leute zusammengelaufen wie Ameisen, und Deutsche und Undeutsche haben sich vor Lachen geschüttelt.

„Als wir nun vor das Schloß ritten, und alle miteinander anstimmten, da ist alles, Männlein und Weiblein, Ordensherr und Stallbruder ans Fenster gelaufen, und die Meierschen haben noch ärger geschrien vor Vergnügen, als wir mit unseren Sackpfeifen; der alte Herr aber hat gelacht, daß ihm die Thränen über die Wangen liefen.

„Na, man sah auf den ersten Blick, daß man in ein reiches Haus kam, denn in jedem Winkel steckte eine Meiersche und an Wein und Bier war kein Mangel. Alsogleich ging es an ein Saufen und Dobbeln mit den jungen Ordensherren und mit den Jungen vom Adel, die auf dem Hause waren, ohne Rast und Ruhe, bei Tag und bei Nacht."

Jürgen stärkte sich hier durch einen tiefen Trunk, und Heinrich Taube nahm für ihn das Wort: „Das ist dir ein merkwürdiger Kauz, der alte Komtur," sagte er. „Er ist früher Komtur von Dünaburg gewesen, da hat er sich mit den Polacken und Moskowitern das Branntweintrinken angewöhnt. Wie er also aufsteht, so trinkt er bis zum Mittag sieben Schalen Branntwein. Von Mittag ab aber trinkt er, wie er sagt, keinen Branntwein mehr, sondern nur noch Apfelwein, d. h. er schöpft aus einer Tonne Branntwein, in der ein Dutzend Äpfel schwimmen. Davon hat er nun getrunken, wieviel er wollte."

„Na, das beste, Heinrich," nahm Jürgen wieder

das Wort, „war doch der letzte Abend. Auf dem Schlosse war ein Prädikant, ein rechter Spaßmacher und Hasenkanzler. Der hatte den Abend allerlei Gaukelstücke gemacht, so daß wir darüber noch mehr soffen, als gewöhnlich. Nun hatte der alte Herr eine Mutgeberin, die war mager wie eine Außengans, aber sonst ein schmuckes Weibsbild. Der hatten es Heinrichs blaue Augen angethan. Wie nun der Heinrich am Abend einen guten Rausch hat, fängt er an mit ihr zu scharmuzieren und Hände zu drücken. Der alte Herr, neben dem sie sitzt, wird das gewahr, gluhpt den Heinrich an und sagt: ‚So, Junker, weiter aber geht nicht.‘ Da gibt ihr der Heinrich, der himmeldickvoll ist, einen Kuß. Bautz hat er eine Tachtel weg. Da war nun die Freundschaft in den Brunnen gefallen, und Dolche und Schwerter waren billig wie Brombeeren. Wir merkten wohl, was sie uns für eine Kappe zuschneiden wollten, suchten uns also aus dem Rauch zu machen. Das wäre uns aber wohl kaum gelungen, und die trunkenen Brüder hätten uns vielleicht zu Tode getanzt, wenn ich nicht zum Glück über den Prädikanten gestolpert wäre, der toll und voll auf der Erde lag. ‚Halt,‘ schrie ich, ‚hier liegt einer erschlagen!‘

„Da hielten sie alle still, und nur des Prädikanten Meiersche, die auch dabei war, schrie wie ein Schwein, dem das Messer im Halse steckt. Darüber richtet sich das vermeintlich tote Gottesschaf auf und ruft: ‚Bier her!‘ Da lachten alle und der Zorn war weg. Da that einer von den adeligen Jungen

— er ist aus Dänemark, eines reichen Herren Kind — den Vorschlag, wir sollten den Prädikanten zu Grabe singen, als ob er wirklich tot wäre, nach alter Manier natürlich. Das war uns recht. Nun hält sich der alte Herr außer dem Prädikanten noch einen Pfaffen, denn er denkt: ‚Wenn ich zur Hölle fahren soll und das Evangelium thut es nicht, so thut es vielleicht die Messe.' Wurde alsogleich nach dem Pfaffen geschickt, der sollte den trunkenen Prädikanten zu Grabe singen. Wie er kommt, spricht er, er will's nicht thun. Da schlägt der obgedachte dänische Junge vor, wir sollten ihn prellen, bis er es thut. Wir nicht faul, das Geschirr vom Tisch und das Laken herunter und den Pfaffen darauf. Wie wir ihn das dritte Mal in die Höhe bringen, spricht er, er will es thun. Da haben wir ihn vom Laken gehoben und den Prädikanten hineingewickelt und auf den Tisch gelegt. Sein armes Henkerchen schreit und weint, wir sollen es lassen, aber der alte Herr brüllt nur immer: ‚Lichte her!' Da haben wir ringsum die Lichte gestellt und haben darauf mit dem Pfaffen den Prädikanten zu Grabe gesungen. Ich sage dir, Elert, es war ein Oberspaß, und daß du nicht dabei warst, bedaure ich mein lebenlang. Wie wir aber am anderen Morgen zu Bett gefunden, das ist Gott allein bekannt."

„Seid ihr toll, Jürgen!" rief Eilhard.

„Ach was toll," versetzte Jürgen. „Am anderen Morgen," fuhr er fort, „haben wir unseren Abschied genommen und sind wieder auf Tuckum geritten. Da fanden wir im Kruge einen Ratsverwandten aus der

Narwa, der kam mit zwei Töchtern aus Deutschland. Die eine war schon erwachsen, die andere aber noch eine Zippollenjungfer. Der Ratmann wurde unser Vater und mit den Mädchen war gut auskommen. Da haben wir noch einen rechten Rausch gehabt und sind heute morgen hierher geritten, in der Meinung dich hier zu treffen. Und wenn du uns nun fragst: ‚Wo wart ihr?' so weißt du es jetzt: wir waren nach Kurland auf die Wurst geritten und sind im Lande umhergebast. Aber nun erzähle du."

Eilhard hatte den Erzählungen des Vetters mit gemischten Gefühlen zugehört. Einerseits war er zu sehr ein Kind seiner Zeit, um nicht an den derben Scherzen, von denen der Vetter berichtete, seine Freude zu haben, anderseits war er aber doch auch ein anderer als sie, und empfand in der Derbheit die Rohheit. Immerhin wäre jedes ernste Wort den drei gegenüber zur Zeit völlig unangebracht gewesen; er erzählte daher von seinem Aufenthalte auf den Universitäten Wittenberg und Leipzig, sowie an den Höfen der Kurfürsten von Sachsen und Brandenburg allerlei, von dem er voraussetzen konnte, daß es seine Zuhörer interessieren würde. Sobald es aber anging, schützte er Reisemüdigkeit vor und zog sich auf sein Lager zurück, was ihm dadurch möglich wurde, daß die drei zwei Rigische Kaufgesellen gefunden hatten, nasse Brüder wie sie, mit denen sie nun würfelten, tranken und sangen, bis sie niedersanken, und der Wirt mit seinem Gesinde sie zu Bett brachte.

Zweites Kapitel.

Das rege Treiben im vielbesuchten Kruge weckte Eilhard am folgenden Morgen früher als ihm lieb war, denn er mußte darauf gefaßt sein, daß die anderen drei jungen Leute erst spät erwachen würden. Um so angenehmer war seine Überraschung, als er im Stabol, wohin er sich begeben hatte, um nach den Pferden zu sehen, bereits Jürgen begegnete, den die gleiche Absicht dahin geführt hatte. „Wie, Jürgen, du schon auf und bereits in den Kleidern?" rief er.

„Was die Kleider anbetrifft," versetzte Jürgen, indem er sich mit der Hand an den Rahmen der aus dem Stabol in die Flur führenden Thür lehnte, „so liegt darin nichts Wunderbares, allieweil der Wirt uns nicht ausgekleidet hat; im übrigen aber müssen wir heute beizeiten in Riga sein, wenn wir das Bankett der Kaufgesellen, der Schwarzen Häupter, zu dem wir eingeladen sind, und den Tanz um die Fastnachtstanne mitmachen wollen. Statt des Fastnachtstrunkes gibt es nämlich in diesem Jahr zu Ehren von Erzbischof, Herrmeister und gesamtem Landtage ein großes Bankett."

Der Schein der großen Stalllaterne über der Thür fiel Jürgen gerade ins Gesicht, das noch so stark gerötet war, daß Eilhard erschrak. „Um Gotteswillen, Jürgen," sagte er, „wo wird das hinführen mit dem ewigen Trinken!"

„Sei ruhig, Elert," versetzte Jürgen, „das Trinken hat noch keinem Livländer geschadet, aus der Nüchternheit aber sind schon viele schandbare papistische und anderweitige Greuel wie Fasten, sich kasteien und anderes mehr hervorgegangen. Laß mich nur erst eine Kanne Bier im Leibe haben, und ich bin wieder der Alte. Aber nun sage mir" — hier faßte Jürgen den Vetter an beide Schultern, „nun sage mir, Elert, alter Junge, wie steht es benn mit deinem Kopf und wie hat er sich auf der Reise aufgeführt?"

Es war ein warmer, liebevoller Blick, mit dem Jürgens kleine Äuglein auf den Zügen des Vetters hafteten, die jetzt im Schatten noch schmaler und zarter aussahen als sonst, einer von den Blicken, die der, auf den sie fallen, nicht leicht wieder vergißt.

„Mein lieber Jürgen," sagte Eilhard, indem er Jürgen umarmte. „Und was meine Kopfpein anbetrifft, so habe ich sie das letzte Mal in Memel gehabt. Da kann ich wohl zufrieden sein."

Die Vettern suchten nun die deutsche Krugseite auf, wo sie die beiden anderen Junker fanden, und bald saß die ganze Gesellschaft wieder im Sattel.

Die frische Luft draußen that den Reitern gut, und Jürgen war in der That bald wieder ganz der

alte. Er und Heinrich Taube ritten voraus und
schossen mit einer Armbrust, die einer der beiden
undeutschen Jungen der jungen Herren mit sich führte,
nach den Hähern, die von Zeit zu Zeit kreischend
über den Weg flogen, oder schwatzten von ihren kurländischen Erlebnissen, während Reinhold Stahlbiter
und Eilhard bald in ein ernstes Gespräch gerieten.
„Wie du weißt," sagte der erstere, „haben die Land-
stände anno 1546 auf dem Landtage zu Wolmar
den Schluß gefaßt, daß weder der Erzbischof, noch
der Herrmeister, noch einer der Bischöfe, sei es nun
der von Dorpat, von Kurland, von Ösel oder von
Reval unter keinen Umständen einen Koadjutor von
fürstlichem Stande wählen dürfe. Nun sieht jedes
Kind ein, daß dieser Landtagsschluß gemeiner deutscher
Nation und damit auch unserem lieben livländischen
Vaterlande zum größten Unheil gereichen muß; denn
wenn kein deutscher Fürst, noch eines deutschen Fürsten
Sohn bei uns soll zu Land und Leuten kommen
können, so läßt sich wohl denken, daß die deutschen
Fürsten auch die Leitern unterm Dache lassen werden,
wenn es in Livland brennt, und wessen wir uns an
Hilfe vom gemeinen deutschen Adel zu versehen haben,
seit allein die Westfälinger in Livland in den Orden
treten dürfen, weiß auch Meister Matz. Nun hat
Seine fürstliche Gnaden der Herr Erzbischof Wilhelm
auf vieles und bringendes Ansuchen Seiner Königl.
Majestät von Polen Sigismundi Augusti beschlossen,
von besagtem Landtagsschluß ganz und gar abzusehen
und den jungen Herrn, Herrn Herzog Christoph von

Mecklenburg, des Herzog Johann Albrecht Sohn und
des Königs von Polen Neffen zu einem Koadjutor
erwählt und anerkannt. Das hat der Orden nicht
leiden wollen und ganz und gar nicht darin gewilligt.
Ende November ist aber der junge Herr zu Riga
ins Land gekommen und bald darauf zu Kokenhusen
von dem Erzbischof, den Domherren und dem ge=
meinen Adel aus dem Erzstift für einen Koadjutor
anerkannt. Darüber sind nun in Wenden alle Hunde
los, und wenn es den Ständen auf dem Landtage
nicht gelingt, die Herren miteinander auszusöhnen,
werden wir noch vor Pfingsten im Krebs über die
Saat reiten."

"Die verwünschten Kreuziger!" meinte Eilhard.
"So Gott will, halten dann alle Stände zusammen
und kehren die Westfälinger zum Lande hinaus."

"So wird's schwerlich kommen," meinte Stahl=
biter, „obgleich manche von ihnen sacken und packen,
als ob sie morgen fort müßten und sie ihre Finken
mehr denn je nach Hause fliegen lassen, denen in
Westfalen ein goldenes Lied vorzusingen. Viele vom
Adel wollen doch auch vom jungen Herrn nichts
wissen, und siehst du — Elert — ich meine, so ganz
unrecht haben sie nicht. Jetzt haben sie an den
Ordensrittern einen Herrn, der ist doch wie ihres=
gleichen, und schlägt einer von ihnen am Abend
seinem Herrn im trunkenen Mute mit der Kanne auf
den Kopf, so wird es am anderen Morgen vertragen
und gänzlich ausgeglichen. Wenn sie aber einen

deutschen Fürsten über sich hätten, sollten sie das wohl bleiben lassen."

„Das mag schon sein," rief Eilhard eifrig, „aber soll es denn deshalb allewege so bleiben, daß wir freien livländischen Edelleute uns von den landfremden Westfälingern, die zu Hause keine Hemden haben über die hungrigen Leiber zu ziehen, und die selbst nicht mehr an ihre Maria, und wie der katholische Greuel sonst heißt, glauben, sollen regieren lassen wie undeutsche Bauern? Werden wir denn ruhig abwarten, bis einmal ein Herrmeister es wagt und nimmt ein Weib und verändert sich, und teilt dieses arme Land unter seine Gebietiger aus zu Erb und Eigen? Glaubst du denn, daß in Deutschland die Kurfürsten, Herzöge, Fürsten und Herren mit ihren Pflichtverwandten umgehen können wie der Moskowitische Bluthund mit seinen Knäsen? Das soll einer versuchen! Wenn aber bei uns ein deutscher Fürst ein christliches, ehrbares Regiment aufrichtete, das reine Evangelium allerorten verkünden ließe, an seinem Hof in Züchten lebte, Schulen errichtete, die Bürger niederhielte, den Polacken wehrte, die Moskowiter zerstörte — wäre das nicht schön, Reinhold?"

Der Angeredete zuckte die Achseln. „Mag sein," meinte er, „aber ob darüber nicht unsere alte livländische Libertät zum Teufel ginge, stelle ich dahin."

Jürgen und Taube unterbrachen hier das Gespräch, und es kam nicht wieder in Gang.

Als die Junker durch das Sünderthor von Riga

geritten waren, trennten sie sich, denn das Haus des Syndikus von Riga, Stephan Schönbach, bei dem Herr Eilhard Kruse auf Kelles sein Absteigequartier nahm, sobald sein Weg ihn nach Riga führte, lag links vom Thor am Markt, der Vater von Taube aber, zu dem auch Stahlbiter wollte, lag in einem Quartier in der Weberstraße.

Als Eilhard und Jürgen vor dem Hause des Syndikus hielten, berichtete der Hauskerl, der herauseilte und ihnen die Rosse hielt, daß Herr Kruse Abhaltung gehabt und erst morgen eintreffen würde; für die Junker aber sei schon alles bereit. Auch sei der Herr Syndikus bereits vom Rathause zurück und säße mit der Jungfer Tochter eben über dem Essen. Die Junker hatten denn auch kaum die Hausflur erreicht, als ihnen der Herr Syndikus entgegentrat und sie herzlich willkommen hieß. Er geleitete sie selbst auf die für sie bestimmte Kammer und bat sie, sich in keiner Weise mit dem Umkleiden zu beeilen. Es versteht sich von selbst, daß die beiden jungen Leute trotzdem, sobald er gegangen war, sich möglichst eilig ihrer Reisekleider entledigten und sich stattlich herausputzten, wie denn auch der Herr Syndikus seine Schaube mit einem angemessenen Gewande vertauschte. Daß die Jungfer Tochter die vornehmen jungen Gäste nicht in ihrem Hauskleidchen empfing, braucht wohl nicht erst gesagt zu werden.

Nach einer Stunde saß die ganze Gesellschaft um den Speisetisch und that dem trefflichen Reinfal und dem schweren Romani alle Ehre an. Die Jungfer

Schönbach, die ein frisches junges Ding war, nahm Jürgens Herz mit Sturm, und er entfaltete ihr gegenüber alle Liebenswürdigkeit, über die er verfügte; er hatte aber weniger Glück, als sein schweigsamer, zurückhaltender Vetter.

„Junker," sagte die Jungfrau zu Eilhard gewandt, „wißt Ihr auch, daß ich Euch von ganzem Herzen beneide?"

„Ihr mich?" fragte Eilhard, „und warum?"

„Weil Ihr Eurer Base, des Fräuleins Brigitta von Tödwen wunderbares Gewand werdet zu sehen bekommen."

„Was ist das für ein Gewand, von dem Ihr redet?"

„Die Frau von Tödwen," erklärte Jürgen, „hat Brigitten ein Gewand machen lassen, davon spricht das ganze Land. Da ich nun eben der Jungfrau erzählte, daß wir über Ringen heimreiten würden, so entstand solcher Neid."

„Gewiß, Junker," rief Ursula, „was muß das aber auch für eine Freude sein, ein solches Gewand mit eignen Augen sehen zu können! Der Meister, der es angefertigt hat, ist eigens von Wien, von des Kaisers Hof nach Ringen gekommen. Das Gewand ist von weißseidenem Atlas, darin eitel goldene Blümlein eingewirkt und mit Goldzindel unterlegt sind. Die Säume sind alle mit edlen Perlen besetzt. Dazu gehört ein Mantel von rotem Sammet mit roten Doppelkarteken durchzogen und mit grünseidenem Atlas gefüttert. Seinesgleichen soll nicht wieder auf Erden sein."

„Es thut mir leid, Jungfrau," erwiderte Eilharb, „daß ich Euch nicht statt meiner nach Ringen reiten lassen kann. Ich fürchte, daß meine blöden Augen alle diese Herrlichkeiten nicht nach Gebühr werden bewundern können."

„Was du mit des Fräuleins Kleide hast," scherzte der Syndikus, „du wirst noch bewirken, daß die Junker alles, was ihr Rigischen Kinder heute abend auf dem Bankett am Leibe habt, für ganz unschön erachten werden. Dabei fällt mir ein, die Junker wissen doch um das Bankett, welches das ehrsame Corps der Schwarzen Häupter heute in seinem Hause Sr. Fürstlichen Gnaden, dem Herrn Herrmeister, den Gebietigern und allen Ständen gibt? Mein Freund, der alte Hans Billerbeck, hat mir auf die Seele gebunden, daß ich die Junker ja mitbringen soll."

„Gestrenger Herr," versetzte Eilharb, „Jürgen wird gern dabei sein, mir aber gestattet zu Hause zu bleiben, denn ich fühle, daß meine Kopfpein, die mich oft heimsucht und dann ganz darniederwirft, im Anzuge ist. Ihr müßt mir aber versprechen, daß Ihr Euch keineswegs durch mich werdet abhalten lassen, das Bankett zu besuchen."

Der Syndikus weigerte sich anfangs dieses Versprechen zu geben, Eilharb aber bat so dringend, daß er schließlich einwilligte, seinen Gast allein zu Hause zu lassen.

Nach dem Essen zog sich die Jungfrau zurück,

und Jürgen ging davon, um seine Freunde aufzusuchen, der Syndikus aber erzählte von dem Verlauf der Landtagsverhandlungen. Obgleich die Gesandten des in Kokenhusen weilenden Erzbischofs alles aufboten, um den Frieden zu erhalten, so blieb doch Herzog Christoph nach wie vor als Stein des Anstoßes, über den der Orden nicht hinwegkam, und der innere Krieg schien in ziemlich sicherer Aussicht zu stehen. „Seine Fürstliche Gnaden der Herr Erzbischof," meinte der Syndikus, „sollte wohl zusehen, was er thut, denn das ganze Land ist wider ihn, und ob S. F. G. der Herr Herzog Albrecht von Preußen seinem Herrn Bruder schließlich wird das Faß aus dem Schiffsraum heben können, steht dahin. S. F. G. dürfte, wenn es zum Schlagen kommt, bald merken, daß er das schmutzige Ende in der Hand hat. Was aber den Herrn Landmarschall Kaspar von Münster anbetrifft, so sollte S. F. G. sich auf diesen Stab nicht stützen. Wer wider den Orden war, der hat bisher noch immer im Elend sterben oder Gottes Sonne durch ein Eisengitter scheinen sehen müssen, und was Seine Majestät den König von Polen anlangt, so würde Seine Majestät den Ofen wohl gern heizen, ob aber die litauischen großen Herren auch die Holzscheite zutragen werden, weiß man weder auf dem Rathause noch auf der Gildstube."

Während der Syndikus noch so redete, ging die Thür auf, und ein alter Herr trat herein, den Schönbach seinem jungen Gast als seinen lieben, werten Freund, Herrn Hans Billerbeck, Kaufmann über See, vorstellte. Der alte Herr, der Ältester der Schwarzen Häupter war, wiederholte zuerst seine Einladung und fand sich nur schwer darein eine Absage zu erhalten; dann aber nahm er Platz, legte sich eine Handvoll Nüsse auf den Teller und wandte sich zu Eilhard: „Ihr kommt eben aus Deutschland zurück, Junker," sagte er. „Nun, was meint Ihr denn zu diesen kläglichen betrübten Händeln, die unser armes Vaterland so jämmerlich erfüllen? Daß Gott erbarm, der Schiffer und der Steuermann liegen sich in den Haaren, während der Feind schon die Enterhaken hebt!

> Die Tugend, so zusammenhält,
> Mit Stärk' und Kraft ist wohlbestellt.
> Wenn aber die zertrennet ist,
> Wird bald geschwächt mit arger List.

„Na, der Orden kann ja freilich nicht dafür, und daß er nicht ruhig zusieht, wie der Erzbischof die Pfähle, die doch mit seiner Einwilligung neben das Fahrwasser gesetzt sind, ausziehen läßt, kann ihm niemand verdenken. Vom Erzbischof aber gilt das alte:

> Was einer gerne haben will,
> Darin geschieht ihm nicht zu viel.
> Der Ausgang seinen Meister rühmt,
> Wenn es zum guten Ende kümmt.

„Ihr seid ein Freund des Ordens?" fragte Eilhard.

„Ja, Junker," erwiderte Billerbeck. „Ich bin ein Kaufmann und ich führe, was in dem einen

Lande wuchs und ward, in das andere, das davon leer steht. Im Handel aber stehet alles darauf, daß die Güter ohne jede Exaktion frei und ungehindert gehen und kommen können. Nun weiß jedermann und auch Ihr werdet es wissen, wie in deutschen Landen der Kaufmann mit den Stegreifrittern beschwert ist.

Reiten und rauben ist keine Schande,
Es thun's die allerbesten im Lande,

heißt es da. Nahen die Fuhrleute — flugs das Gesicht geschwärzt und den Kaufmann niedergeworfen. Kommt es aus, so werfen die vom Adel den Junker deshalb noch nicht über Bord, und die Obrigkeit kann in der Eile den Freimann nicht finden. Das ist bei uns doch anders. Wer da bei Nacht und Nebel in den Busch reitet, der reitet um seinen Kopf."

„Gestrenger Herr," sagte der Junker, indem eine leichte Röte seine bleichen Wangen überflog, „der Mond hat in Livland noch keinen vom Adel am Wege lagern sehen."

„Gewiß nicht, Junker," lenkte der alte Herr ein, „und ich glaube gern, daß einem solchen Landschäumer bei uns auch die vom Adel übel mitspielen würden; aber schließlich gibt es auf allen Tennen auch Halbkorn, und der Litauer näßt den Flachs nicht, wenn der Wraker dabei steht. Seht Junker, vor langen Jahren waren mir etliche Güter zur Windau geborgen worden und stachen dem Komtur daselbst in die Augen, daß er eine Erkenntnis von mir verlangte.

Da ritt ich hinüber zum seligen Herrn Herrmeister, Walter von Plettenberg — Seine Fürstliche Gnaden weilten zu der Zeit gerade in Tuckum — und beschwerte mich, weil obgedachtes Verlangen wider der Stadt Freiheiten ging. Da befahl Seine Fürstliche Gnaden an den Komtur zu schreiben, daß er mir die Güter zur selbigen Stunde quitt und losgeben sollte. Wie ich nun dem Komtur sothanes Schreiben überreiche, stand der in größter Furcht, daß er bei Sr. F. G. dem Herrn Herrmeister in Ungnade gekommen sein könnte, und befahl alsogleich dem Schreiber mir die Güter frei zu geben. Die Ratte findet eben den Met bitter, wenn der Kellerschlüssel rasselt. Doch genug davon, und nun, Junker, müßt Ihr mir versprechen, daß Ihr wenigstens morgen mit dem Herrn Vetter, meinem werten Freunde hier und meiner Pate Jungfrau Ursula einen Frühtrunk in meinem bescheidenen Hause einnehmt."

Eilhard, den manches in der Rede des alten Herrn verdrossen hatte, wollte die Einladung ablehnen, Billerbeck und der Syndikus aber drangen so sehr in ihn, daß er schließlich zu kommen versprach.

„Ihr werdet ein seltsames Hauswesen kennen lernen," sagte der Syndikus, als Billerbeck gegangen war. „Wie alles an dem lieben alten Gesellen wunderlich ist, so ist es auch seine Art Gäste zu empfangen."

Eilhard zog sich nun auf sein Zimmer zurück, und da sein sich steigerndes Kopfweh ihm jede

Beschäftigung verbot, so stellte er sich an das Fenster und blickte hinab auf den Marktplatz unter ihm, auf dem sich ein von Minute zu Minute lebhafter werbendes Treiben entwickelte. Links von ihm, vor dem Hause der Schwarzen Häupter, hatte man eine hohe Tanne aufgerichtet, die mit zahlreichen Rosen aus Papier geschmückt war. Der Platz zwischen dem Schwarzhäupter- und dem Rathause war mit gelbem Sand bestreut, über den man zerhackte Tannenzweige, den sogenannten Gränenbusch, gestreut hatte. Rings um den Platz aber drängte sich das Volk.

Da stand mancher junge Geselle und auch wohl mancher Meister vom Handwerk, der heute früher Feierabend gemacht hatte, um die Fräulein vom Adel oder die Jungfer Töchter der Ratsverwandten und vornehmen Kaufleute zum Bankett eilen zu sehen, oder um sich an der Pracht zu erfreuen, die die Ordensherren und die Herren vom Landtage nebst ihren Frauen heute entfalten sollten. Die Fuchsfellmütze schräg auf den Kopf gesetzt, standen sie fest in ihren derben Schuhen und schauten behaglich in das Getümmel. Neben ihnen hatten herrschaftliche Reiter in hohen Stiefeln, Schwert und Dolch an der Seite, mit breiten mit wallenden Federn geschmückten Hüten Platz genommen und scherzten mit den riesigen Hausknechten, deren Hebebäume bei Raufhändeln so gefürchtet waren, oder auch wohl mit einer Gruppe derber Gesellen, deren von Narben durchzogene Gesichter und schäbig prächtige Gewänder von grellen Farben und auffallendem Schnitt sie als Kriegsleute kennzeichneten, die ins Land gekommen waren, in ihm ihr Glück zu versuchen, bisher aber noch keinen Herrn gefunden hatten. Zahlreich waren die undeutschen Bauern, deren hellgraue Mäntel oder Schafpelze ein Gürtel aus blanken Messingringen zusammenhielt. Gehörten sie einem Junker, so trugen sie wohl auch ein Schwert, dessen Wehrgehäng das Wappen ihres Herrn zeigte; sonst hing nur ein kurzes Messer vom Gürtel herab. Aber auch mancher russische Kaufmann im langen Kaftan stand da im Haufen, strich sich mit der Rechten den Bart und wartete mit einem aus Neugier und abergläubischem Grauen gemischten Gefühl auf das Schauspiel, das die „heidnischen Deutschen" hier aufführen wollten. Die jungen Herren aus Litauen neben ihm, deren farbenprächtige Kleidung unter den lose übergeworfenen weißen Pelzen hervorleuchtete, nahmen die Sache leichter und warteten unter nicht abreißendem Geplauder mit Spannung auf das Erscheinen der Frauen und Mädchen zum deutschen „Bacchusfest", während ihre Diener ihnen immer wieder kleine Körbe voll süßer Kuchen zutrugen.

Jürgens Rückkehr unterbrach Eilhards Beobachtungen. Er wandte sich dem Vetter zu und unterstützte Hans, der dem Jungen den Junker ankleiden half, mit sachkundigem Rat. Endlich war Jürgen fertig. Sein ungeheurer Rumpf steckte in einem eng anliegenden bis zur Taille reichenden Wams von grünem Sammet, in das an Brust, Rücken und Armen gleichsam eine Menge Schnitte gethan waren, aus denen nun weiße Seide hervorquoll. Die Beinkleider, die bereits zwei Handbreit über dem Knie aufhörten, waren hart unter dem Wams gerafft, und breite grüne Atlasspangen hielten den gepufften Stoff von weißer Seide. Das Trikot, das die Beine bedeckte, war rein weiß, die Schuhe waren dagegen wieder grün. Um den Hals lag eine gepuffte weiße Krause und über die Brust fiel eine schwere goldene Kette herab. Darüber ward zuletzt noch ein runder nur bis zum Sitz reichender Kragenmantel gethan, dessen kleiner Kragen und handbreiter Saum wiederum grün war, wie das mützenartige Barett auf dem aschblonden, zu unzähligen natürlichen Löckchen geringelten Haar.

Jürgen ließ, ehe er ging, noch einen wohlgefälligen Blick an sich herabgleiten. „Elert," sagte er, „ich weiß ja, daß ich nicht hübsch bin, aber schönere Beine als ich hat kein Mensch in ganz Livland."

„Gewiß," erwiderte Eilhard, „wenigstens nicht kräftigere; aber eile dich, denn sie nahen bereits von allen Seiten."

Jürgen eilte hinab, während Eilhard wieder seinen Platz am Fenster einnahm. Auf dem Rathausplatz verbreiteten nun zahlreiche Fackeln ihr rotes Licht, von überall her hörte man den Schall der Trompeten und Kesselpauken, aus all den engen, auf den Platz führenden Gassen und Gäßchen strömten jetzt reich geputzte Menschen zu Roß, in Schlitten und zu Fuß herbei. Da kamen die vom Adel aus dem Erzstift, den anderen Stiften und dem Ordenslande mit ihren Frauen, Töchtern und Söhnen, die Domherren kamen, die Ratsverwandten Rigas und was aus den anderen landtagsfähigen Städten in Riga sich aufhielt, die evangelischen Geistlichen der Stadt kamen, und die Kanzler der Landesherren. Eilhard erkannte unter den Thebingsheim und Tiefenhausen, den Rosen und Üxküll, den Ungern und Taube, den Farensbach, Wrangel, Stackelberg, Schwarzhof, Dücker, Plettenberg, so manchen ihm nahe verwandten oder seinem Vater eng befreundeten Mann. Jener stattliche Herr, vor dem sich die an der Thür die Gäste willkommen heißenden Schwarzen Häupter-Ältesten so tief verneigen, ist Heinrich von Thebingsheim auf Versohn, Bannerherr des Erzstifts, jener andere dort Johann Üxküll von Menzen aus der Wiek. Überall nicken Federbüsche, blitzen Edelsteine auf den Hutbändern der Herren, gleißen Goldketten durch die mit Absicht verschobenen Mäntel von allen Farben, deren Kragen köstliches Rauchwerk jeder Art, Zobel und Marder, Luchs- und Leopardenfell zeigen. Auf dem im Goldnetz hoch aufgezogenen Haar der Frauen schwebt ein kaum mehr als handgroßes, rundes, steifes Mützchen ohne Rand, an dem eine kurze Feder schwankt, und die überhohen Puffen am Oberarm bauschen auch die Pelzjacke auf.

Horch, Trompeten, Kesselpaukenklang und roter Fackelschein von rechts her. Zwölf Trompeter und ein Kesselpauker eröffnen den Zug des Herrmeisters, der Gebietiger und der Ordensherren. An den Trompeten hängen breite, fahnenartige Tücher mit dem

Ordenskreuz, die Fackeln der zu Fuß einherschreitenden Knechte erhellen grell die weißen Ordensmäntel. Von den beiden, die voranreiten, ist der unscheinbare, vom Alter gebeugte Herr Seine fürstliche Gnaden Herr Heinrich von Galen, der Herrmeister, der andere, mit dem schneeweißen Haar und dem feurigen Blick des Jünglings, sein eben erst gewählter Koadjutor Herr Wilhelm von Fürstenberg. Sie halten vor dem Hause, sie steigen ab und verschwinden in der Thür. Das Bankett nimmt seinen Anfang; Eilhard aber, dessen Blick nun nicht mehr von dem bunten Schauspiel unter ihm gefangen genommen wird, wendet ihn nach oben, wo über dem Schwarzhäupterhause mit aller seiner rauschenden Festeslust, im Osten der Komet steht und mit wunderbarem Glanz alle anderen Sterne überstrahlt. Wo kam er her dieser seltsame Stern? Was sollte er?

Hans hatte unterdessen schmale Leinwandbänder auf das Eis gethan, das er im Kübel bereit hielt. Als Eilhard vom Fenster zurücktrat, band er ihm eins derselben fest um die Stirn. Das linderte einigermaßen den Schmerz, der in ihr mehr und mehr wühlte. Den Ellbogen gegen die Wand und den Kopf auf die Hand gestützt, mit in den Nacken zurückgebeugtem Kopf stand Eilhard da und bemerkte es kaum, wenn der Diener das Band wechselte. Nur wie ein dumpfes Brausen empfanden seine halb betäubten Sinne das Lärmen, das vom Platze her, untermischt mit den dumpfen Tönen aus dem Festhause emporbrang. Es war ihm, als wenn in kurzen

Zwischenräumen eine rauhe Hand sein Hirn zusammenpreßte und wieder losließ, und jedesmal erschütterte ihn dann ein furchtbarer Schmerz bis ins Innerste.

So verging manche Stunde.

Plötzlich zuckte mit grellem Feuerschein eine hohe Lohe am Fenster vorüber, die Trompeten schmetterten wieder auf dem Platz und tausendstimmiges Geschrei erklang. Eilhard kam wieder zu sich und trat ans Fenster. Die Festversammlung hatte sich größtenteils auf den Platz begeben; man hatte die Tanne in Brand gesteckt und sprang nun jauchzend und singend um das Feuer. Der Schein der mächtigen Flamme fiel glutrot auf die von Kraft und Gesundheit strotzenden Gestalten und die bunten Gewänder der tanzenden Paare, auf die weinroten Antlitze der Zuschauer oben an den Fenstern des Bankettsaales und unten vor dem Schwarzhäupterhause und auf die johlende und Beifall brüllende ungeheure Menge ringsum, die, immer dunkler erscheinend, sich bis weit in die Gassen hinein Kopf an Kopf drängte.

Oben am Himmel aber stand ernst und still die Zuchtrute Gottes, der Komet.

Plötzlich änderte sich das Bild. An einer Stelle entstand erst ein Gedränge, dann bildete sich eine Lücke im Gewühl, eine Gestalt flog über dieselbe und es blitzte dort auf wie ein Funken. Nun begann ein Gewoge, das immer weitere Kreise zog, man sah Schwerter blitzen, und lautes Kreischen übertönte den Jubel, daß er jäh verstummte. Die Tanzenden hielten still, aus dem glänzenden Kreise der Zuschauer lösten sich die Männer und stürzten sich ins Gewühl. „Nieder mit den Junkern!" erscholl es, und „nieder mit den Bürgern!" klang es wieder. „Nieder mit dem Mordgesellen, in den Kalkturm mit ihm!" riefen die einen, „haut, schlagt, stecht!" schrieen die anderen.

Als die Festfreude auf dem Gipfel stand, hatte ein junger Mensch, ein Farensbach von Heimar, noch mehr Knabe als Jüngling, sich durch die wie festgeteilt dastehenden Menschenmassen drängen wollen. Ein riesiger Bierbrauer versperrte ihm den Weg. „Fort du, Dickbauch," rief der Knabe und stieß dem Mann mit der Faust in den Rücken. Der Riese wandte sich um und schleuderte seinen Angreifer zurück; im nächsten Augenblick fuhr dessen Dolch nach seiner Brust, und hätte er nicht den Stoß mit dem Arm pariert, so wäre es um den Bierbrauer geschehen gewesen. Ürküllsche Diener, die zufällig in der Nähe standen, eilten dem Junker zu Hilfe; in ein paar Minuten bildete der Platz ein Schlachtfeld.

Oben am Himmel aber stand ernst und still die Zuchtrute Gottes, der Komet.

Der alte Herrmeister war außer sich. Er gebot vom Fenster aus Ruhe mit Mund und Hand, warf seine Handschuhe und seinen Hut unter das rumorsche Volk, aber richtete nichts aus. Der Koadjutor drang in ihn, die Besatzung des Schlosses herbeiholen zu lassen, aber der alte Herr wollte nicht darein willigen. Nun wandte sich Fürstenberg an den wortführenden

Bürgermeister und verlangte, der solle die Quartiere aufbieten; der Bürgermeister mochte sich aber zu dieser äußersten Maßregel nicht entschließen. Er begnügte sich damit, anzuordnen, daß die Wirtshäuser und Schenken überall geschlossen würden, damit die in ihnen saßen, nicht mitmachen konnten, und eilte dann mit dem Ratmann Christian Türrkop, dem Ältermann großer Gilde, Kaspar Ramberg, Heinrich von Thebingsheim und dem Domherrn Friedrich Völkersahm, lauter hochangesehenen Männern, hinab in das Gewühl. Es gelang ihnen auch nach einiger Zeit, den Tumult zu stillen.

Die Verluste waren von beiden Seiten nicht allzugroß. Peter Thebingsheim von Weißensee war mit einem Hebebaum der linke Arm zerbrochen worden, Klaus Ungern hatte einen Stich durch die Brust, Jürgen Schwarzhof einen durch das rechte Bein bekommen. Johann Üxküll von Menzen waren zwei Diener, Reinhold Saß drei erschlagen, drei Bürger lagen tot auf dem Platz. Außerdem waren von beiden Seiten ein halbes Dutzend Undeutsche zu Fall gebracht. Überaus groß aber war noch auf beiden Seiten die Erbitterung. Die Bürger schimpften laut auf die verdammten Junker, die jungen vom Adel trugen den von Farensbach, der übel zugerichtet war, aber munter in die Welt schaute, auf ihren Schultern nach Johann von Üxkülls Hause in der Marstallstraße und sangen dabei:

„Wir wollen den Bürgern auf die Köpfe schlahn,
Das Blut soll in den Straßen stahn!"

Bald war all der Glanz in alle Winde zerstoben, und als die Verwundeten und die angesehenen Toten fortgeschafft waren, blieb auf dem Platze nichts zurück als zwei unvernünftige undeutsche Weiber, die über den Leichnamen ihrer Männer so jämmerlich heulten und klagten, als wenn dieselben Deutsche gewesen wären.

Oben am Himmel aber stand ernst und still die Zuchtrute Gottes, der Komet.

Drittes Kapitel.

Als der Tumult anging, hatte Eilhard nach seinem Schwert gegriffen und denen vom Abel zu Hilfe eilen wollen, Hans aber hatte sich ihm entgegengeworfen und ihn beschworen, die Junker ihre Händel selbst ausfechten zu lassen. „Es sind ihrer doch wahrhaftig genug da mit Reitern und Knechten," hatte er gesagt, „und die vom Orden tragen doch auch keine Schlüsseltaschen an der Seite. Wenn morgen der gnädige Herr Vater kommt, wird der Junker wohl zufrieden sein, daß ihm keine rote Suppe über die Handschuhe gelaufen."

Die letztere Mahnung schlug durch, denn der Junker, der nach der Weise seines Alters hochmütig und Handel und Gewerbe feind war, wußte sehr wohl, daß sein heißgeliebter Vater über diese Dinge anders dachte. So begnügte er sich denn damit, den Ereignissen mit gespannter Aufmerksamkeit zuzusehen. Als die Kopfschmerzen, die vor der Aufregung des Augenblicks gleichsam zurückgewichen waren, wiederkehrten, nahm er wieder seine alte Stellung ein und auch Hans lehnte wieder, die Augen scharf auf die sich gegen das Fenster kaum abhebende Gestalt seines Herrn gerichtet, in seiner Ecke.

So vergingen ein paar Stunden. Dann kam Jürgen nach Hause. Obgleich er einen schweren Rausch hatte, trat er doch so leise auf, als es ihm irgend möglich war. „Wo warst du noch, Jürgen?" fragte Eilhard.

„Wir haben noch etwas gebobbelt," antwortete Jürgen mit schwerer Zunge, „und über dem Würfeln etwas — etwas Moraz getrunken. Das war ein schöner — schöner — Abend, Elert. Erst das Bankell und dann das Bankett — nein, dann der Tanz und dann das Raufen! Na, Jan, nur recht leise und du — du auch, Hans. Erst die Schuhe."

In fünf Minuten war Jürgen ausgekleidet und im tiefsten Schlaf, und der Junge zog sich zurück. Eilhard aber litt, bis die erste Dämmerung der Nacht die Herrschaft streitig machte und die Kopfschmerzen immer schwächer wurden und endlich ganz aufhörten. Er war nun körperlich zwar todmüde, aber geistig ganz frisch, hieß Hans die Kerzen anzünden und vertiefte sich in ein Buch, das er sich aus Deutschland mitgebracht hatte.

Als die jungen Leute am folgenden Morgen ihren Wirt aufsuchten, erwähnte er der Vorgänge während der Nacht nur ganz kurz als eines höchst verdrießlichen und betrübten Handels und meinte dann, sie müßten sogleich aufbrechen, wenn sie Herrn Billerbeck nicht warten lassen wollten. Jungfrau Ursula war auch schon bereit und überaus munter, so daß Jürgen da wieder anfangen konnte, wo er gestern abend aufgehört hatte.

Der alte Billerbeck bewohnte ein Haus in der Sünderstraße, der Weg dahin war daher nicht weit. Sobald die Gesellschaft die geräumige Flur betreten hatte, befand sie sich in einer seltsamen Welt. Von dem mittleren Deckbalken hing das Modell eines unter vollen Segeln gehenden Dreimasters herab, zu seiner Linken ein ausgestopfter Hai, zur Rechten ein Delphin. Vom Rachen des Hai am Schiff vorüber bis zum Delphin schlang sich ein breites Band mit der Inschrift:

„Das höchste Gesetz zu jeder Zeit
Der gemeine Nutz sei jeder Zeit."

Über der breiten Treppe von Eichenholz aber, die in den ersten Stock führte, verkündete ein anderes Band:

„Das beste Schiff zu Scheitern geht,
So Gott nicht an dem Steuer steht."

Auf dem Absatz der Treppe sahen die Gäste den alten Herrn zugleich mit einem Diener über einen Gegenstand gebeugt, den sie erst erkannten, als ihr Fuß die erste Stufe betrat. In diesem Augenblicke nämlich blitzte es oben auf und ein tüchtiger Knall erschütterte das Haus. „Das ist Hans Billerbecks Willkomm," sagte der Syndikus lachend; der alte Herr aber richtete sich auf, hieß seine Gäste herzlich willkommen und ließ sie dann die kleine Feldschlange, ein Ebenbild einer wirklichen, bewundern. Dann begaben sich alle in das Speisezimmer, das in einer dem großen Reichtum des Besitzers entsprechenden Weise hergerichtet war. Nun nahm man um den mit prächtigem Silbergeschirr auf das reichste geschmückten Tisch Platz und that dem Frühstück alle Ehre an. Man spülte die Austern mit Chablis aus Burgund herunter, trank zu dem Blamenfier von Hecht Auxerre oder Tougou von Bordeaux, begleitete die Lachspastete, sowie die kalten Haselhühner mit Klaret und trank endlich zum Marzipan und sonstigen Krud feurigen Cyperwein. Zu guterletzt fehlte es auch nicht an einer Überraschung. Als man nämlich den in Form eines Kachelofen servierten Kuchen aufschnitt, entflog ihm ein goldgelber Kanarienvogel. Das Tierchen flatterte erst ein paarmal um den Tisch, setzte sich aber dann auf die hohe Spitze eines Pokaldeckels und stimmte, angeregt durch das helle Sonnenlicht, sein Liedchen an. Dieses fand das dankbarste Gehör, zumal bei Jungfrau Ursula, für die der Vogel bestimmt war.

Man hatte bei Tisch das kostbare getriebene Silbergerät und die wundervollen venetianischen Gläser von allen Farben nach Kräften bewundert, und Eilhard konnte dem Wirt der Wahrheit gemäß versichern, daß er an den Höfen von Sachsen und Brandenburg nichts Schöneres gesehen habe. Jetzt bat der Syndikus Billerbeck, den jungen Leuten doch auch seine Bilder zu zeigen. Alle erhoben sich und begaben sich in das Nebengemach. Hier wartete der Junker eine nicht geringe Überraschung, denn die Wände waren zwar von oben bis unten mit Bildern bedeckt, aus allen Bildern aber schaute sie immer wieder das Porträt ihres Wirtes an. Auf diesem Bilde ritt er im Krebs, mit Sturmkappe, Arm- und Beinschienen als ein Gewappneter einher, auf jenem zog er mit Hunden und Winden zur Jagd aus. Hier sah man ihn als Schiffer am Steuerruder stehen, dort ordnete er als Kaufherr an, daß gewaltige Flachsballen auf einen Wagen verladen würden. Man erblickte ihn als Gelehrten, als Fischer, als Zimmermann, als Waffenschmied, als Gürtler, man sah ihn in polnischer, englischer, französischer, spanischer Tracht. Billerbeck kniete auf Golgatha vor dem Bilde des Gekreuzigten, Billerbeck reichte als Schwarzhäupterältester dem Herrmeister einen mit Wein gefüllten Pokal. Den Mittelpunkt all dieser Darstellungen bildete ein Bild in Lebensgröße, auf dem der prächtig gekleidete Billerbeck mit zornigem Antlitz den rechten vorgeschobenen Fuß auf ein Bild setzte. Darunter stand:

„Hans Billerbeck, ein Kaufgeselle zu Riga, wie er des Papstes zu Rom Bildnis mit Füßen tritt."

„Junker," sagte der alte Herr, indem er dieses Bild mit verliebten Blicken betrachtete, „ist das nicht ein trefflich Bildnis? Wißt Ihr, was der Mann, der da so zornig ausschaut, denkt? Ich will es Euch sagen, er hat dieses im Sinn:

Dem Feinde man begegnen muß
Gleich einem Wolf mit steifem Fuß.
Es mag geschehn im rechten Weg
Oder sonst in einem Beisteg."

„Gewiß," meinte der Syndikus, „da habt Ihr ganz und gar recht, und jeder, dem das Wort Gottes lauter und rein verkündigt worden, sollte in seinem Herzen so thun, wie Ihr auf diesem Bilde. Aber nun zeigt uns auch die anderen Bilder."

Der alte Herr führte seine Gäste jetzt in ein zweites Zimmer, in dem es auch nur Porträts gab; diese stellten aber die römischen Kaiser des Jahrhunderts, Erzbischöfe von Riga und Herrmeister in Livland dar. Hier nun lenkte ein Bild, das dem Beschauer die Rückseite des Rahmens zuwandte, sofort die Aufmerksamkeit auf sich.

„Warum habt Ihr dieses Bild verkehrt aufgehängt?" fragte Eilhard.

„Dieses Bild," erwiderte Billerbeck, „stellt unseren gnädigen Herrn, Seine fürstlichen Gnaden, den Herrn Erzbischof Wilhelm, Markgrafen von Brandenburg, dar. Dieweil mir nun die Praktiken, die Seine Fürstliche Gnaden itzo wider den Herrn Herrmeister F. G. und den Wolmarer Landtagsschluß angezettelt, übel gefallen, so habe ich S. F. G. den Herrn Erzbischof zur Wand gekehrt und er muß also bleiben, bis er sich wieder mit unserem gnädigen Herrn dem Herrn Herrmeister F. G. vertragen und gemeinen Landtagsschluß gänzlich anerkannt hat."

„Da kann S. F. G. lange im Dunkeln hängen," meinte Jürgen lachend.

„Na, wer weiß," erwiderte Billerbeck. „Wie der Wind im Lande weht, könnte S. F. G., noch ehe

die Junker durch das Johannisfeuer springen, den
Vers anstimmen:

> „Wenn wir's aufs klügste greifen an,
> So geht doch Gott ein ander Bahn,
> Es steht in seinen Händen."

„Meint Ihr denn wirklich, daß es Krieg geben
wird?" fragte Eilhard. „Ich hoffe, dazu werden es
unsere gnädigen Herren und die Ritterschaften und
Städte nicht kommen lassen."

„Lieber Junker," versetzte der alte Billerbeck,
„wir werden ihn ganz gewiß haben, denn wie ich
S. F. G. kenne, wird er die Segel nicht streichen
und wenn ihm alle Matrosen vom Deck liefen, und
was unseren gnädigen Herrn, den neuen Koadjutor,
den von Fürstenberg anlangt, so ist das ein so hitziger
Herr, daß er, wenn es nicht Frühling werden will,
die Strusen mit Pferden über das Eis zur Stadt
fahren möchte. S. F. G., der alte Herr Herrmeister,
wird den Kurs segeln, den ihm das Fürstenbergsche
Steuer weist. Lieben Herren, ist es nicht Herzeleid
genug, daß der Komet am Himmel steht und weist
mit der Rute gen Reußland und Litauen und zeiget
an, daß von dort her kommen werden Mord und
Brand und Hunger und Kummer, dazu großes
Sterben; muß unser armes Vaterland sich auch noch
selbst zerfleischen? Müssen denn livländische Rosse
die livländische Saat zerstampfen, und muß livländisch
Feuer livländischen Flachs fressen? Daß Gott er=
barm! Lieber Herr, ehrsame Jungfrau, werte Junker!
Seht euch um! Alles, was ich hier habe an Gold

und Glas, an Kleinod und Kostbarkeiten, an Geld und Gut, es ist mir alles wert und teuer, denn ich habe es nicht ererbt, wie ein Junker sein Wappen, sondern habe es mir alles erworben mit saurer Arbeit bei Tag und Nacht, mit Fahrten über die wilde See und Ritten bei Hitze und Frost durch Busch und Brache und die einsame Wildnis. Und doch, liebe Herren, möchte ich alles hingeben, was ich habe und würde ihm keinen Schauer nachweinen, wenn ich damit unserem teuren Livland könnte die Einigkeit erkaufen. Aber ach, bei uns ist jedermanns Hand gegen jeden, und jeder denkt nur an sich, wie er zu Land und Leuten, zu Geld und Gut kommen und mit Gepränge einhertreiten und ein großer Herr sein könnte. Das nennen sie ihre alte livländische Libertät, und so werden sie es treiben, bis die große Weihe, der Moskowiter, über sie fliegen wird und ihnen alles nehmen wird: Land und Leute, Geld und Gut, Ketten und Kleider, und alle fortschleppen wird zu seinen Tatern und Tscherkessen, die vom Orden sowohl, wie die Junker und die Bürger, Deutsche und Undeutsche."

Wie der kleine, hagere Greis mit dem langen, schmalen Antlitz so dastand und, die überströmenden Augen gen Himmel gerichtet, mit bebender Stimme also sprach, überlief es Eilhard wie ein Schüttelfrost. Was war es nur, was allen Leuten jenes Bild, das zuerst der Prophet aus Meißen gebraucht hatte, auf die Lippen trieb! Und wenn es wirklich so war, daß die Moskowitische Weihe bereits heranflog, heiliger Gott, wo fand man dann im Lande Zeit zu Festen und Schmausereien und gar zum inneren Krieg!

Der Syndikus bemerkte die tiefe Ergriffenheit, die sich auf dem ausdrucksvollen Gesicht des Jünglings wiederspiegelte. „Lieber Junker," sagte er, indem er Eilhards Hand ergriff, „so lange wir solche Männer im Lande haben wie unseren alten Freund hier und Euren Vater, da können wir wohl hoffen, daß unser Gott es zum schlimmsten nicht kommen lassen und dem Moskowiter wehren wird."

Der alte Billerbeck hatte sich gefaßt. „Kommt," sagte er, „und laßt uns noch einen Abschiedstrunk thun." —

Der Alte winkte einem Diener, und der brachte auf einem Servierbrett in schön geschliffenen Gläsern den König der Weine, alten Cyperwein. Der alte Herr hob sein Glas hoch:

„Livland allzeit beim reinen Wort,
Gott immerdar Livlands Hort!"

sprach er, leerte das Glas und zerschmetterte es dann auf dem kunstvollen Parkett. Die anderen folgten seinem Beispiel. Dann schüttelte man sich die Hand und ging auseinander.

Der Eindruck der letzten Worte war ein so nachhaltiger, daß selbst Jürgen und Ursula schweigend neben einander hergingen.

Vor dem Hause des Syndikus trennte man sich. Der Syndikus begab sich aufs Rathaus, die beiden

Junker aber schritten die Kaufstraße hinauf, denn sie wollten der Schwester von Jürgens Großvater, Anna Nötken, die noch als Nonne im Marien-Magdalenenkloster wohnte, einen Besuch machen.

„Jürgen," sagte Eilhard, als sie allein waren, „Gott schütze uns, es liegt ein furchtbares Gewitter in der Luft."

„Wo?" fragte Jürgen, blieb stehen und blickte zum Himmel empor.

„Jürgen," erwiderte Eilhard, „ich meinte es nicht so. Ich dachte an den inneren Krieg und den Moskowiter."

Jürgen setzte sich wieder in Bewegung. „Ach so," versetzte er. „Übrigens, Elert, es wäre doch eine Gnade Gottes, wenn wir einmal mit unseren Rüttigen statt auf betrunkene Junker und die verfluchten Schmandlecker in den Ställen auf des Herzogs von Preußen Soldreiter oder gar auf den Moskowiter einhauen könnten. Bei Jesu Marter und Tod, was ist das für eine Welt, in der einer vom Adel nichts Besseres thun kann als Klappkannen schwingen und Biertonnen niederwerfen. Elert, lieber Junge, hat der Herrgott diese Hand dazu geschaffen, um den Fräulein die Patschhändchen damit zu streicheln, und diese Beine, um sie auf Kösten und Kindelbieren im Reigen zu heben."

„Nein, Jürgen," erwiderte Eilhard lächelnd, „aber doch auch nicht, um dreinzuschlagen, gleichviel gegen wen."

„Gottes Tod, Elert, ein Mann ist ein Mann und ein Hengst ist ein Hengst und ein Harnisch ein Harnisch. Ich bin kein Kaufgeselle, ich bin einer vom Adel, und ich läge, weiß Gott, lieber erschlagen auf grüner Heide in Frankreich oder Hispania, als daß ich hier zu Hause meine Mannhaftigkeit an den Jungfern erweise und meinen Mut an Bier und Wein. Warum hat dein Vater es mich nicht machen lassen, wie so viele andere, die man hinausthat zu einem vornehmen Herrn, daß sie ihm als ein abliger Junge dienten bei Krieg und Spiel?"

„Weil er meint, daß du auch hier Gott und unserem gnädigen Herrn, dem Herrn Bischof, in Ehren dienen kannst, und weil er nicht will, daß du dein Schwert ziehen sollst in fremder Leute Händeln."

„Ach, was fremd!" erwiderte Jürgen. „Wenn ich eines Herrn Diener geworden bin, ist er mir nicht mehr fremd. Überall klingen die ledernen Glocken und alles läuft ihnen zu, nur ich muß zu Hause sitzen wie ein Hund bei Glatteis. Ich sage dir, Elert, wenn ich den Alten nicht so liebte und deine Mutter und Anna — Bärbchen hielte mich nicht zurück — mein Schäfer fräße längst seinen Haber in Holstein oder Braunschweig oder wo sonst die Braut mit Feuerbällen und Tummlern zu Bett getanzt wird."

Die jungen Leute hatten unterdessen die Mauer erreicht, die in weitem Bogen die Jakobi=, die Marien=Magdalenenkirche und das Kloster umschloß, und klopften an das Thor. Nach einiger Zeit öffnete ein schlechtgekleidetes undeutsches Weib und ließ sie auf den weiten Hof. Alles trug hier den Stempel des Verfalls, denn das Kloster wurde nur noch von vier alten Nonnen bewohnt, und die Stadt wartete lediglich auf ihren Tod, um es ganz einzuziehen.

„Des Teufels Badstube steht wüst und leer," sagte Eilhard.

„Ich würde mich mehr darüber freuen," erwiderte Jürgen, „wenn nicht meines Großvaters Schwester darüber frieren müßte."

Die Frau führte sie unterdessen, nachdem sie nach ihren Namen gefragt hatte, über den Hof in das Klostergebäude, dessen Thür sich kreischend hinter ihnen schloß. Im Korridor war es bitter kalt und die Luft schlecht und verdorben. Die Frau klopfte an eine Thür und trat, als dieselbe geöffnet wurde, ein. Gleich darauf ging die Thür auf und die alte Klosterjungfrau erschien selbst auf der Schwelle ihrer Zelle und hieß die Junker herzlich willkommen.

„Also du verschmähst es nicht, Jürgen," sagte die alte Dame, „deinen Fuß in des Teufels Frauenhaus — wie die Prädikanten unser Kloster nennen — zu setzen, und Ihr auch nicht, Junker Kruse! Die heilige Jungfrau vergelte es euch oder, wenn euch das nicht recht ist, der Gott, der euch und uns gemeinsam ist. Tretet nur ein, ihr braucht euch nicht zu schämen, denn gerade in diesen Tagen hat manches vornehmen Mannes Fuß die Schwelle der Mägde Gottes überschritten. Noch heute waren der Komtur von Golbingen, Herr Philipp Schall von Bell und sein Bruder, der Vogt von Rossiten, Herr Werner Schall von Bell hier, und versicherten uns aufs neue, daß die vom Rat uns nicht den Ofen sollen niederreißen dürfen."

„Verehrte Muhme, Ihr könnt sicher sein, daß die Ritterschaft Euch in allen Euren Gerechtigkeiten schützen wird," versetzte Jürgen.

„Wir vertrauen unsere Sicherheit lieber der Jungfrau an, als der Ritterschaft," erwiderte die Nonne, „denn wessen wir uns von der Ritterschaft zu versehen haben, haben wir alleweile genugsam erfahren."

„Ehrsame Jungfrau," sagte Eilhard, „Ihr dürft das der Ritterschaft nicht zum üblen deuten, denn Ihr wißt, daß sie dem Evangelium anhängt."

„Mag sein," entgegnete Anna Nötken, „aber uns hat das, was Ihr Evangelium nennt, eitel Herzeleid gebracht. Gleich in dem Jahr, da der Mann, den ihr für einen Reformator achtet — ob er gleich nichts reformiert hat, sondern alles umgestürzt und ganz verkehrt — gleich in dem Jahr, da er geboren ward, brannte der Jakobikirche das Dach ab. Nachher, wie das Evangelium anging, da hatten sie einen Prädikanten, das war ein rechter Bulderjahn, der drang in uns mit Schnarchen, Pochen und Dräuen, daß wir sollten weltlich werden und aus dem Kloster gehen und uns verändern. Das war ein Schmätzen ohne Ende, und hatte doch, was er zu Tage förderte, weder Klack noch Schmack. Da fanden sich wohl

Schwestern, die lieber zur Köste gegangen wären als in die Vigilien; aber so lange Alheit Wrangel lebte, lag ein Schloß vor der Thür. Nachher freilich, als Elsebe Dönhof die Schlüssel in die Hände bekam, da war der Bock zum Gärtner gemacht, und da die Äbtissin den Rahmen hielt, hatten die Nonnen gut sticken. Da schmolzen sie weg wie das Eis in der Aprilsonne, und es blieb niemand zurück als ich und Anna Topel und Ottilie und Anna Wetberg, und nun muß der Aal auf unseren Tod warten, wie die Bauersfrau auf der geesten Kuh Kalben. Will's Gott, so soll ihm die Zeit lang werden."

Die Magd hatte unterdessen eine Flasche geringen Weines gebracht, und die Klosterjungfer nötigte die Junker zu trinken.

„Aber jetzt stört euch niemand, Muhme?" fragte Jürgen.

„Wie, stören sie uns nicht?" versetzte die Jungfrau unwillig. „Ist es denn keine Störung, daß sie unsere Kirche uns recht zum Hohne den Undeutschen eingeräumt haben? Ist es denn keine Störung, wenn ihr Magister Ring durch unser Haus gehen kann, so oft es ihm gefällt und, ein rechter Heisterseister, seine Nase in alles stecken darf? Glaubst du, daß es nicht stört, wenn du gegessen hast und bist etwas eingenickt, und mit einemmal geht es holderbibolbi, klapp, klapp, und wer ist es? Der Hammel stolpert über seine Dachsbeine. Aber stellen wir das alles für jetzt an seinen Ort. Erzähle du mir nun von Kelles und von deiner

Schwester Anna und von Frau Maria und Frau Katharina."

Das geschah nun, und die Junker gaben auf alle Fragen Auskunft.

„Du lieber Gott," sagte die alte Dame, „daß ihr nun alle evangelisch sein müßt, und seid doch so nahe von Dorpat, wo die lieben Heiligen solche Wunder gethan."

„Welche Wunder?" fragte Eilhard.

„Nun, von denen weiß doch jedes Kind," war die Antwort. „Da kamen zwei Bürger am h. Osterabend aus der Marienkirche, und der eine bat den anderen auf einen westfälischen Schinken zu Gast, ob es doch strenger Fasttag war. Der andere brachte ein paar Hühner mit. Wie sie nun sitzen und lassen sich's wohl sein, da gerät dem einen ein Hühnerbein in die Kehle und erwürgt ihn jämmerlich; in den anderen aber fährt ein böser Geist und treibt ihn und den westfälischen Schinken um, bis er hinstürzt und fähret dahin mit Schrecken.

„Zum anderen befiehlt eine Bürgersfrau einer katholischen Magd an Mariä Himmelfahrt, die Badestube zu heizen. Die Magd will nicht. Da spricht das Weib: ‚Maria war so eine Frauensperson wie ich und meinesgleichen. Gehe gleich hin und heize ein.' Da geht die Magd hin und heizt ein. Flugs aber fährt das Feuer in das Dach, daß die Badestube und zwei Häuser verbrennen. Das Bund Holz aber, das die katholische Magd getragen, fand man am folgenden Tage unversehrt in der Asche."

„Wir haben von diesen Wundern nichts gehört, Muhme."

„Mag sein, Jürgen," war die Antwort. „Wer die Kappe über die Ohren gezogen hat, hört es nicht, wenn das Eis um ihn bricht, aber er bemerkt es, wenn das Wasser in den Schlitten läuft. Und so wird es mit euch auch sein, Jürgen. Wenn der Moskowiter über euch kommen wird und die Herren aus Deutschland werden ausbleiben, weil Livland nicht mehr der h. Jungfrau Land ist, dann seht zu, wie ihr ihn mit eurer Prädikanten Zungen abschlagt. Scharf und spitz genug sind sie ja. Mich geht es nichts an, denn für mich gibt es nur noch eine Kunst und eine Weisheit, freilich die Kunst über alle Künste und die Weisheit über alle Weisheit, die nämlich, selig zu sterben."

Die jungen Leute brachen auf, und die Nonne erteilte ihnen ihren Segen. „Ich erlebe es noch, daß hier wieder die h. Messe gelesen wird," sagte sie noch auf der Schwelle, „dann aber will ich mit Freuden dahin fahren."

Die Junker warfen noch einen Blick auf die vom Alter gebeugte, aber noch immer hohe und derbe Gestalt Anna Nötkens, und schritten dann über den Hof dem Thore zu.

„Ich kenne jemand, von dem ich glaube, daß er sich in diesen Mauern wohl gefühlt haben würde," sagte Jürgen nachdenklich.

„Wen meinst du?"

„Meine Schwester Anna!"

„Wenn dem so ist, Jürgen, so wollen wir Gott danken, daß sie nicht mehr hier hinein kann."

„Wer weiß, ob wir dazu Grund haben," versetzte Jürgen.

Die Frau schloß das Thor auf, und die Junker standen wieder auf der Straße.

Viertes Kapitel.

Sobald die Junker wieder auf der Straße waren, begegneten ihnen Karsten Anrep und Heinrich Bradel. Die sprangen von den Pferden, küßten die Junker und berichteten, daß sie soeben mit Herrn Kruse von Kelles in die Stadt gekommen wären. „Wir waren in Kirrempä und Neuhausen," sagten sie, „und haben dort die Bauern wegen des Glaubenszinses, den der Moskowiter fordert, vernommen. Es war, wie wir glaubten: kein Mensch weiß von ihm. Aber das mag euch der Vater selbst erzählen."

Damit stiegen die Herren wieder zu Roß und ritten ihren Quartieren zu; die Junker aber eilten Herrn Kruse aufzusuchen.

„Mein lieber, lieber Elert!" mit diesen Worten schloß Herr Eilhard, der ältere, den Sohn in die Arme, herzte und küßte ihn, hielt ihn von sich, um ihn zu betrachten und küßte und herzte ihn dann wieder. „Du siehst übel aus, mein Junge, sagte er endlich, „hat dir deine Kopfpein wieder zugesetzt oder ist es nur der weite Ritt?"

„Es ist nichts, Vater," versetzte Eilharb, „es geht mir gut."

„Na, das freut mich von Herzen. Weißt du, Elert, es freut mich auch, daß du gestern die Kopfpein haltest — du siehst, Elert, ich habe Hansen schon gesprochen. Na, Jürgen, schämt ihr euch nicht? Der Feind steht vor dem Thor, und ihr habt nichts Besseres zu thun, als euch mit den Bürgern zu raufen!"

„Ohm," versetzte Jürgen, „die Schmanblecker haben angefangen."

„Jawohl," lachte Herr Kruse, „die bösen Wölfe im Schurzfell wollten euch an die Kehle, da mußtet ihr armen Hengstlein nach ihnen ausschlagen. Wenn's nur nicht allezeit so wäre, daß wir Alten die Bäume aus dem Walde schaffen müssen, die ihr junges Volk fällt! Jetzt wird nun wieder das Geschrei gehen, daß der Abel die Städte frißt, und wir können gute Worte geben ohne Ende, bis die in den Städten wieder mit uns vom Lande an einem Strang ziehen wollen. Na, Gott bessere es. Von der Mutter bringe ich euch viele Grüße und auch von der Ahne, sowie von der Anna, Bärbchen und den kleinen Mäusen. Na, Elert, du wirst Augen machen, wenn du das ganz Kleine, unser Anneken siehst. Es ist dir nicht länger als ein Dolch, aber seine Äuglein blicken so munter in die Welt, als ob es schon über die Schwellen stolperte. Also, du hast zwei Knechte angeworben, Elert? Sind es tüchtige Gesellen?"

„Ich meine, ja, Vater. Der eine ist ein Bauernsohn aus dem Osnabrückischen, der andere eines Handwerkers Kind von Göppingen in Schwaben. Der Abschiedsbrief, den sie vom Herrn von Haugwitz haben, weiß nur Gutes zu melden."

„Es thut mir jetzt leid, daß ich dich nicht bat, sechs Knechte mitzubringen. Vier Hengste könnte ich noch von Bruno Thebingsheim haben. Es wird einem ja schwer genug, so viel müßiges Volk durchzufüttern und Kraut und Lot zu beschaffen; aber wer weiß, was der Sommer bringt. Ich rieche überall Pulver. Na, ich bin nur froh, daß ich den neuen Schreiber, den Bonnius, habe. Das ist noch ein junges Blut, aber ein ganzer Kerl. Wird dir auch gefallen, Elert. Führt das Schwert so gut wie die Feder, und trifft mit der Büchse so sicher wie mit der Armbrust."

„Jürgen und Hans haben mir schon von ihm erzählt, Vater."

„So? Er ist aus Braunschweig, anständiger Leute Kind. Hat es der Mutter angethan, die ist ganz vernarrt in ihn. Ist auch wirklich tüchtig. Habe im vorigen Jahre auf seinen Rat sechs Bauern gepflanzt, und sie gedeihen, wie es scheint, alle. Kommt gut mit dem Hofmeister aus und mit allen Leuten, und das ohne viel quästen. Den lahmen Kaspar — weißt du — den haben wir freilich an drei Sonntagen nacheinander streichen lassen müssen, weil er des Pastors Kühen bei der Nacht die Schwänze abgeschnitten und dem Pastor selbst noch allerlei Ekelnamen gegeben hat. Na, der ist auch nicht ohne

Schuld. Sollte sich mehr um die Bauern kümmern als um die Hasen und Füchse, und lieber zu Hause sitzen und ein Auge auf sein Weib haben, als auf den Höfen bei den Junkern und in Mühlen und Krügen herumzubasen. Daß Jürgen Thebingsheim gerade um zu beichten so oft ins Pfarrhaus kommt, glaube ich nicht, und der Hörner wegen brauchte der Pastor, meine ich, nicht in dem Wald hinter den Elen her zu sein. Na, Gott bessere es!"

Der Syndikus lud seine Gäste nun zu Tisch, und Nachmittag und Abend vergingen in dem bunten Treiben, das der Landtag mit sich brachte. Erst als die Herren spät von dem Trunk auf der Gildstube heimgekehrt waren, kam es, während Herr Kruse zu Bett ging, wieder zu einem Gespräch. „Vater," sagte Gilhard, „darf ich dich bitten, uns im Zusammenhange zu berichten, wie es sich eigentlich mit dem Moskowiter verhält?"

„Die reußischen Händel," sagte Herr Kruse, „hängen so zusammen. Als der langjährige Frieden mit dem Moskowiter, den noch Herr Walter von Plettenberg geschlossen, zu Ende ging, schickte das allgemeine Land Gesandte an den Großfürsten, den Frieden auf dreißig Jahre zu verlängern. Da hat der Moskowiter ganz plötzlich verlangt, man solle ihm künftig alljährlich den Glaubenszins vom Stifte Dorpat bezahlen, eine Mark zu acht guten Dengen von jedem Einwohner, er sei jung oder alt. Da haben die Gesandten erwidert, sie wüßten von keinem Glaubenszins, man hätte auch seit Menschengedenken nie von einem solchen gehört. Da haben die in des Großfürsten Kanzellei ihnen den Kreuzküssungsbrief von Anno 1563 gewiesen, darin hat allerdings gestanden, daß es wegen des Glaubenszinses beim Alten bleiben solle. Da haben die Gesandten erwidert, sie hätten darauf keine instructiones, wollten es aber ad referendum nehmen, und sind wieder in Livland gezogen. Nun hat es mit diesem Zins solche Bewandtnis gehabt. In alter Zeit ist zwischen Neuhausen und der Pleskau eine Wildnis gewesen, darin haben die livländischen Bauern viele hundert Honigbäume gehabt. Die sind ihnen oft von den Reußen gestohlen und ausgeworfen worden. Darüber haben die Bauern mit denen zu Pleskau gehandelt, daß sie möchten zufrieden bleiben, sie wollten ihnen alle Jahre dafür zehn Lißpfund Honig geben. Welches so gehalten wurde, bis die Reußen mit der Zeit in die Wildnis drangen und dort Klöster und Dörfer einrichteten. Da haben denn auch die Bauern, wie die alten unter ihnen, die zum Teil über hundert Jahr alt gewesen, uns eben jetzt erst versicherten, seit hundert Jahren nichts mehr gegeben. Der Punkt vom Zins des rechten Glaubens aber war in den Dörptschen Friedebriefen geblieben, weil sie nicht anders zu erlangen waren, die Reußen auch versicherten, daß er nichts zu bedeuten habe, und dem Lande aus ihm keine Beschwerung erwachsen würde. Besagten Glaubenszinses ist auch nachher in keinem Friedebriefe wieder Erwähnung geschehen, und ist nie das mindeste gezahlt worden.

„Wie nun die Gesandten mit solcher ganz unerhörten und schrecklichen Forderung wieder ins Land gekommen sind, hat der Herrmeister einen Landtag nach Wolmar ausgeschrieben, und ist beschlossen worden durch Jakob Steinweg und Franz Nyenstädt ein freies Geleit für neue Gesandten in Moskau zu erbitten. Den neuen Gesandten aber ward aufgetragen, daß sie wider den sogenannten Glaubenszins als eine unbillige, unmenschliche und unerhörte Forderung protestieren und ganz und gar nicht in ihn willigen sollten. Die Gesandten aber waren: Johann von Brockhorst, Otto Grothuß, Benedikt Forstenow für S. F. G. den Herrn Herrmeister, Wolbemar Wrangel, Dietrich Kaser und Blasius Becke für unseren gnädigen Herrn den Bischof von Dorpat, und Melchior Grothuß als Tolk. Die machten sich zu Oculi anno 54 auf und zogen davon. Wie sie nun in Reußland kamen, merkten sie bald, was der Großfürst im Sinne hatte; denn es kamen ihnen viele tausend Schlitten mit allerlei Getreide, Proviant, Kraut und Lot und Geschütze entgegen, dazu waren alle Posthöfe, alle vier oder fünf Meilen mit neuen doppelten Herbergen und großen Stallungen, da man fünfzig oder hundert Pferde stellen konnte, von neuem gebaut, auch alle Brücken von Pleskau bis zur Moskau neu gemacht.

„Wie es nun ans Traktieren ging, ist der Großfürst mit Schnarchen und Pochen in sie gedrungen und hat sie gefragt, ob sie glaubten, sie hätten es mit Kindern zu thun. Die Livländer hätten ihm in ihren Kreuzbriefen selbst den Glaubenszins versiegelt, darum sollten sie ihm jährlich eine Mark von jedem Einwohner, er sei jung oder alt, vornehm oder gering, entrichten, und überdies noch von allen Einwohnern, so in der Zeit, wo der Zins nicht entrichtet, verstorben, selbigen Zins nachträglich zahlen. Den Gesandten wurden da die Augen über die Maßen breit; aber da der Krieg vor der Thür stand und sie doch wußten, daß wir hier in Livland ganz und gar nicht zum Kriege gerüstet waren, des Ordens Tresekammer leer stand, Kraut und Lot, auch Proviant nicht vorhanden, und alle Herren der Knechte lebig waren, auch überdies der Moskowiter nach seiner listigen Art mit allem Dräuen in sie drang, haben ihm die Gesandten über ihren Befehl den Zins versiegelt, doch auf Ratifikation der Herren im Lande. Da hat der Großfürst gesagt, so die Herren ihm den Zins binnen Jahresfrist nicht bewilligten, so wollte er seine eignen Gesandten in Livland mit der Versiegelung schicken, damit der Herrmeister und der Bischof von Dorpat der Gesandten Siegel abschneiden und die ihrigen an den Brief hängen möchten.

„Wie nun die Gesandten zu Dorpat anlangten und ihre Relation ablegten, haben sie geringen Dank verdient. Die Herren haben auch in diese Versiegelung ganz und gar nicht willigen wollen, und Seine Fürstliche Gnaden der Herr Herrmeister hat auch im Sommer, da ein russischer Bote gen Wenden gekommen,

protestiert und erklärt, daß die Gesandten über Befehl gehandelt.

„Nun ist es seitdem davon still gewesen, es liegt
aber am Tage, daß der Moskowiter den Handel
nicht zu Grabe getragen hat, und daß die Versiegelung bald ins Land fliegen wird. Was dann
geschehen soll, weiß Gott allein; denn die Hunde,
die den Hof bewahren sollen, denken an nichts, als
wie einer den anderen totbeißen möchte, und wenn
der Komtur von Dünaburg wirklich nach Deutschland gezogen, um Reiter und Knechte zu werben, so
kann der Moskowiter, während wir vor Kokenhusen
liegen, unterdes unsere Frauen im Reigen führen.
Die hier in Riga haben es freilich nicht eilig, aber
wir im Dörptschen wissen nur zu gut, daß, wenn
sie hier vom Raufen handeln, wir darüber die Haare
lassen müssen. Na, Gott bessere es! Heute abend
läßt sich da doch nicht mehr Rat schaffen, darum
geht zu Bett, Jungen. Gott sei Dank, daß du
wieder da bist, Elert. Ich habe seitdem wieder
einen viel freudigeren Mut und eine gewissere Zu-
versicht. Hat der Herrgott über unserem lieben Vaterlande sein reines, lauteres Evangelium aufgehen lassen,
so wird er auch nicht zulassen, daß der moskowitische
Erbfeind das arme Land ganz zerstört und zu nichte
macht. Gute Nacht, Elert, gute Nacht, Jürgen.
Gute Nacht, du auch, Hans."

Die Landtagsverhandlungen nahmen einen traurigen Verlauf, denn jeder Part blieb bei seinem
Teil; die Stände hielten am Landtagsschluß von

Wolmar fest, der Erzbischof aber protestierte. Als Herr Kruse und die Seinigen nordwärts ritten, wußten sie, daß der innere Krieg unvermeidlich war.

Die von Kelles ritten zunächst auf Wolmar und nächtigten auf den Schlössern und Höfen derer von Rosen, deren Güter sich hier in großer Zahl aneinander drängten. Überall waren die Gäste hochwillkommen, und es kostete ihnen am Morgen nicht geringe Mühe sich freizumachen, um ihren Weg fortsetzen zu können. Von Wolmar aus ging es über Ermis und Helmet nach Ringen zu den Töbwens. Man blieb auch hier nur die Nacht über — denn die Sehnsucht nach den Lieben, die zur Zeit in Dorpat weilten, drängte allzusehr — und ritt, nachdem die jungen Leute Frau von Töbwen und Brigitta durch den Bericht über das Aufsehen, das der letzteren Kleid überall im Lande erregt, und durch eigne Bewunderung desselben aufs höchste erfreut hatten, weiter. Schon am achten Tage nach dem Aufbruch aus Riga waren die Herren in Dorpat und hielten vor dem Kruseschen Hause auf der Breiten Straße, unweit des Reußischen Thores.

Eilhard schwang sich allen zuvor vom Roß und flog durch die geöffnete Hausthür auf die Mutter zu. Frau Katharina Thebingsheim, Herrn Kruses Ehefrau, war noch ganz so schön, wie als ihr Sohn sie verließ, ja die Geburt von Anneken schien sie nur noch verjüngt zu haben. Auch ihre Mutter, Frau Maria Uxkull, Dietrich Thebingsheims von Randen Witwe, schien kaum älter geworden zu sein. In

heißer Liebe umschlangen die beiden Frauen ihren
Liebling und ihre Thränen fielen reichlich auf sein
Haupthaar, während er ihre Hände küßte. Die
kleinen Mädchen, Maiken (Mariechen) und Christinchen, standen unterdessen zur Seite und blickten
halb neugierig, halb scheu auf den so viel älteren
Bruder, bis er Zeit fand, sich auch ihnen zuzu-
wenden.

Bärbchen Thebingsheim war dem Onkel ent-
gegengeeilt, Anna Nötken aber stand beiseite und
ihre großen braunen Augen blickten gespannt auf
Eilharb. Die Kälte draußen und die Aufregung
des Augenblicks hatten seine Wangen rot gefärbt
und ließen ihn gesund und blühend aussehen. „Gott
sei Dank, seine Kopfpein muß ihn nicht allzusehr gequält haben," dachte Anna.

„Na, Jürgen, wieviel Räusche hast du gehabt,
seit wir dich zum letztenmal sahen?" spottete Bärbchen; Jürgen aber antwortete nicht, sondern schritt
auf die Schwester zu. Wie er sie so dastehen sah,
die feine zierliche Gestalt vornübergebeugt, die Augen
unverwandt auf Eilharb geheftet, überkam ihn wieder
jenes ängstliche, schmerzliche Gefühl wie in Riga im
Kloster, und es erwachte in ihm aufs neue der
Wunsch, sie dort gesichert vor den Gefahren der Welt,
im Schutze des Klosterfriedens zu wissen.

Die Schwester erblickte jetzt Jürgen und eilte auf
ihn zu. Jürgen umarmte sie und drückte sie an sich.
Es war ihm, er wußte selbst nicht warum, als ob
sie von Gefahren bedroht wäre, vor denen seine

starken Arme sie nicht schützen könnten, die er nur teilen könne mit seinem Herzen.

Auch Eilhard wandte sich jetzt Anna zu, und wie sie sich zu einander neigten und sich küßten, fiel allen die Ähnlichkeit auf, die zwischen ihnen bestand. Das war dasselbe lange, schmale, blasse Gesicht mit der feinen, geraden Nase, das waren dieselben schwarzen Haare, die über der Nasenwurzel zusammenlaufenden Brauen, die braunen Augen, das war dieselbe schlanke Gestalt. Wo kamen diese beiden her, hier mitten unter den robusten, hohen Gestalten der blonden livländischen Edelleute, die sie als ihre nächsten Verwandten umgaben?

„Die beiden sehen doch wirklich aus wie leibliche Geschwister," sagte Frau Maria.

„Das sind wir ja auch, Ahne," rief Eilhard fröhlich. „In unseren Herzen sind wir ja immer rechte Geschwister gewesen. Nicht wahr, Anna?"

„Gewiß," versetzte Anna, aber das scharfe Auge ihres Bruders gewahrte, daß sie fast noch blasser wurde, als sie ohnehin war, und er seufzte.

„Wo ist denn Bärbchen?" fragte Eilhard.

Alsogleich trat Barbara vor, schlug die Augen züchtig zu Boden und machte eine tiefe Verbeugung. „Ich bin allhier," sprach sie.

Der Vetter wollte ihre Hand ergreifen und sie an sich ziehen, um sie zum Willkomm zu küssen; sie verschwand aber blitzschnell hinter Herrn Kruses Rücken und lachte: „Kriegst du mich, so hast du mich!" Eilhard eilte auf sie zu — da flog sie schon die

Treppe hinan, daß der Junker Mühe hatte, dem Wildfang zu folgen.

Herr Kruse nickte der Gattin und der Schwiegermutter zufrieden zu. „Was sich liebt, das neckt sich," sagte er.

Eilhard holte das Bäschen am Ende des Korridors, der durch das Haus lief, ein. Sie schützte ihr Gesicht mit dem rechten Arm und hielt Eilhard mit dem linken von sich. Über ihren Arm hin, unter ihm weg blitzten ihm ihre blauen Augen entgegen, und ihr kirschroter, schwellender Mund lächelte. „Wenn du mich küßt, Elert, bin ich deine Feindin, so lange ich lebe," rief sie. „Immerzu," lachte Eilhard, „meinen Kuß muß ich haben, Bärbchen, und wenn es um Leib und Leben ginge."

Da warf das Mädchen ihm plötzlich beide Arme um den Hals, und ihr Mund hing an seinem. Nur für einen Augenblick; aber es war dem sonst so ernsten, schwermütigen Eilhard, als ob es auf der Welt nichts Köstlicheres geben könne, als von Bärbchen Thedingsheims warmen Armen umschlossen und von ihrem roten Mund geküßt zu werden. Bärbchen aber dachte an nichts als an Schwank und Scherz, stieß den Vetter zurück und eilte laut lachend davon.

Am Aufgang der Treppe fand Eilhard die Mutter. Sie ergriff seine Hand und führte ihn in die Kinderstube, wo die alte Kinderwärterin mit dem kleinen Kinde und der Amme hauste. Sie nahm das Kindchen vom Schoße der Alten und legte es Eilhard auf die Arme. „Ich befehle es, außer in den Schutz Gottes, in den deinen, Elert," sprach sie. „Wenn wir nicht mehr sind, dann sei du ihm Vater und Mutter."

Eilhard beugte sich auf das kleine Mädchen herab und küßte es. „Gewiß, Mutter," sprach er.

Die alte Kinderfrau und die Amme küßten ihm die Hand und den Saum seines Kleides. Maiken und Christinchen steckten neugierig die Köpfe durch die Thürspalte.

„Kommt nur herein," rief Eilhard und hielt ihnen das Schwesterchen hin, das mit den Ärmchen in die Luft griff. Ihm war unbeschreiblich wohl.

„Wie schön, daß die drei an dir ihr Leben lang einen Beschützer haben werden," sagte die Mutter. „Ach, Elert, mir hat oft das Herz brechen wollen vor Sehnsucht nach dir, während du fort warst. Wenn ich wach wurde in der Nacht und mir dachte, daß du jetzt auch mit deiner Kopfpein wachtest, und hattest niemand, der nach dir sah — es war schrecklich, Elert, und der Vater hatte gut schelten. Du und er, ihr mögt sagen, was ihr wollt, ich weiß doch, es ist dir nicht unlieb, wenn ich, während du die Pein hast, ganz still in deiner Nähe sitze."

„Ihr sollt zum Essen kommen," rief Bärbchen von der Thür her.

„Nun, was gibt es Neues?" fragte Herr Kruse, als alle bei der Abendsuppe zusammensaßen.

„Ach, Eilhard, in der Stadt hat es, während du weg warst, einen argen Handel gegeben," berichtete Frau Katharina. „Du weißt ja, wie die Frauen und Töchter der Ratsverwandten dahinter her sind, daß die der Handwerker sich nicht etwa kleiden wie sie. Nun hat des Kürschners Veit Berlinchen Tochter schon lange Ärgernis erregt, daß sie sich über Gebühr schmücken sollte. Wie wir nun Sonntag vor vierzehn Tagen aus dem Gottesdienst kommen und alles drängt sich eben aus der Kirchenthür, steht auch die Jungfer vor der Kirche, versieht sich keines Argen und schwätzt mit einer Freundin. Da springen des Rates Knechte auf sie zu und reißen dem ehrlichen Mädchen vor aller Welt den Schmuck vom Leibe. Du kannst dir denken, wie es darüber in der Kleinen Gildstube brennt."

„Es ist ja auch ganz abscheulich," rief Bärbchen mit flammenden Augen. „Was sind denn die Kaufleute, die mit Leder handeln, besser als die Schuster, die aus dem Leder Schuhe machen! Das arme Mädchen aber soll Tag und Nacht auf ihrer Kammer sitzen und sich die Augen aus dem Kopfe weinen, ob der Schmach."

„Nun, nun," mahnte die Großmutter, „unschuldig ist sie nicht. Wozu hat sie nicht in dem Stande, in dem sie Gott hat geboren werden lassen, bleiben wollen. Wer hieß sie, sich einen Schmuck anthun, der ihr nicht gebührte!"

„Aber, Ahne," rief Bärbchen empört, „wie könnt Ihr solcher Grausamkeit das Wort reden!"

„Ich rede ihr gar nicht das Wort," versetzte die alte Frau freundlich, „und ich meine auch, daß der

Rat die Sache hätte feiner anfassen sollen; aber ich table trotzdem des Mädchens Hoffart."

„Aber es ist ein von langer Hand abgekarteter Streich gewesen," rief Bärbchen, „denn Franz Nyenstädts Frau hat mir schon acht Tage vorher gesagt, daß sie es nicht mehr ansehen könnten, wie der Handwerker Töchter es ihnen gleichthäten, und daß der Rat nun endlich ein Einsehen haben und ein Ende machen würde. Des ganzen Handels Ursache aber ist die, daß des Kürschners Tochter so viel schöner ist als der Krämer Töchter und Weiber alle zusammen. Und deshalb ist es doppelt abscheulich, daß sie ihr so mitgespielt haben."

Eilhards Augen ruhten mit Entzücken auf dem lebhaften Gesicht des schönen Mädchens, dem der Zorn die Wangen rot gefärbt hatte. Ein Löckchen ihres goldblonden Haares hatte sich gelöst, fiel ihr über die Stirn herab und begleitete nun jedes Kopfschütteln mit einem lustigen Sprung.

„Was hast du dich nur so zu ereifern, Bärbchen," meinte der Junker. „Was geht es uns an, ob die Pelzhändler und die Kürschner sich raufen oder nicht."

„Mich geht alles an, was einem anderen Menschen an Unrecht zugefügt wird, er sei nun ein Bettler oder einer vom Adel," erwiderte Bärbchen hitzig, „und wenn es dich nichts angeht, so thust du mir leid."

„Da hast du es, Elert," meinte Herr Kruse. „Nimm dir die Lektion zu Herzen. Bärbchen hat übrigens ganz recht. Wehe uns, wenn uns unsere Landsleute und Mitchristen nichts mehr angehen sollten, weil sie kein ablig Wappenschild führen. Anderseits muß ich aber auch der Ahne recht geben; denn wenn eine Ordnung gemacht ist wegen der Kleider, so soll man sich auch danach richten. Daß sie aber von Rats wegen so plump dreingefahren sind, wie grobe Klötze, das danke ihnen dieser und jener. Du lieber Gott, ist denn aus diesem armen Lande alle christliche Liebe und Demut gewichen, daß jedermanns Hand sein muß gegen jeden, ein Herr wider den anderen, ein Stand wider den anderen, ein Glaube wider den anderen? Wie soll ein Haus bestehen, in dem discordia, die Zwietracht den Morgen- und Abendsegen spricht? Wir sollen wohl zusehen, daß darüber nicht die Tage kommen, wo der Feind uns alle vor sich hertreibt mit gebundenen Händen und fragt viel danach, ob seine Peitsche eines Edelmanns Rücken trifft oder eines Undeutschen. Na, Gott bessere es!"

Als die Abendandacht vorüber war und die Familienglieder sich auf ihre Zimmer zurückgezogen hatten, setzte sich das Ehepaar noch zu einander.

„Gott sei Dank, daß wir unseren lieben Jungen wieder im Lande haben," sagte Herr Kruse. „Er soll mir ein tüchtiger Landwirt werden, und Bärbchen wird sich ja auch machen."

„Bärbchen ist eine leichte Fliege," wandte Frau Katharina ein.

„Na, sie ist ein junges Ding, und Jugend hat

keine Tugend," versetzte Herr Kruse, „aber sie hat das Herz auf dem rechten Fleck, und wenn sie erst die Füße unter dem eignen Tisch hat, wird es ihr auch nicht gleich sein, was darauf kommt. Nun denke ich mir die Sache so. Als wir auf Lübecke Hahns Hochzeit beide einen guten Rausch hatten, da hat mir Jürgen, wie du weißt, zugesagt, daß er der Schwester, sobald der Handel mit Elert richtig gemacht ist, zehntausend Mark rigisch auskehren wolle. Damit läßt sich schon was anfangen. Da kaufen wir für die beiden Duckershof, und sie hausen da, bis der Herrgott uns abruft und sie nach Kelles ziehen."

„Du solltest mit den zehntausend Mark nimmermehr zufrieden sein, Eilhard," versetzte Frau Katharina. „Jürgen kann ganz gut fünfzehntausend zahlen. Bärbchen ist seine einzige Schwester und eines Thebingsheim von Randen Tochter. Sei nicht wieder zu gut und zu vornehm."

Herr Kruse zuckte die Achseln. „Laß es gut sein, Kätzchen," erwiderte er. „Du weißt, daß ich Jürgen Thebingsheim nicht leiden mag, denn er ist selbstsüchtig und hoffärtig, aber in Geldsachen hat er eine offene Hand, das muß ihm sein Feind lassen, und wenn er mir sagt, er könne nicht mehr zahlen, so will ich nichts dagegen reden. Außerdem werden ja die beiden auch so einmal ihr reichlich Auskommen haben, Kätzchen. Will es dann Gott und setze ich es durch bei unseren Herren, was ich hoffe, daß wir nämlich auch das Recht der gesamten Hand bekommen, und kein Gut, das einmal einem Kruse gehörte, kann wieder aus der Familie, so sollen Elerts und Bärbchens Kinder und Nachkommen es einmal wohl aufnehmen können mit den Thedingsheim, Tiefenhausen, Ürküll, Rosen und Ungern. Wenn nur der Landesacker so üppig im Halm stände, wie unser Familienfeld, so wollte ich Gott alle Tage danken."

Und nun wandte sich das Gespräch den allgemeinen Verhältnissen des Landes zu.

Fünftes Kapitel.

Noch regte sich keine Feder im Walde. Die Dunkelheit lag schwarz und schwer über ihm, und nur hoch oben am Himmel glänzten die Sterne über Finsternis und Wildnis.

„Seid vorsichtig, Junker," sagte der Wildnisbereiter, „hier liegt überall noch tiefer Schnee. Sorgt, daß Euer Fuß, wenn er einsinkt, nicht zwischen Wurzelwerk gerät."

„Sind wir bald am Ziel?" fragte Eilhard.

„Gleich, Junker. Wenn Ihr scharf auslugt, müßt Ihr die Kiefer schon sehen. Blickt etwas rechts schräg zu den Sternen hinauf. Seht Ihr sie sich vom Unterholz abheben? Noch könnt Ihr fest auftreten. Nur vorwärts. Ei, ich hoffe, der Ast traf Euch nicht? Noch etwas vorwärts. Und nun heißt es, still stehen."

Kein Hauch störte die Stille der Nacht; es war Eilhard, als ob hier nichts lebte, als sein klopfendes Herz. Er fühlte nach den Bolzen in seiner Tasche, sie lagen bequem zur Hand. Er ließ die Armbrust herabgleiten, stützte sich auf sie und wartete geduldig.

Die Wipfel der Bäume rauschten jetzt ganz leise und hörten wieder auf. Nach einiger Zeit rauschten sie wieder, nun schon längere Zeit. Es war Eilhard, als ob die paar Sterne, die zwischen den Baumwipfeln zu ihm herabschienen, etwas weniger leuchteten und funkelten als vorher.

Durch die Baumwipfel ging ein kräftiges Rauschen und man sah die Spitzen der Bäume sich ein ganz klein wenig neigen. In weiter Ferne heulte ein Wolf, in der entgegengesetzten Richtung schrie eine Eule. Irgendwo fiel etwas Schweres dumpf zu Boden, hin und wieder knackte ein Zweig, und im Heidekraut raschelte es. „Klipp, klipp, klipp," klang es plötzlich, dann ein Ton, als ob eine Flasche entkorkt würde, endlich ein Schleifen.

Eilhard spannte die Armbrust und ließ den Bolzen in den Lauf gleiten.

Alles ist wieder still, aber hoch oben auf dem dürren Ast der Kiefer scheint sich etwas zu bewegen.

„Klipp! klipp! klipp!"

Eilhard eilt mit langen Schritten vor. Als die Töne oben verstummen, bleibt er regungslos stehen. Der verwünschte Schnee! Was für einen Heidenlärm die Schritte im schweigenden Walde machen!

„Klipp! klipp! klipp!" Wieder drei Schritte vor. Der Schnee kreischt förmlich. Eilhard legt an. Er hat genügendes Büchsenlicht, aber er ist noch zu weit von seinem Ziele entfernt. Der abscheuliche Schnee! Aber vorwärts. „Klipp! klipp — —" da war der Lärm selbst für einen balzenden Auerhahn zu arg, und der Vogel strich ab, ohne daß Eilhard daran denken konnte zu schießen.

„Junker," sagte der Wildnisbereiter, „ich habe es mir wohl gedacht. Noch ist zu viel Schnee im Walde. Wer sie jetzt anspringen will, muß es mit bloßen Füßen thun. In Stiefeln geht es nicht."

„Da muß ich freilich die Hände davon lassen," erwiderte Eilhard ärgerlich und schlug den Rückweg ein.

Im Walde wurde es allmählich lebendig; als sie vor dem Häuschen des Försters anlangten, riefen schon die Singdrosseln ihr: David! David! über die Baumwipfel hin.

„Ist schon jemand von den Herrschaften zurück?" fragte der Wildnisbereiter sein Weib, das vor der Thür stand.

Sie verneinte.

Eilhard, der keine Lust hatte, sich in die dunstige Stube zu begeben, ging fröstelnd vor dem Hause auf und nieder. Endlich kam Jürgen, kam der Pastor, der eine wie der andere mit leeren Händen. „Gottes Tod," rief der letztere, „wer kann bei solchem Schnee anspringen! Oben hart, unten weich! Jeder Schritt ist ein Posaunenstoß. Aber da schlag doch Gott den Teufel tot — da kommt der Bonnius und hat einen — und schleppt ihn hinter sich her! Himmeldonnerwettersakrament!"

„Pastor," sagte Jürgen, „flucht doch nicht so unmenschlich. Schickt sich das für einen Pastor?"

„Was, Pastor! Wenn ich auf der Auerhahnbalz

bin, bin ich bei Jesu Marter und Tod! kein Pastor, sondern ein fröhlicher Weidmann. Aber beim h. Hubertus, wenn wir den Bonnius auf eine Heide führten, über der nur Kiebitze fliegen, er brächte uns einen Auerhahn mit."

Und die hohlen Hände vor den Mund haltend, jauchzte der Pastor in den Wald hinein, daß die Drosseln erschreckt still hielten, und ein Fuchs, der in der Nähe seiner Jagd nachging, die Maus, die er schon festhielt, wieder fahren ließ.

Bonnius war unterdessen herangekommen. Die Anstrengung hatte seine Wangen rot gefärbt, die Augen leuchteten vor Frohsinn, er sah frischer und hübscher aus als je. „Bautz," sagte er lachend, „da liegt der Hase im Lager, Pastor!"

„Wie um alles in der Welt habt Ihr das angefangen?" fragte Eilhard.

„Nun, ich habe mir eben die Stiefel ausgezogen und bin barfuß angesprungen!" erwiderte Bonnius.

„Fürchtet Ihr denn nicht, Euch die Füße zu erfrieren, während Ihr still stehen mußtet?"

„Nein, Junker. Bin ich der einzige, der mit vollem Fuder nach Hause fährt?"

„Ja, Bonnius," versetzte Jürgen, „aber ich will Hans heißen, wenn ich es nicht das nächste Mal mache wie Ihr."

„Macht das, wie Ihr wollt, Junker," meinte der Pastor, „aber jetzt zur Flasche. Heda, mein Pai — Kindchen," wandte er sich dann zur Wirtin, „bring mal die blecherne Kuh heraus. Sie will gemelkt sein."

Man that einen tüchtigen Trunk und stieg dann zu Pferde.

„Es ist doch schön bei Euch, Junker, in Eurem Livland," sagte Bonnius, der neben Eilhard ritt. „Ein solcher Wald und das reiche, lustige Leben und — und vieles sonst. So lustig lebt sich's in Deutschland nicht."

„Man nennt unser Livland nicht umsonst Vlieoland," versetzte Eilhard nicht ohne Stolz. „Es haben nicht viele Deutsche, die erst einmal hier waren, wieder aus dem Lande ziehen wollen, und Euch wird es auch so gehen. Aber solche Streiche wie vorhin müßt Ihr freilich nicht oft machen, sonst könnte es bald kommen, daß Ihr Euer Haus sechs Fuß unter der livländischen Erde aufschlagen müßt."

Bonnius zuckte die Achseln. „Ich kann's nicht anders, Junker," erwiderte er. „Wie ich sah, daß ich nur so an den Vogel konnte, mußten Stiefel und Strümpfe hinunter, und wenn ich gewußt hätte, daß ich gerades wegs in den Tod sprang. Wenn ich etwas so recht will, da kommt es über mich, daß ich meiner selbst nicht Herr bin, und stürme vor, es falle, wer fällt, ich oder ein anderer."

„Ihr hättet ein Kriegsmann werden sollen."

„Ich wäre gern einer geworden, Junker, das könnt Ihr mir glauben; aber meine Mutter selig war eine feine, zarte Frau, die hat mich, als sie zu sterben kam und lag auf dem Bett, und ihr Gesicht war so weiß wie das Kissen, einen Eid schwören lassen, daß ich dem Kalbfell nicht folgen würde.

Na, es muß doch nicht Gottes Wille gewesen sein; aber schade ist es, und beklagen werde ich es, so lange ich lebe, daß ich nie eine andere Leiter hinansteigen soll, als die auf den Heuboden führt."

„Nun, ich denke, Ihr könnt auch so zufrieden sein, Bonnius. Nicht jeder von Eurem Stande kann in Euren Jahren so vieler Leute Herr sein wie Ihr."

„Gewiß, Junker, und ich füge hinzu, nicht jeder hat seinerseits so gütige Herren wie ich; aber es bleibt doch, daß es mir oft ist, als wollte mir das heiße Blut die Adern sprengen und als müßte ich etwas Ungeheures thun, so oder so.

Eilhard blickte den jungen Mann verwundert an.

„Aus Euch redet der Auerhahn von vorhin," sagte er lächelnd. „Man sah es Euch an, daß er Euch tüchtig zu schaffen gemacht hatte."

Bonnius biß sich auf die Lippen. „Kennt Ihr es nicht, Junker," fragte er, „daß es überall in Euch hämmert und pocht, und Ihr müßt vorwärts und haben, was Ihr wollt, und wenn es um Leib und Leben von Euch und anderen ginge?"

„Nein, Bonnius, und ich meine, Ihr solltet unseren Herrn und Heiland bitten, daß Ihr es auch verlernt."

„Ihr habt ganz recht, Junker. Gott wehre allezeit dem bösen Feind und halte uns alle Anfechtung fern."

Sie ritten eine Weile schweigend nebeneinander her und hörten dem Pastor zu, der hinter ihnen

mit lauter Stimme das Lied vom armen Schwarten-
hals sang:

> Ich nahm mein Schwert wohl in die Hand
> Und gürt' es an die Seiten.
> Ich, Armer, mußt zu Fuße gahn,
> Weil ich nicht hat zu reiten.
>
> Ich hob mich auf und ging davon
> Und macht' mich auf die Straßen,
> Mir kam ein reicher Kaufmannsohn,
> Sein Tasch' mußt er mir lassen.

„Der litt auch an Überfluß von Blut," sagte Eilhard lachend.

Sie waren am Kreuzweg angelangt, und der Pastor ritt rechts ab, dem Pastorate zu: „Sein Tasch' mußt er mir lassen!" sang er im Refrain.

Der Weg verließ nun den Wald und führte am Rande eines Baches entlang, an dessen Ufern hoch= stämmige Erlen über das niedrige Gebüsch empor= ragten. Aus diesem Gebüsch trat jetzt eine Frau hervor und stellte sich den Reitern in den Weg. Es war ein hochgewachsenes Mädchen, aber die Gestalt war eingesunken, es waren noch junge, edle Züge, aber das Antlitz war von tiefen Falten durchfurcht, es waren ein paar große dunkle Augen, aber sie blickten scheu und unruhig um sich. Auf dem schwarzen Haar ruhte ein Kranz von Fichtenzweigen, und um die gekrümmten Schultern war ein weißes Laken ge= schlagen, das im Morgenwinde flatterte, wie ein loses Segel. Das Merkwürdigste aber war, daß eine Anzahl Dohlen um das Mädchen herflogen, sich für einen Augenblick auf einem Zweige niederließen und dann ihre unglückliche Herrin wieder umkreisten.

„Haltet, Junker," rief das Mädchen, „haltet, steigt ab und fallt in die Knie. Wißt ihr nicht, wer ich bin? Ich bin die Frau von Thebingsheim auf Randen. Herunter von den Gorren und mich geküßt. Wißt ihr nicht, was sich für junge Herren vom Adel ziemt, wenn sie eines Edelmanns Frau begegnen? Wenn Jürgen erfährt, daß ihr auf den Hengsten bliebt, so läßt er euch quälen, bis euch das Eingeweide zum Leibe heraushängt! Her zu mir! Huch! Wie das brennt, solch ein Kuß! Wer gibt ihn mir zuerst? Ihr da, Ihr fremder Junker! Ihr gefallt mir, Ihr seid mein Mann!"

Damit schritt sie auf Bonnius zu, dessen Roß sich unter ihm bäumte. Aber der Reiter brachte es zur Ruhe und zwang es, stehen zu bleiben. „Geh nach Hause, armes Ding," sagte er mitleidig.

Das Mädchen blieb stehen. „Armes Ding!" rief es weinerlich, „armes Ding! Als der Flieder blühte und die Nachtigall schlug, da war ich ‚mein Herzensschatz!' Jetzt, wo es kalt aus dem Walde weht, bin ich ein armes Ding. Ich bin ja auch ein armes Ding, ein ganz armes, frierendes, hungerndes Ding, das nichts hat als — als — als ein bißchen Flüche, viele, viele Flüche, mehr Flüche als Bäume im Walde und Sterne am Himmel stehen. Darum bin ich also doch die reiche Frau von Randen," kreischte die Irrsinnige nun, „und ich gebe ihm meine Flüche mit, alle meine Flüche mit, einen ganzen Wald voll Flüche mit, einen Himmel voll Flüche mit. Und wenn er stolz einherschreitet, soll mein Fluch hinter ihm gehen, und wenn er zu Roß sitzt, soll mein Fluch hinter ihm aufsitzen, und wenn er sich in sein warmes Bett legt, soll mein Fluch sich neben ihn legen. Verflucht soll er sein, er und was zu ihm gehört. Sein Fleisch soll der Wolf fressen und seiner Schwester Fleisch der Fisch und seines Hauses Fleisch das Feuer."

„Schweig, Hexe!" schrie Eilharb außer sich und riß seinen Dolch aus der Scheibe, aber Bonnius ergriff seinen Arm. „Laßt sie, Junker," rief er, „sie ist besessen."

Das Mädchen blickte den Junker starr an. Dann sprang sie ins Gebüsch und eilte, gefolgt von dem Schwarme der kreischenden Dohlen, davon wie gejagt.

„Es ist die Tochter des früheren Müllers in der Klappermühle," erklärte Bonnius.

„Um Gotteswillen!" rief Eilharb, „es ist doch nicht Käthchen Melzer?"

Bonnius nickte.

„Ich hätte sie nie erkannt," rief Eilharb erschüttert. „Und der Vater? Ist er tot?"

„Das ist eine traurige Geschichte, Junker," versetzte Bonnius. „Als ich hierherkam, war sie schon, was sie ist, und der Vater, der die Schande nicht hatte überleben wollen, lag bereits hinter der Kirchhofsmauer unter anderen unehrlichen Toten. Die tolle Käthe aber lebt bei dem neuen Müller Klaus Huppetanz und ihre einzigen Freunde sind die Dohlen, die sie aufzieht und die ihr überall hin folgen."

„Und der von Randen? Thut er nichts für sie?"

Bonnius zuckte die Achseln. „Der hätte viel zu thun," erwiderte er bitter, „wenn er für alle sorgen wollte, die sein Fuß in den Sumpf trat, daß sie nicht wieder auftauchten."

„Arme Käthe," rief Eilhard erschüttert. „Wie war sie schön, und wie unermüdlich tanzte sie! Und sie hielt sich so vornehm wie eine vom Adel."

„Das war es vielleicht," meinte Jürgen. „Gleich gesellt sich gern zu gleich. Ihre Mutter soll eines Komturs von Reval und einer vom Adel Tochter gewesen sein, und die Eltern sollen der Pflegemutter manchen Horngulden mit in die Wiege gelegt haben."

„Du hast recht, Jürgen, ich entsinne mich, so sagten die Leute. Lorenz Forchheimer, der Schmied, hat mir einmal davon erzählt, als er mir die Armbrust zurecht machte. Wie schrecklich ihr Fluch klang!"

„Da geht die Muhme mit dem Pastor Westermann!" rief Jürgen.

Sie trieben die Pferde an und hatten bald das Paar erreicht, das auf dem Wege ins benachbarte Dorf war. „Wir wollen ein wenig nach unseres Herrgotts Lieblingen, den Kindern, den Armen und den Kranken sehen," sagte der Pastor.

„Wenn Ihr erlaubt, schließe ich mich Euch an," rief Eilhard, sprang vom Pferde und bat Bonnius, das Tier mit auf den Hof zu nehmen.

„Ihr kommt von der Auerhahnbalz, Junker?" fragte der Pastor.

„Ja," erwiberte Eilhard, „aber nur Bonnius hat einen Hahn geschossen."

„Das ist ein tüchtiger junger Mann," versetzte der Pastor, „aber leider nur allzu hitzigen Gemütes. Wenn er einen Topf heißen Wassers haben will, läßt er das Brauhaus dazu heizen."

„Ihr habt recht," erwiberte Frau Katharina, „aber ich habe sein feuriges Wesen nicht ungern."

„Ich auch nicht, erwiberte der Pastor, „wollen wir aber Gott bitten, daß ihm nichts in die Nähe kommt, was nicht Feuer fangen soll. Sonst habe ich an solch einem frischen jungen Blut auch meine Freude. Ich wünsche, der Herr, dem ich diene, hätte etliche von solcher Art in seinem Dienst."

„Nun, daran fehlt es ja wohl nicht, Herr Pastor."

„Doch, gnädige Frau. Seht, was bei uns aufwächst, das ist so beschaffen: So lange es klein ist, sieht es aus, als ob es Wunder was werden wollte; wenn es aber zu Jahren kommt, ist's allemal wie die Alten auch, und hat nichts im Sinn als trinken und tanzen, ringfahren und fechten. Das ist gerade wie der Roggen auf allzu fettem Boden. Im Frühling sieht er aus wie eine Bürste, kommt er aber zu seiner Zeit, gibt's eitel Lagerkorn. Wie soll ein livländisch Kind aber auch anders sein, denn es ist nichts anderes als ein selbstgezogen Kind, weil wir im Lande aller rechten Schulen ledig sind, und von einer hohen Schule ist schon gar nicht zu reden. Da wächst denn die liebe Jugend auf, und wenn sie raten und thaten soll, sieht jedermann, daß sie weder zum Glucken noch zum Eierlegen taugt."

„Ihr habt gewiß recht," meinte Eilhard, „aber die hohe Schule wird ja schon längst geplant, und wenn wir erst mit dem Moskowiter fertig sind, wollen wir diesen Acker frisch unter den Pflug nehmen."

Der Pastor zuckte die Achseln. „Lieber Junker," erwiderte er, „ich meine, man sollte das Korn in die Scheune schaffen, ehe die Schloßen fallen, aber nicht nachher. Der Moskowiter ist gewiß aller Christen feind, aber Satanas ist ihnen doch viel mehr feind; darum erachte ich, daß es billig wäre, ehe man einen Thaler gibt wider den Reußen zu streiten, lieber hundert Thaler herzugeben, ob man auch nur einen Knaben erziehen könnte, daß er ein rechter Christenmann würde. Lieber Junker, das Gras will dürr werden, und die Blume fällt dahin. Wenn wir nicht kaufen werden, dieweil der Markt vor der Thür ist, wird uns der Keller leer stehen bleiben."

„Laßt es nur gut sein, Pastor," versetzte Eilhard. „Sobald wir den Moskowiter zur Ruhe gebracht haben, wollen wir auch die hohe Schule fertig bringen."

„Nun, Gott gebe es," war die Antwort. „Bis dahin aber will ich Gott täglich danken, daß Ihr hier in Kelles Euch wenigstens der undeutschen Armut mit freundlichem Gemüt annehmt und schaffet, daß wenigstens hier die liebe Jugend nicht aufwächst wie eitel Holzblöcke, und weiß von Gottes Wort nichts, denn allein, daß sie der Obrigkeit gehorsam sein soll. Du lieber Gott, es zerreißt einem das Herz, wenn man es ansieht, wie die Bauernkinder allerorten aufwachsen als ein wildes, zuchtloses Volk, das von Gottes Wort nichts weiß, und unser Herr und Heiland ist doch auch für sie gestorben und in den Tod gegangen. Wahrlich, von der Gerechtigkeit, die besteht in Hühnern und Eiern, weiß jeder in Livland zu sagen; aber wenn von der Gerechtigkeit geprebigt wird, die da ist, den Nächsten lieben als sich selbst, an Gott glauben, sich selbst verleugnen, da haben alle taube Ohren. Aber ich will lieber von den Gerechten reden als von den Ungerechten, und so danke ich Euch denn nochmals recht von Herzen, daß Ihr Euch so ehrlich müht um der armen Bauern Seelenheil und Seligkeit."

„Pastor," sagte Eilhard, „ich möchte Euch gern etwas fragen, was mir oft durch den Sinn geht."

„Fraget, lieber Junker."

„Pastor, wenn es nun so wäre, wie Ihr wollt, und in allen Dörfern wären Schulen und alle Undeutschen gingen hinein — würde da nicht der Haber den Gaul so wild machen, daß er den Reiter über den Hals würfe? Die Undeutschen haben doch gar steife Nacken, sind ein trotziges und mutwilliges Volk, und ihrer sind viele, unserer aber nur wenige."

„Liebster Elert," erwiderte Frau Katharina, noch ehe der Pastor antworten konnte, „und wenn dem so wäre, so dürfte uns das nicht abhalten, unseren

Untersassen das Evangelium zu bringen; denn wie sollten wir uns einst an dem großen und schreck= lichen Tage, da Gott kommen wird uns zu richten, verantworten, wenn wir gehandelt hätten wie eine Obrigkeit für Füchse oder Hasen, aber nicht für Menschen?"

„Amen, gnädige Frau," rief der Pastor. „Was aber Eure Besorgnis angeht, lieber Junker," fuhr er fort, „so meine ich, daß es damit gute Wege hat, denn unser deutsches Volk hat eine solche Mann= haftigkeit, daß wohl fünfzig Undeutsche vor einem deutschen Geharnischten das Hasenpanier ergreifen möchten. Auch würde die Obrigkeit ja ob der Schulen ihr Schwert nicht an die Wand hängen, sondern es gegen Aufrührer und Rottenführer brauchen, wo es not thut, wie bisher. Schließlich läßt sich ja auch nicht windigen ohne Wind, auch wenn uns selbiger Zahnschmerzen macht. Eins aber, lieber Junker, ist klar am Tage, entweder wir lehren auch die un= deutsche Armut, daß sie das Evangelium, dazu die anderen Bücher der h. Schrift und die Hauptstücke vom Katechismus lesen kann, oder wir hätten den papistischen Greuel nicht aus dem Lande zu fegen gebraucht; denn an Kirchengehen, Niederknien und Lippenbewegen war derzeit auch kein Mangel."

Sie hatten unterdessen das Dorf erreicht, und die zahlreich herbeieilenden Bäuerinnen und Kinder unterbrachen das Gespräch. Die Vornehmeren oder Vertrauleren küßten den Herrschaften die Hand, die übrigen drückten ihre Lippen nur auf den Saum ihres Gewandes. Frau Katharina hatte viel zu fragen, denn sie wußte in den Familienverhältnissen der Leute gut Bescheid, und was in den Dörfern mühselig war und beladen, kam zu ihr.

Da drängte plötzlich ein hochgewachsenes Weib den Haufen auseinander, warf sich vor der Herrin nieder und umklammerte ihre Knie. „Helft mir," rief sie, „helft mir um aller Heiligen willen. Sie haben mir das einzige genommen, was ich Arme hatte auf Erden, das Licht meiner Augen, das Herz in meiner Brust, meine Tochter."

„Wer? Wer hat sie Euch geraubt?"

„Der schwarze Tönnies von Unnaser unter Randen. Heute nacht stand das Mädchen auf und ging hinaus, das Vieh zu beschicken. Da höre ich sie plötzlich auf dem Hofe schreien. ‚Jan,' rufe ich, ‚ein Wolf' und springe aus dem Bett und stürze hinaus. Da sehe ich noch, wie er mein Seelchen niederdrückt auf den Hals des Falben und davonjagt, daß die Steine fliegen wie Splitter beim Holzschlagen. Und nun ist meine Seele fort und mein Augenlicht, und der Wilde wird sie schlagen wie des Herrn Büttel, bis sie thut, was er will."

Die Frau heulte laut auf, und auch die anderen Frauen schrien wirr durcheinander. „Habt Ihr es denn schon im Hofe gemeldet?" fragte Frau Katharina.

Es währte eine Weile, bis sie Antwort erhielt. Die Männer waren alle fort und verfolgten die Spur des Jungfrauenräubers, darum war bisher die Meldung des Geschehenen unterlassen.

Die drei suchten die unglückliche Mutter, so gut sie es vermochten, zu trösten, und setzten dann ihren Weg fort. „Sie werden ihn nicht finden," sagte der Pastor traurig. „Fehlt es doch — Gott sei es geklagt — nicht an Herren im Lande, denen es gerade recht ist, wenn ihre Leute zusammenleben ungetraut wie das liebe Vieh. Fahren sie dann dahin in ihren Sünden, so kommt der Herr und nimmt den Kindern das Erbe, denn ihre Eltern waren ja nicht ein christliches Ehepaar."

Sie erreichten nun den Bauernhof, in dessen Stube der Schulmeister, ein alter Reiter des Herrn Kruse, der auf der Jagd beide Beine gebrochen hatte und nun auf Stelzen einherging, seines Amtes wartete. Der Pastor katechisierte die kleinen Blondköpfe, und er wußte sie so zutraulich zu machen, daß sie ihm ohne alle Blödigkeit antworteten. Eilhard, der an der Thüre lehnte, betrachtete mit inniger Teilnahme das Bild. Der Pastor war nicht schön. Er hatte eine faltige Stirn, kleine Augen und eine ganz merkwürdig große und weiche, lappige Nase, die aussah wie ein Rüssel. Dazu war er klein und wohlbeleibt. Aber wer dachte an sein Äußeres, der ihn so schalten und walten sah unter den fremden Kindern.

Was gingen ihn, den Pfarrer in Dorpat, die Dorfkinder von Kelles an, und doch kam er hierher, so oft seine Zeit es ihm erlaubte, um den Kruses bei ihren edlen Bemühungen zu helfen, so viel er konnte. Eilhard wußte, daß der Pastor für diese Arbeit keinerlei Entgelt nahm.

Der Junker fühlte sich von einer seltsamen Rührung ergriffen. „Der Fremde soll mich nicht beschämen," dachte er. „Ich will den Eltern helfen, so viel ich immer kann, daß auch diesen Armen die Wege geebnet werden, die zum Himmel emporführen."

Die Katechisation war zu Ende, es folgten ein paar Krankenbesuche; dann begab man sich zurück auf den Hof.

Ein fester Palissadenzaun — das Staket — schloß das Herrenhaus und die zu ihm gehörenden Baulichkeiten ein, und ein tiefer Wassergraben lief um ihn hin. Jetzt war die Zugbrücke niedergelassen und das Thor stand weit auf, denn es war ja tiefer Frieden im Lande.

Auf dem weiten Hof standen Herr Kruse und seine Gäste: der Domprobst Peter Thebingsheim, der Domherr Johann Stackelberg, der Mannrichter Johann Taube — und bewunderten ein schönes junges Roß, das Herr Kruse von einem russischen Roßkamme erworben hatte. Es war eine prächtige tatarische Stute, weiß mit schwarzen Flecken übersäet, die Weichteile zart rosa überflogen.

„Elert," rief Herr Kruse lachend dem Sohne zu, „die hier soll einmal dein Bräutchen nach Dorpat zur Köste tragen!"

Am Abend wurde stark gezecht, denn Herr Kruse ging ebenso ungern ohne Räuschchen zu Bett wie andere gute Gesellen auch; Eilhard aber, der das

Trinken nie hatte vertragen können, ritt mit den jungen Mädchen und Bonnius spazieren. Es war ein herrlicher Frühlingsabend. Auf den Ecken des Daches kappten und pfiffen die Stare, über den Feldern jubilierten die Lerchen, vom Waldrande her riefen die Drosseln. Als die vier zurückkehrten, begannen die Strahlen des Mondes, der schon lange am Himmel stand, eben wirksam zu werden.

Eilhard ritt mit Bärbchen voraus. Anna und Bonnius waren etwas zurückgeblieben, aber man hörte den letzteren in seiner lebhaften Weise erzählen, ohne doch mehr als einzelne Worte verstehen zu können.

Es drängte Eilhard, dem lieben Mädchen neben ihm von dem zu erzählen, wessen sein Herz voll war. Er berichtete von dem unvergeßlichen Eindruck, den er heute im Dorf empfangen hatte, rühmte Westermann und sprach mit Stolz von der Mutter, dem Vater. „Aber ich will einmal ihrer würdig werden," rief er, „und auch meinen Unterfassen eine rechte Obrigkeit werden, die für sie sorgt wie ein Vater für seine Kinder. Nicht wahr, Bärbchen?"

Barbara, die bisher schweigend neben ihm hertritt, wandte ihm den Kopf zu. „Ja, Elert;" erwiderte sie, „aber wie ist es eigentlich in der Gaillarde, ist die letzte Kadenz rechts oder links?"

Eilhard fühlte, wie er vor Unwillen errötete, aber er beherrschte sich. „Ich meine, wir sprechen nicht von der Gaillarde," sagte er.

„Nein, Elert, du sprachst von den Bauern, aber wie ist es mit der Kadenz?"

„Ja, welche Gaillarde meinst du denn?" fragte Eilhard mißmutig, „die Langeweile, die mich quält?"

„Nein, ich meine: ,Ich möchte lieber allein schlafen.' Ich glaube, die letzte Kadenz ist hier rechts."

Eilhard zuckte die Achseln; Bärbchen aber wandte sich um und rief nach Bonnius, der sofort an ihrer Seite war.

„Die Bewegungen sind folgende," belehrte er auf Bärbchens Frage: „Ruade rechts, Entretaille, Ruade links, Grue, Ruade rechts, Entretaille, Ruade links, Entretaille mit Grue rechts, Ruade rechts. Entretaille zur Grue links. Großer Sprung. Kadenz rechts."

„Also doch," frohlockte Bärbchen.

„Was meinst du dazu, Anna?" fragte Eilhard.

„Ich weiß in diesen Dingen wenig Bescheid," erwiderte die Angeredete.

„Anna tanzt nicht mehr," rief Bärbchen lustig, „weil Reinhold Taube sie beim letzten Wackenfest in der Volte so geschwenkt hat, daß man ihr bloßes Knie hat sehen können. Das kommt ja nun alle Tage vor, aber die Junker haben sie damit so geneckt, daß sie nun nicht mehr tanzen will. Das ist doch albern von Anna."

„Guten Abend!" rief Frau Katharina, die den jungen Leuten bis an die Zugbrücke entgegen gegangen war.

Sechstes Kapitel.

Neben Frau Katharina stand ein schlanker, hochgewachsener Mann. Es war Jürgen Thebingsheim von Randen, Bärbchens Bruder. Er umarmte Eilhard, küßte die jungen Mädchen und erwiderte Bonnius' ehrerbietigen Gruß mit einem unmerklichen Kopfneigen. „Nehmt die Pferde der Fräulein und führt sie in den Stall," rief er dem Schreiber zu.

Bonnius hatte eine heftige Antwort auf der Zunge, aber Barbara, die neben ihm stand, flüsterte ihm zu: „Um Gotteswillen, thut es mir zuliebe," und er ergriff schweigend die Zügel.

„Besten Dank, lieber Bonnius!" riefen Frau Katharina und Eilhard wie aus einem Munde, da beide das Bedürfnis fühlten, ein versöhnendes Wort zu sprechen.

„Du kommst gerade zur rechten Zeit zurück, Elert," sagte Jürgen Thebingsheim, ohne den Zwischenfall weiter zu beachten, „um noch den großen Feldzug gegen den Erzbischof mitzumachen. Da kannst du dich gleich als Kriegsmann bewähren."

„Meinst du denn, daß wir mit ins Feld ziehen?"

„Natürlich, Clert, unser gnädiger Herr, der Bischof wird sich doch eine solche Gelegenheit nicht entgehen lassen, zu den Rittersporen zu kommen! Und was die vom Orden anbetrifft — ich sage dir, die Courage sprengt ihnen Brust und Harnisch. Zu Johannis werden wir in Blut waten bis an die Knie, und in allen Ordensschlössern und Domherrenhäusern werden Witwen klagen und Waisen jammern. Es gibt einen Oberspaß, Elert, wenn die Pfaffen im Harnisch und die Pfaffen in der Kutte sich an die Kehle springen und Hilf Maria! dazu schreien."

„Aber denke an den Moskowiter, Jürgen."

Der von Randen zuckte die Achseln. „Fürchtest du dich auch vor ihm?" meinte er. „Ich denke, wir haben Schwerter genug im Lande, um die nach Knoblauch stinkenden Kerle wieder dahin zu jagen, wo sie herkommen."

„Ihrer sind aber unendlich viele."

„Der Undeutschen sind auch viele," erwiderte Thebingsheim verächtlich. „Der Reuße ist hinter Wall und Graben nicht ungefährlich, denn er kann hungern wie eines Bettlers Pferd, aber im offenen Felde hat er deutschen Kriegsleuten noch nie widerstanden. Ich getraue mich wohl, mit unserer Stiftsfahne das ganze reußische Heer auseinander zu schmeißen, daß es das Wiederkommen vergißt."

„Jürgen," sagte Frau Katharina, „kehre noch einmal mit mir um, ich möchte dich um etwas bitten."

„Was ist es?"

„Jürgen, einer von deinen Bauern, sie nennen ihn den schwarzen Tönnies von Unnafer, hat heute nacht einem von den unserigen die Tochter geraubt."

„Sieh einmal an," lachte Jürgen, „der kecke Gesell. Weiß er nicht, was seiner harrt, wenn sie ihn fangen?"

„Jürgen," bat Frau Katharina, „sei gut und sorge, daß er das Mädchen frei gibt."

Jürgen zuckte die Achseln. „Es ist Ranzzeit bei den Wölfen und bei den Undeutschen, Muhme," erwiderte er, „wer kann sie da finden?"

„Du kannst es, Jürgen. Wenn er weiß, daß du es nicht leidest, wird er sich wohl hüten, das Mädchen zu behalten."

„Da habt Ihr freilich recht, Muhme. Nun, wohl, ich will es dem Schreiber sagen, und der soll das Pärchen auseinanderbringen. Der Kerl soll überdies gequält werden, weil er es gewagt hat, sich sein Schäfchen gerade aus Kelles zu holen. Als ob es nicht auch sonstwo schmucke Bauernbirnen gäbe."

„Abgemacht, Jürgen?"

„Abgemacht, Muhme."

Der von Randen küßte seiner Tante die Hand, und beide begaben sich in das Haus.

Der erstere suchte zunächst die Großmutter auf, um ihr seine Aufwartung zu machen. Nachdem er Frau Maria begrüßt hatte, nahm er neben ihr Platz und sagte: „Nun, da Elert wieder zurück ist, solltet Ihr auch ans Werk gehen, Ahne."

„Du meinst in bezug auf Bärbchen?"

„Ja."

„Nun, das ist ja nicht so eilig. Laß ihn doch erst wieder warm werden daheim."

„Ich meine ja auch nicht, daß wir Sonnabend die Köste halten sollten, wohl aber denke ich an nach Weihnachten. Wir sollten das Ding nicht länger hinausschieben, als gerade nötig ist. Ein Kriegsmann ist immer froh, wenn die Wache vorüber ist und er die Parole weitergeben kann."

„Ich denke, daß diese Wacht dich nicht allzusehr in Anspruch nimmt, Jürgen."

„Ja und nein, Ahne. Ich weiß sehr wohl, daß Ihr und die Frau Muhme gut acht gebt; aber der Hofmeister mag aufpassen, wie er will, es wird doch einmal das Korn in falsche Säcke geschüttet. Frauenehre ist von Glas, Ahne, die zerbricht leicht und läßt sich nicht wieder zusammenbringen."

„Ich wüßte nicht, Jürgen, von welcher Seite her Bärbchens Ehre hier Gefahr drohen könnte."

„Hier nicht, Ahne," erwiderte Jürgen, „denn von den Junkern wird keiner meiner Schwester zu nahe zu treten wagen; aber wer kann wissen, was in der Stadt vorgeht, wo die liederlichen Dompfaffen und landfremden Ordensherren überall aus- und eingehen. Wir leben in einer wüsten Zeit, Ahne, und Bärbchen war immer unbesonnen und eigenwillig."

„Du thust ihr unrecht, Jürgen, sie ist gutherzig, oft zu gutherzig, aber ihre Ehre ist in guten Händen."

„Das hoffe ich," meinte der Junker, „wenn ich auch dabei an andere Hände denke, als die ihrigen. Was aber ihre vermeintliche Gutherzigkeit anbetrifft, so habe ich mein Lebtag davon nichts bemerken können, denn sie war immer eine Widerbellerin, die that, was ihr gut schien, und das, was ihr gut schien, war allezeit das Thörichte und Schlechte. Ich werde jedenfalls von Herzen froh sein, wenn sie erst Elerts Frau ist. Er mag dann zusehen, wie weit er mit seinem gutherzigen Weibe kommt."

„Ihr habt euch — Gott sei es geklagt — nie leiden mögen, Jürgen."

„Das ist wahr, Ahne. Sie schrie schon als Kind, sobald sie mich sah, und sie fürchtet mich jetzt, wie den Gottseibeiuns, obgleich ich doch gar nicht so furchtbar bin."

Jürgen Thedingsheim schwieg und trommelte mit seinen harten weißen Nägeln auf dem Tisch. Das Licht der Kerzen beleuchtete hell sein schönes Gesicht von vollendeter Regelmäßigkeit und die reiche, geschmackvolle Kleidung, die seinen tadellosen Körperbau noch mehr zur Geltung brachte. Die Großmutter sah ihm gerade in die hellblauen kalten Augen, und sie dachte, daß ihr Bärbchens Empfindung nicht ganz unbegreiflich sei. Es gab nicht viele Menschen, denen dieser schöne und kluge junge Mann nicht Furcht oder doch ein der Furcht ähnliches Gefühl einflößte. Vielleicht war es dieses Gefühl, das ihn den Weibern gegenüber so unwiderstehlich machte.

„Also, nicht wahr, Ahne," sagte der von Randen,

indem er sich erhob, "Ihr schürt da etwas die Kohlen an. Elerl wird es ja auch lieb sein, nicht allzu lange vor dem gedeckten Tisch stehen zu müssen."

"Das ist für mich der gewichtigste Grund, Jürgen."

"Mir auch recht, Ahne," war die Antwort. "Es ist einerlei, warum das Pferd gesattelt wird, wenn es nur zur rechten Zeit vor der Thür hält."

Der Junker empfahl sich. In der Thür traf er mit Barbara zusammen. Sie wollte mit einem halb scheuen, halb trotzigen Blick an ihm vorüber, er aber stellte sich vor sie hin, ergriff ihren Arm und preßte ihn, daß das Mädchen mit Mühe einen Schrei unterdrückte. "Du hast mir noch nicht einen guten Abend geboten, Barbara," sagte er.

"Du mir auch nicht," war die Antwort.

Der Junker blickte der Schwester zornig in die Augen, die seinen Blick jetzt ruhig aushielten. Dann ließ er ihren Arm fahren und ging davon.

"Bärbchen," sagte die Großmutter, "du solltest Jürgen gegenüber nicht so trotzig sein. Er ist dein einziger Bruder und vertritt Vaterstelle an dir."

"Ein schöner Vater," versetzte Bärbchen, indem sie mit der Linken den schmerzenden rechten Arm rieb. "Mir hat diese Vaterschaft noch nie etwas anderes eingetragen als blaue Flecke am Leibe. Aber wißt Ihr was, Ahne? Morgen kommen die Stahlbiters und die vier Vietinghofs in einer Mummerei zu uns. Unser Jürgen hat es mir gesteckt. Die

Junker kommen als Italiener und die Fräulein als Spanierinnen."

„Gut, Bärbchen," meinte Frau Maria, „aber laß das jetzt. Setze dich her und sieh mich an. So. Und nun sage mir, hast du Elert lieb?"

Barbara errötete über und über. „Gewiß," erwiderte sie, „wie soll ich ihn denn nicht lieb haben."

„Hast du ihn so lieb, daß du einmal seine Frau sein und Freude und Leid mit ihm teilen willst? Sprich, mein Kind, es hört dich niemand, als deine Ahne. Sprich, Bärbchen."

„Wenn ich nur nicht zu dumm für ihn bin, Ahne."

Frau Maria lächelte. „Sehr klug bist du freilich nicht," sagte sie, indem sie den Kopf ihrer Enkelin streichelte, „aber ich meine, Elert wird schon vorlieb nehmen."

„Darf ich jetzt wieder von der Mummerei sprechen, Ahne?"

Sie durfte es und that es; die Ahne aber dachte: „Mit dem Heiraten hat es hier wirklich noch gute Weile."

Der von Randen hatte sich unterdessen zu den Herren begeben, die zechend zusammensaßen. Als Jürgen Thebingsheim eintrat, erhoben sie ein großes Geschrei. „Wo warst du so lange? Wo habt Ihr gesteckt?" hieß es, und: „Eine Kause zur Strafe!"

Jürgen Nötken brachte das gewaltige Strafglas, aber Thebingsheim lehnte es ab. „Wenn ich nachholen soll, was ihr während der Zeit getrunken habt," sagte er lachend, „so gebt mir die große Kause!"

„Recht so! Ein wahres Wort! Ein ganzer Kerl, der Jürgen!" erklang es jubelnd. Man füllte die große Kause, ein ungeheures Gefäß, und reichte es Thebingsheim, der es mit beiden Händen in Empfang nahm. „Allen wackeren Kriegsleuten," sagte er, setzte die Kause an und trank sie in einem Zuge leer.

„Das muß man sagen, Jürgen," rief Peter Thebingsheim, „im Fechten, Trinken und Scharmutzieren kommt dir keiner gleich."

„Oho," rief Herr Kruse, „Elert — nein verzeih — aber du, Jürgen, wirst du dich so ohne weiteres an den zweiten Tisch setzen lassen?"

Jürgen Nölken erhob sich. „Ob ich über die Mauer komme, Ohm," rief er, „weiß ich nicht, aber versuchen will ich es immerhin."

„Laß es sein, Jürgen," meinte der von Randen, „du hast schon getrunken."

„Her damit, Hans. Ein wackerer Kriegsmann fällt, aber er weicht nicht zurück."

Damit ergriff Jürgen Nölken die Kause. „Allen Mannen unseres gnädigen Herrn zu Dorpat," rief er und leerte das Gefäß. „Ich bin, wie du siehst, auch auf der Mauerkrone," sagte er dann unter allgemeinem Jubel zu Jürgen Thebingsheim.

Dieser zuckte die Achseln. „Nun geht es auf der anderen Seite wieder hinunter," erwiderte er. „Füllt die Kause."

„Na," lachte Herr Kruse, „da soll mir einer sagen, daß unser junges Volk weniger tapfer ist, als wir seinerzeit waren. Was meint Ihr, Herr Mannrichter?"

Der Mannrichter verneigte sich. „Die Junker hauen hübsche Späne," meinte er.

„Allen adeligen Frauen," sagte Thebingsheim und leerte die Kause abermals. „So, jetzt sind wir am Feind, Jürgen."

„Allen adeligen Jungfrauen," rief Jürgen Nötken. Es währte diesmal eine Weile, bis er mit dem Trunke fertig wurde, aber es gelang. „Der Harnisch ist durchhauen," sagte er.

„Wir sind aber erst in der Stadt," rief der von Ranben. „Nun geht es gegen die Schloßmauer."

„Jungen, ihr seid prachtvoll," schrie Peter Thebingsheim. „Sah man je dergleichen." „Das nenne ich einen guten Kampf kämpfen," rief der Domherr Stackelberg. „Ich sehe euch noch beide S. F. G. in der eignen Kammer gefangen nehmen," jubelte Herr Kruse.

Eilhard hätte dem Wettstreite gern ein Ende gemacht, denn er sah voraus, daß Jürgen Nötken unterliegen mußte; aber er wußte wohl, daß jetzt an ein Aufhören nicht zu denken war. Die beiden erstiegen noch gemeinsam die Schloßmauer; als es aber galt, von derselben wieder hinunter in den Schloßhof zu kommen, sprang Jürgen Thebingsheim glücklich hinab, Jürgen aber strauchelte und fiel dem zuspringenden Eilhard gerade in die Arme.

Als man ihn zu Bett brachte, fehlte es übrigens keineswegs an Lobsprüchen über eine so tapfere

Haltung, und auch der von Randen gab anerkennend zu, daß ihm sein Kamerad nur deshalb nicht weiter hätte folgen können, weil er schon vor Beginn des Sturmes ein Räuschlein gehabt.

„Die Herren Junker haben sich beide höchst mannhaft gehalten," meinte der Domherr. „Kokenhusen ist mit fliegenden Fahnen genommen, und was darin ist, gehört nach Kriegsrecht den Siegern."

„Ich wünschte, Kokenhusen wäre wirklich schon über," meinte der Mannrichter. „Wenn sich der Herzog von Preußen hineinwirft, oder der Polacke, kann es noch um die Braut einen blutigen Tanz geben."

Der von Randen zuckte die Achseln. „Der verlaufene Mönch in Königsberg," erwiderte er, „wird sich wohl hüten, sich den Orden noch auf seine alten Tage auf den Hals zu ziehen, und was den Polacken betrifft, so wird das deutsche Schwert den Säbel schnell genug wieder in die Scheide bringen."

„Laßt es gut sein, Herr Bruder," mahnte der Mannrichter, „die Polacken sind tapfere Leute, und was helfen überdies die stärksten Mauern, wenn der Thorwart dem Feinde das Thor aufschließt. Ich habe sichere Kunde, daß der Landmarschall es mit dem Erzbischof hält."

„Meint Ihr? Glaubt Ihr wirklich!"

„Ich weiß es. Daß sie den Fürstenberg statt seiner zum Koadjutor gewählt haben, hat den von Münster fuchswild gemacht, und er sagt es jedem, der Ohren hat, daß er diesen Schimpf, den man seinem ganzen Geschlechte angethan, rächen wolle. Darum meine ich, daß, da die Windhunde sich beißen, der Hase jedenfalls in den litauischen Wald schlüpfen wird."

„Laßt ihn davongehen," rief der von Randen, „mehr will ja auch der Orden nicht."

„Ganz recht, aber wer wird uns vor den litauischen Wölfen schützen, deren Schutzverwandter er ist? Und wenn wir gegen die zu Felde liegen, wer wird unterdessen den russischen Bären aus unserem Haferfelde fern halten?"

„Ach was," rief Jürgen Thebingsheim, „wir werden schon mit beiden fertig. Die Wölfe lassen wir mit Jungfer Hänsin Hochzeit machen, und aus des Bären Fell schneiden wir uns Schlittendecken. Ich trink' Euch eins, Herr Bruder."

„Der Bär! Der Bär!" rief Herr Kruse und stützte den Kopf auf beide Arme. „Ich sage euch, der Gedanke an diese Bestie macht mir die Haare grau. Was werden wir thun, wenn der Moskowiter den Kreuzbrief schickt und wir ihn nun neu versiegeln sollen! Und mittlerweile ist des Ordens Tresekammer durch den Krieg geleert!"

„Hätten wir nur einen tüchtigen Kriegsmann von Adel an der Spitze," meinte der Domherr, „wir wollten uns des Moskowiters schon erwehren; aber von eines Hutmachers Sohn wird niemand ein adelig herzhaft Wesen erwarten."

„Amen!" sagte der Dompropst. Er war selbst Konkurrent Hermann Weilands um den Bischofssitz von Dorpat gewesen, und hieß deshalb beim Volke noch jetzt: der Gernbischof.

„Redet nicht schlecht von unserem gnädigen Herrn," wehrte Herr Kruse. „Daß es der Adel allein nicht thut, haben wir am Bischof Jodokus von der Recke hinreichend erfahren. Der hat den Apfelbaum so rein abgesucht, daß auch nicht ein Äpfelchen daran geblieben, und ißt jetzt unser Obst mit irgend einem westfälischen Fräulein in Verden. Bischof Hermann dagegen hat als Abt von Falkenau der Ritterschaft lange und wacker vorgestanden. Überdies ist er ja immerhin zu Wesel von ehrlichen deutschen Eltern geboren."

> „Herr Bischof Hermann Bei
> Gab's Bistum um ein Ei,
> Jodokus von der Reck
> Warf's Bistum in den Dreck,"

trällerte der Domherr.

„Macht den von der Recke nicht schlechter als er war," sagte der Mannrichter. „Er konnte es nicht ertragen, daß er, selbst ein Evangelischer, einen katholischen Bischof vorstellen, und als ein solcher über ein evangelisches Land Herr sein sollte. Das hielt er nicht aus und darum ging er davon."

„Mit des Bistums Gelde in der Tasche," grollte Peter Thebingsheim.

Taube zuckte die Achseln. „Was wollt Ihr," erwiderte er, „er war ein landfremder Mann. Was ging ihn unser Livland an. Das ist ja unser ganzes Unglück," fuhr Taube fort, „daß unser armes Vaterland wie ein Wald ist, der niemand gehört, und in dem jeder Fremde Bäume fällen kann, wie viel er Lust hat. Und was für Holzfäller sind das mitunter! Denkt nur an Friedrich von Ampten, den Bischof von Reval. Der kam ins Land als ein armer Prädikant und frug beim Rate zu Reval an, ob sie nicht ein Pfarramt für ihn hätten. Als ihm nun der Bescheid ward, er solle erst eine Probepredigt halten, da frug er weiter, wie der Rat sie wolle, ob nach dem alten oder nach dem neuen Glauben. Da ihm nun der Rat die Antwort gab, sie wollten weder dies noch das, schlug er sich zu den Katholischen auf dem Dom, und jetzt reitet dieser Mann mit hundert Pferden durch das Land. Nein, ihr Herren, so lange wir freien, adeligen Livländer der Westfälinger Knechte sind, wird es nicht anders, als daß wir den Hafer bauen und der Fremden Pferde fressen ihn. Wir sollten einen eignen Fürsten haben von edlem fürstlichen Geblüte; dann sollte es wohl anders bei uns aussehen."

„Ganz recht, Herr Bruder, aber wer soll es sein?"

„Das weiß ich noch nicht, Herr Kruse," versetzte der Mannrichter, „aber das weiß ich gewiß, wer immer es sei, ich reite ihm zu."

„Ich auch! Ich auch!" rief es von allen Seiten, und noch mancher Becher ward auf den König von Livland der Zukunft geleert.

Am folgenden Tage ging es in Kelles hoch her, denn kurz vor Tisch ritten die Stahlbiter und die

Vietinghofs in einer Mummerei auf den Hof. Sie hatten zwei Trompeter mit, die bliesen, daß die Schindeln von den Dächern fielen. Arnt Vietinghof aber hielt die Ansprache. „Der Ruf von der Schönheit der beiden edelgeborenen Jungfrauen von Kelles," führte er aus, „sei bis nach Hispania und Italia gedrungen. Da hätte denn die Ritterschaft in beiden Ländern eine Gesandtschaft in das Stift Dorpat abgefertigt, um der Sache auf den Grund zu gehen, und später darüber gebührendermaßen zu berichten. Infolgedessen hätten sie die Bitte thun wollen, man möge ihnen die beiden Fräulein zeigen; sobald sie aber das Haus betreten, wären sie alsogleich ganz gewiß gewesen, daß niemand anders gemeint sein konnte, denn die beiden Jungfrauen, so ihnen entgegengetreten, sintemal sie auf der ganzen Reise, so doch durch Teutschland, Hungarn, Pohlland und vieler anderer Herren Länder geführet, ihresgleichen nie geschaut. Sie wollten deshalb nur etwa ihre Pferde ein wenig verschnaufen lassen, und dann alsogleich wieder dahin ziehen, von wannen sie gekommen waren."

Darauf erwiderte Eilhard: „Die Jungfrauen fühlten sich höchlichst geehrt, daß die Gäste einen so weiten Weg nicht gescheuet und ihretwegen bis in Livland, an das Ende der Welt gezogen. Daß sie aber sogleich ihrer Pferde Köpfe zur Sonne wenden sollten, wäre keineswegs die Meinung, denn es sei des Landes nicht der Brauch, daß ein Gast ungegessen und ungetrunken aus einem livländischen Hofe ritte.

Sie bäten vielmehr, die Herrschaften möchten vorlieb nehmen und ihnen die Ehre anthun."

Das geschah denn, und Nachmittag und Abend wurden lustig vertanzt. Selbst Anna ließ sich schließlich erbitten an dem Tanze teilzunehmen, und Barbara schwamm in Seligkeit. Auch Eilhard war heute so munter wie nur einer, denn Barbaras Heiterkeit steckte ihn an und riß ihn mit sich fort.

Am Abend gab es noch einen Hauptspaß, indem man zusammen eine Gans lebendig briet. Dabei ging es so zu: die Fräulein rupften den Vogel erst bis an Hals und Kopf und machten dann in einiger Entfernung von der Gans, aber rund um sie ein Feuer an. Nun setzte man ein mit salzigem Wasser gefülltes Gefäß dem Tiere vor, das beständig trank, was viel Heiterkeit erregte. Dann nahm man gekochte Äpfel, beträufelte die Gans damit, und rückte ihr allmählich das Feuer immer näher. Die Gans schrie und wollte fliegen, konnte aber nicht fort. Da Frau Katharina ihr unterdessen den Kopf und das Herz mit einem nassen Schwamm anfeuchtete, hielt die Gans es eine Weile aus, und schrie zum allgemeinen Jubel noch, als man sie anschnitt.

Jürgen hatte dem Schauspiel mit ganz demselben Interesse zugesehen, wie die anderen auch. Jetzt fiel es ihm auf, daß Anna aus dem Zimmer verschwunden war. Er suchte sie vergeblich, bis er sie endlich in Thränen gebadet in einer abgelegenen Kammer auffand.

„Was hast du, Anna?" fragte Jürgen, indem er die Schwester an sich zog.

Erst nach geraumer Zeit kam die Antwort: „Ach, Jürgen, es war so schrecklich anzusehen, wie ihr das arme Tier quältet."

Jürgen schüttelte verwundert den Kopf. „Aber, beste Anna," rief er, „gibt es denn ein artigeres, lustigeres Schauspiel? Man kann auf diese Weise eine noch lebendige Gans essen."

Anna hielt den Kopf eng an des Bruders Brust gedrückt und weinte still vor sich hin. Auch Jürgen rührte sich nicht, um die Schwester nicht zu stören, aber er dachte wieder: „Es ist doch schade, daß die Klöster aufgehoben sind. Das Mädchen ist doch gar zu zart für die Welt, wie sie nun einmal ist. Was sollte wohl aus dieser werden, wenn nicht einmal ein so harmloser Spaß erlaubt sein sollte wie dieser."

„Geh nur wieder zurück zu den anderen, mein lieber Jürgen," bat Anna nach einer Weile „und laß mich noch ein wenig hier. Ach, es war so schrecklich." Und ein Schüttelfrost ließ den zarten Leib der Jungfrau erbeben.

Jürgen wollte noch bei der Schwester bleiben, aber sie drang so lange in ihn, bis er ging, und bald hatte er über der schmucken Elsebe Stahlbiter die Schwester vergessen.

Als Barbara schließlich in ihre Kammer schlich, und leise auftrat, um die angeblich an Kopfweh leidende Gefährtin nicht zu stören, erwies es sich, daß Anna noch wach war.

„Das war ein herrlicher Tag," rief Barbara, indem sie sich auf Annas Bett setzte. „Es ist jammerschade, daß du so früh fort mußtest. Ich sage dir, Anna — Elert sprang in der Gaillarde so hoch — nun wenn auch nicht so hoch, so doch mindestens so hoch, ganz gewiß. Er ist doch ein lieber guter Junge, der Elert, und wenn er vom Tanzen rote Backen hat, sieht er auch sehr gut aus. Wann gingst du eigentlich fort, Anna? Als wir die Gans brieten, wärst du noch da? Das war einmal lustig."

„That dir das Tier gar nicht leid, Bärbchen?" fragte Anna.

„Natürlich that es mir leid," war die Antwort, „daß die Muhme es zu früh anschnitt. Es hätte noch ganz gut eine Weile ausgehalten und wäre dann noch mehr gar gewesen."

„Gute Nacht, Bärbchen."

„Gute Nacht, Anna. Hast du Kopfweh?"

„Ja."

Bärbchen hatte eben das Licht ausgelöscht, als ein Trompetenstoß von der Zugbrücke her bis ins Herrenhaus drang. Auf dem Hofe wurde es lebendig, man hörte rufen und Rosse wiehern. Bärbchen sprang aus dem Bett und eilte ans Fenster, das sie ein wenig öffnete. „Es sind Ordensherren," sagte sie dann, „ein älterer und ein ganz junger. Sie entschuldigten sich beim Ohm, daß sie so spät gekommen. Sie hätten unterwegs einen näheren Weg nehmen wollen und sich darüber in der Wildnis verirrt. Na, das wird morgen wieder ein lustiger Tag, Anna."

Und nun wurde es still im Zimmer.

Barbara hatte recht, der folgende Tag wurde ein sehr lustiger. Der eine der beiden Ordensherren, der Komtur von Marienburg, Herr Philipp Schall von Bell, der in Geschäften nach Kelles gekommen war, um mit Herrn Kruse als Stiftsvogt von Dorpat zu verhandeln, war zwar schon ein älterer und überdies ein sehr stolzer und zurückhaltender Herr, sein Begleiter aber, der Ritter Kaspar von Altenbokum, war noch ein junges Blut, das erst vor kurzem aus Deutschland eingetroffen war, und einen fröhlichen Tanz wohl zu würdigen wußte. Die Jugend tanzte denn auch fleißig, und der Tag wurde sehr lustig. Der Tag, aber nicht der Abend.

Die älteren Edelleute hielt, so feindlich sie auch den Ordensrittern gesinnt waren, die Rücksicht auf Herrn Kruse und die altbewährte livländische Gastfreundschaft im Zaume, und auch die jungen Leute, zu denen sich noch zwei Rosen gesellt hatten, ließen sich nicht merken, daß ihnen an den Rittern wenig gelegen war; immerhin bemerkten sie nicht ohne Unwillen, daß der junge Fremde ein vorzüglicher Tänzer war. Wenn er in der Rulade seine Tänzerin mit der Linken an den untern Rand des Leibchens faßte und nun mit ihr den großen Sprung machte, so kam er höher als irgend ein anderer, und in der Gaillarde waren seine Bewegungen ebenfalls tadellos. Da er nun als Fremder den Mädchen ohnehin interessanter war, als die längst bekannten Vettern, so hafteten ihre Blicke mit Vorliebe auf seinem blonden Lockenkopf oder schauten ihm in die blauen Augen. Trotzdem hielt man während des Tanzes noch an sich; als man aber beim Biere saß und jeder tüchtig getrunken hatte, fand die Gesinnung auch ihren Ausdruck. Hans von Rosen, dem der Schelm allezeit im Nacken saß und den es nicht wenig verdrossen hatte, daß Grethefen Vietinghof mit dem von Altenbokum so gern zu tanzen schien, blinzelte erst Arnt Vietinghof zu und begann dann dem jungen Ritter von einer Jagd zu erzählen, die er im vorigen Jahr auf junge Wölfe abgehalten haben wollte. „Wie ich nun," erzählte er, „um Mitternacht, wo die Alte zu den Jungen geht, diese anheule, bellen mir die vier Jungen, die hungrig waren wie die Westfälinger, fröhlich entgegen."

Die übrigen Junker brachen hier in ein lautes Gelächter aus, das den von Altenbokum erst darauf aufmerksam machte, daß ein Witz auf seine Kosten gemacht worden war. Die Zornesader schwoll ihm darüber mächtig an, und er fragte den von Rosen, was er mit seinen Worten hätte sagen wollen. Der Junker versicherte darauf mit dem ernsthaftesten Gesicht von der Welt, er glaube allerdings bemerkt zu haben, daß die Herren aus Westfalen, die ja überhaupt sonderlich starke Leute seien, sich einer allezeit regen Eßlust erfreuten.

„Verzeiht, edler Herr," sagte Eilhard, dem der Handel überaus peinlich war, „der von Rosen hat gewiß nichts sagen wollen, was Eurer Ehre zu nahe treten könnte." Reinhold Stahlbiter aber, der einen bösen Rausch hatte, rief dem Ritter zu: „Wenn Ihr zu Hause genug zu essen hättet, würdet Ihr doch schwerlich nach Livland kommen, sondern lieber in Eurem Westfalen bleiben."

„Das lügst du in deinen Hals hinein, du Schelm," schrie der von Altenbokum, indem er so heftig aufsprang, daß der Stuhl weit zurückflog.

„Verfluchter Pfaffe," brüllte der Junker, „den Schelm sollst du mit deinem Herzblut bezahlen."

Auf den Lärm stürzten die älteren Herren, die bisher im Nebenzimmer saßen, herbei. „Was geht hier vor, Altenbokum?" rief der Komtur. „Das Schwert in die Scheide! Wißt Ihr nicht, daß ein Ritter der h. Jungfrau es nur ziehen darf, um es im Dienste der Christenheit zu gebrauchen? Hat man Euch beleidigt? Antwortet, ich befehle es Euch."

„Man warf uns vor, daß nur der Hunger uns Westfalen nach Livland treibe. Soll ich mir das gefallen lassen?"

Das ohnehin strenge Antlitz des Komturs nahm den Ausdruck unbeugsamer Härte an. „Ihr wohl," sagte er, scheinbar ruhig, „aber der Orden wird den Schänder seiner Ehre zu finden wissen. Wer ist der Junker, gestrenger Herr?" wandte er sich dann an den Hausherrn.

„Laßt ihn," begütigte Herr Kruse, „er hat treuherzig getrunken und einen grausamen Rausch. Aus ihm hat das Bier geredet. Er wird Euch morgen um Verzeihung bitten."

„Einerlei, wer ist es?"

Die ernste Wendung, die der Handel nahm, ließ die übrigen schweigen, Jürgen Thebingsheim aber sagte kalt: „Ein Livländer, der sich von einem landfremden Westfälinger nicht ohne weiteres einen Schelm nennen lassen will. Eine solche Vermessenheit hat ja allerdings Strafe verdient."

„Das kostet mindestens den Kopf," spottete der Herr von Taube.

Die Augen des Komturs funkelten, aber er behielt seinen Zorn in seiner Gewalt. Dieser Mann, der sein langes Haupthaar und seinen Bart täglich in zierliche Locken kräuseln ließ und dessen Finger mit Ringen geschmückt waren, wie die eines Mädchens, hatte trotzdem etwas Imponierendes. Er galt mit Recht für die beste Lanze des Ordens.

„Gestrenge Herren," erwiderte er, „ich frage euch auf euer ritterlich Wort, nannte der Ritter jenen Junker einen Schelm, nachdem er den Orden beleidigt hatte oder vorher?"

„Es gibt ja leider Gottes auch noch genug andere Westfälinger im Lande, als diejenigen, die so glücklich sind ihre Schwerter nur im Kampf für die Jungfrau Maria ziehen zu dürfen," sagte Jürgen Thebingsheim. „Der Junker wird wohl nach denen geschossen haben."

„Gestrenger Herr," erwiderte der Komtur, „niemand wünschte in diesem Augenblick mehr als ich, daß wir auch gegen andere vom Leder ziehen könnten, aber dieser Wunsch hilft leider dem Roß nicht über den Graben. Darum frage ich nochmals: wie heißt der Junker da? Er kann ja zusehen, wie weit er mit Eurer Unterscheidung vor Seiner Fürstlichen Gnaden dem Herrn Herrmeister kommt."

„Mein Name ist Reinhold von Stahlbiter," erwiderte der Junker, der nüchtern geworden war. „Euer Herrmeister aber geht mich nichts an, denn ich bin ein Mann des Bischofs von Dorpat."

„Wer bürgt mir dafür, daß der Junker nicht landflüchtig wird?" fragte der Komtur.

„Ich! ich! ich!" hieß es von allen Seiten.

„Wohlan, Altenbokum, dann zu Roß."

Vergeblich suchten Herr Kruse und Peter Thebingsheim den Handel zu vermitteln oder die Herren wenigstens zu vermögen, erst am folgenden Tage aufzubrechen. Nach einer halben Stunde ritten sie unter der Führung von zwei Kelles'schen Reitern hinaus in die finstere Nacht.

„Der Junker soll an mich denken!" schwur der Komtur, sobald sie die Zugbrücke hinter sich hatten. „Bei Gott, es ist die höchste Zeit, daß einmal ein paar beim Kragen gefaßt werden, sonst wird es um unser Regiment bald geschehen sein. Seit die verdammte lutherische Ketzerei im Lande um sich gegriffen hat, sind wir hier nur noch die Geduldeten, wir, ohne die doch alles übereinander fallen würde, wie ein Turm ohne Mantelmauer. Nehmt dem livländischen Gaul den westfälischen Reiter und er wird in derselben Stunde platt auf der Nase liegen. Gebt ihnen, was sie wollen, ihre ‚livländische Libertät' und sie erwürgen sich, zuchtlos wie sie sind, beim Raufen Mann für Mann, daß der Pollacke und der Moskowiter statt mit dem Säbel und dem Bogen nur mit Spitzhacke und Spaten ins Land zu kommen brauchte, die ganze livländische Herrlichkeit zu Grabe zu bringen."

Siebentes Kapitel.

Es war am letzten Tage des Mai und der Frühling stand in voller Blüte, als die Bewohner des Herrenhauses von Kelles eines Nachmittags einen gemeinsamen Ausflug machten. Frau Maria, Frau Katharina, die beiden kleinen Mädchen und die Amme mit Anneken fuhren, die beiden Fräulein, Eilhard, Jürgen, Heinrich Taube und Bonnius ritten, ein Troßwagen barg den reichlichen Mundvorrat. Das Ziel war ein vor kurzem gepflanzter Bauerhof, der eine überaus liebliche Lage hatte. Ein Bach floß hier zwischen Wiesen hin, auf denen einzelne Gruppen von Birkenbäumen gleichsam kleine Inseln bildeten. In einem solchen Hain hatte man am Tage vorher einfache Tische und Bänke aufgestellt. Nun wurden die mitgebrachten Tücher über den Boden gebreitet, die Vorräte ausgepackt und ein Feuer angemacht. Dann trieb es ein jedes, wie es wollte. Die beiden Damen ließen sich von der Bäuerin von ihren Freuden und Leiden erzählen; die jungen und die kleinen Mädchen pflückten um die Wette Feldblumen, die sie nachher zu Kränzen und Sträußen flochten; die jungen

Herren ließen sich von Bonnius an Ort und Stelle erklären, wie hier gerodet und die Wirtschaft betrieben wurde. Dann fand man sich zum bescheidenen Mahle zusammen und manche Neckerei rief ein fröhliches Gelächter hervor.

Nach dem Essen nahm Frau Katharina ihres Sohnes Arm und beide verfolgten langsam einen Weg, der am Rande des Waldes hinlief. Die Luft war milde und warm, der Gesang der Vögel erklang von überall her, und das frische Laub der Birken strömte einen starken, würzigen Duft aus. „Welch eine Wohlthat," sagte Frau Katharina, „endlich wieder einmal allein zu sein. Ist es doch, als ob Kelles ein Taubenhaus wäre oder ein Bienenbaum. Kaum reitet der eine aus dem Thor, so reitet der andere schon hinein."

„Das war doch immer so, Mutter?"

Frau Katharina schüttelte den Kopf. „Nein, Elert," erwiderte sie, „es war nicht immer so. Als ich noch jung war, lebten wir auch lustig und in Freuden, aber so arg wie ihr jetzt trieben wir es nicht. Ist es doch heute, als ob niemand auf unseres Herrgotts Welt etwas anderes zu thun hätte als zu trinken und zu scharmutzieren, zu singen und zu springen, auf die Kirchweihe zu reiten und nach dem Papagei zu schießen. Mein Vater selig war doch einmal ein großer Herr, aber er hielt sich nicht für zu gut, dem Amtmann und dem Hofmeister selbst auf die Finger zu sehen, und auch mein Bruder mußte mit der Sonne in den Sattel und kam selten vor der Mahlzeit heim. Ich aber habe der Mutter, sobald ich über den Tisch sehen konnte, zur Hand gehen müssen. In meiner Eltern Hause wurde von alt und jung tüchtig gearbeitet. Das war aber nur möglich, weil nicht alle Gerste, die in Randen wuchs, den Gästen in die Kehle rann, und in unsere Thürschwellen keine Löcher getreten wurden."

Eilhard seufzte. „Ihr habt recht, Mutter," erwiderte er, „und ich weiß gar wohl, daß auch ich nicht that, was ich thun sollte und thun wollte, aber der Strom ist so stark, daß ich nicht wider ihn an kann."

„Du kannst es wohl," versetzte Frau Katharina, „denn der Herrgott hat dir in seiner Gnade Ruder ins Boot gelegt, die nicht jeder hat."

„Was meint Ihr, Mutter?"

„Ich meine deine Kopfpein, Elert. Die hat dir der Herrgott gegeben, wie dem schlechten Schwimmer das Schilfbündel. Dieweil du sie hast, mußt du immer wieder auftauchen. Benutze sie auch, Elert."

„So müßte ich denn mein Leiden, das mir so viele Freuden verstörte, als eine Gnade von Gott ansehen, Mutter?"

„Ja, Elert. Als du noch auf deines Vaters Bein rittest und die Kopfpein ihren Anfang nahm, da weinte ich manchmal so recht herzbrechend. Da sprach eine alte, undeutsche Magd, die damals auf dem Hofe diente, zu mir: ‚Weinet nicht, gnädige Frau, der Herrgott weiß, wozu er dem Junker die Kopfpein mit in die Wiege gelegt. Wenn er sie recht nutzet und für dieses Vogels Gesang allezeit offene Ohren hat, kann sie ihm einst mehr wert sein als ganz Kelles.' Du glaubst nicht, Elert, wie jenes einfältigen Weibes Rede mich damals aufgerichtet hat, und wenn ich später sah, wie diese Pein dich allezeit abhielt vom Vollsaufen und Schwärmen, da ist diese Rede immer wieder wie Tau in meinen Garten gefallen."

Eilhard schüttelte den Kopf. „Die Kopfpein mag mir wohl ein Wall und ein Graben gegen manches Schlechte gewesen sein," sagte er, „aber sie ist auch das faule Ei im Kuchen. Ich habe nie so recht mit den anderen mithalten können. Ich habe wohl mit ihnen gesungen und bin mit ihnen gesprungen, aber in meinem Herzen haben die Glocken fast immer einen anderen Ton gehabt. Und das thut mir wehe, Mutter."

„Herzlieber Elert," versetzte Frau Katharina, „laß dir dieses Geläut nicht unlieb sein. Es ist besser, daß einmal die Kirchenglocken zum Begräbnis läuten, ob es gleich zur Köste oder zum Kindelbier geht, als daß sie gar verstummen und man nichts hört, als die Glocke, die zu Tisch ruft. Wenn ich unser verderbtes, sodomitisches Leben ansehe, da ist mir manchmal, als ob eine Zeit kommen müßte, da man auf allen Höfen nur das Armsünderglöckchen läuten oder gar die lieben Glocken alle einschmelzen und zu Feldstücken umgießen wird."

„Mutter," rief Eilhard, „wie Ihr sprecht! Gerade

wie der Prophet, von dem ich Euch erzählte und den die Bauern neulich erschlagen haben."

„Um so zu reden, braucht man kein Prophet zu sein, Elert," erwiderte Frau Katharina, „man muß dazu nur mehr in Gottes geoffenbartes Wort hineinsehen als du."

„Mutter, kann denn auch ein Mensch mit Gott am Ratstisch sitzen?"

„Nein, Elert, das kann er nicht, aber das kann ein Mensch wohl, daß er mit der Elle, die unser Herrgott zugeschnitten, sich selbst und seine Nächsten mißt, und wenn er findet, daß die Gerechtigkeit zu kurz geraten, so hat er gut prophezeien, daß der, des das Kleid ist, dem Meister über den Hals kommen wird."

„Ho — ho! Hoh — ho!" rief es hinter den beiden her. Als sie sich umwandten, sahen sie, daß die gesamte Jugend ihnen folgte. Voran schritten die kleinen Mädchen, dann kam Barbara, auf dem Haupte einen Kranz, um ihre Schultern eine Guirlande. Hinter ihr schritt Anna und ihr folgten die Junker und Bonnius, die Birkenzweige schwenkten, „Hoch, die Maigräfin!" riefen und laut jubelten.

Barbaras Augen blitzten vor Freude. „In die Kniee, Junker," rief sie lachend, und Eilhard beugte mit einem Lächeln auf den Lippen vor ihr das Knie, aber die Glocken in seinem Herzen läuteten ganz anders als in ihrem und er hörte das wohl, obgleich sein Auge mit Entzücken auf dem schönen Mädchen ruhte.

„Müßt ihr denn immer Mummenschanz treiben?" fragte Frau Katharina mißmutig.

„Verzeiht, Muhme," erwiderte Heinrich Taube artig, „aber wir wußten nicht, daß Euch unser Scherz nicht recht wäre. Ihr liebt es ja sonst, wenn wir fröhlich und guter Dinge sind."

Frau Katharina war besiegt. „Nun, so treibt euer Wesen immerhin," sagte sie lachend, „wenn es doch nicht anders geht."

Die jungen Leute stimmten ein lustiges Lied an, und der Zug kehrte um und setzte sich wieder in Bewegung. Elert schritt neben Barbara her, während Bonnius sich Frau Katharina anschloß. Der erstere hätte gern etwas recht Lustiges gesagt oder gethan, aber so sehr er sich den Kopf zerbrach, es fiel ihm nichts ein, als daß Barbara fast so phantastisch ausgeputzt war, wie des verstorbenen Müllers tolle Käthe.

„Nun?" fragte Barbara, nachdem sie Eilhard eine Weile von der Seite angesehen hatte, „woran denkst du?"

„Ich denke," erwiderte Eilhard, „daß wir heute einen schönen Abend haben."

Barbara schwieg. Als die jungen Leute mit ihrem Liede zu Ende waren, wandte sie sich um, nahm den Kranz vom Kopfe und setzte ihn Anna auf. „Jetzt bist du Maigräfin," rief sie lachend, sprang davon und schloß sich Frau Katharina an. „Woran denkt Ihr?" fragte sie Bonnius.

„Ich denke, daß Ihr die schönste Maigräfin seid,

Fräulein, die meine Augen je geschaut haben," erwiderte Bonnius.

Frau Katharina runzelte die Stirn. „Ihr solltet dem Fräulein nicht solche Dinge sagen, Bonnius," meinte sie. Sie wollte hinzufügen: „Das schickt sich nicht für Euch," verschluckte die Worte aber, denn der junge Mann war ihr ausgesprochener Liebling.

Anna hing unterdessen den Kranz Maiken um. „Sei du unsere Maikönigin," sagte sie.

„Warum willst du es nicht sein?" fragte Eilhard.

„Diese Würde würde mir übel zu Gesicht stehen," erwiderte Anna. „Wer lahm ist, soll nicht tanzen wollen."

„Wie meinst du das, Anna?"

„Ich meine, Eilhard, daß ich eine schlechte Vortänzerin wäre. Du weißt ja, es war immer so, wenn ihr recht lustig wart, kamen mir die Thränen in die Augen, ich wußte selbst nicht warum."

„Aber das ist nicht recht, Anna. Wenn man ein Füllen ist, muß man auch springen."

„Mag sein, Eilhard, aber manches Füllen kommt nie aus dem Stall. Da ist es denn auch nichts mit dem Springen. Es ist auch nicht alles ein Füllen, was jung ist."

„Du machst dich arm, Anna."

„Ich bin vielleicht arm, Eilhard."

Seltsam! Hier gaben nun die Glocken den gleichen Klang, aber es war Eilhard wieder nicht recht. Er nahm die kleinen Mädchen an die Hand und lief mit ihnen voraus.

Als sie sich dem Wäldchen näherten, sahen sie Herrn Kruse mit großen Schritten auf sie zukommen. „Laß die Kinder fahren, Elert," rief er, „ich habe dir etwas zu sagen. So, Maiken, da hast du einen Kuß und so, Christinchen, da hast du auch einen. Und nun lauft zur Ahne und seid artig."

Dann nahm Herr Kruse den Arm des Sohnes und flüsterte ihm zu: „Wir ziehen übermorgen ins Feld, Elert."

„Wie? Wohin? Nach Wenden?"

„Nein, Elert, ans Meer. Wir haben Kundschaft, daß viele Schiffe mit des Herzogs von Preußen Reitern unterwegs sind. Der Bischof hat das Aufgebot ergehen lassen, die Boten jagen schon von Hof zu Hof. Übermorgen sollen alle aufbrechen, in Ringen sollen wir uns sammeln. Die drei Stahlbiterschen Knechte sollen mit uns ziehen. Ich bat den Bischof, Reinhold aus der Verstrickung loszugeben, aber er wagt es nicht. Da drückte ich denn wenigstens dem Junker die Hand und versprach ihm nach dem Rechten zu sehen. Reite du nun gleich hinüber und sieh zu, was an Waffen da ist, und ob sie wirklich niemand reiten lassen können als den versoffenen alten Matthies, das feite Schwein, den Kaspar und den lahmen Christian. Guten Abend, Katzchen, guten Abend, ihr Mädchen. Bei euch werden jetzt die Männer rar werden wie die Äpfel zu Ostern. Guten Abend, Junker, reitet nach Hause, da brennt es in allen Gassen."

„Was heißt das, Elert?" rief Frau Katharina bestürzt.

„Das heißt, daß des Herzogs von Preußen Reiter ins Land kommen," war die Antwort, „und daß wir sie ins Meer werfen sollen. Na, erschrick nicht, Katzchen, du bist eines Edelmannes Frau. Und ihr Mädchen auch nicht; will's Gott, kommen wir alle drei gesund wieder heim. Überdies geht es ja nicht wider den Moskowitischen Bluthund, sondern gegen christliche Reiter."

„Gibt es wirklich Krieg, Ohm?" jubelte Jürgen.

„Wirklichen, wahrhaftigen Krieg. Und nun alle nach Hause, denn wir haben noch tüchtig zu thun, wenn wir übermorgen mit der Sonne reiten wollen, obgleich Hans und die anderen schon über den Harnischen sind."

Die Freudigkeit, die Herrn Kruses ganzes Wesen erfüllte, bewirkte, daß auch Frau Katharina sich in die so ungewohnte Vorstellung leichter fand, als sonst wohl geschehen wäre. Man eilte so sehr man konnte und bald war die ganze Gesellschaft auf dem Wege nach Kelles.

Eilhard kam erst spät in der Nacht zurück. Er hatte es bei den Stahlbiters gefunden, wie sein Vater vorausgesagt hatte, die Knechte taugten zu nichts als allenfalls zu Vogelscheuchen, und die Waffen hingen verstaubt und verrostet an den Nägeln. Er ritt gleich am Morgen wieder hinüber und trieb überall an. Als dabei ein Rohr probiert wurde, platzte es und riß dem lahmen Christian, der immerhin noch der mannhafteste unter den Knechten war, den Daumen weg. Darüber heulten Matthies und Kaspar mit den Weibern um die Wette, Christian aber blieb ganz still und machte sogar ein vergnügtes Gesicht, denn er dachte, lieber den Daumen verlieren, als durch die Brust geschossen werden. An seiner Stelle sollte nun ein undeutscher Stalljunge reiten, der höchst kriegslustig war, dem aber Christians Harnisch paßte wie der Käfig dem Vogel. Zu allen diesen Nöten kam noch, daß das zahlreiche Stahlbitersche Frauenzimmer in seiner Weise Kriegsvorbereitungen trieb, d. h. laut um den Bruder jammerte, oder Eilhard mit Fragen im Ohr lag, was es thun sollte, wenn die preußischen Reiter, nachdem sie sämtliche Livländer erschlagen, ins Stift einrücken würden.

Aber auch in Kelles, wo man auf einen Feldzug besser vorbereitet war, hatten die Männer und die Frauen vollauf zu thun, denn es mußten die Rüstwagen mit möglichster Umsicht gepackt werden, und auch sonst fehlte es nicht an Arbeit, da man nicht erwartet hatte, so schnell ins Feld ziehen zu müssen. Es wurde Abend, als endlich Schmied und Zimmermann den letzten Schlag thaten, die Harnische und Rohre spiegelblank waren und Kraut und Lot, Korn und Kriegsvorrat ein Unterkommen gefunden hatten. Jetzt erst konnte Herr Kruse den jungen Leuten mitteilen, wie eigentlich die Dinge im Lande lagen. Am 20. Mai hatte nämlich in Wenden eine Versammlung der Gebietiger des Ordens stattgefunden, auf der der bisherige Landmarschall Kaspar von

Münster entsetzt und Christopher von der Leyen zu seinem Nachfolger ernannt worden war. Man glaubte nun, daß der von Münster in Gemeinschaft mit dem Erzbischof losschlagen würde und daß die auf dem Meer schwimmende Flotte bestimmt sei, mit den beiden Hand in Hand zu gehen. Der Erzbischof sei zwar von dem größten Teil der Ritterschaft im Stich gelassen, immerhin aber mit Rücksicht auf die litauische Freundschaft nicht ungefährlich.

Nach dem Essen bat Eilhard Barbara, noch ein wenig mit ihm hinauszugehen, und sie willfahrte ihm. So gingen sie denn über die Brücke und verfolgten einen Feldweg, der zwischen den Feldern hinführte. Die Sonne war längst untergegangen, aber es war fast tageshell. In den Niederungen quakten die Frösche, in den Wiesen schrie der Wachtelkönig, im Korn schlug die Wachtel. „Bärbchen," sagte Eilhard, nachdem sie eine Weile schweigend nebeneinander hergegangen waren, „morgen reiten wir mit der Sonne und ich weiß nicht, ob mich mein Hengst wieder über die Brücke tragen wird. Gottes Wille geschehe allezeit. Komme ich aber gesund zurück — darf ich dann mit meinen Freunden geradeswegs zur Ahne reiten?"

Eilhard ergriff Barbaras Hand und blieb stehen. Sie riß die Hand los, umschlang ihn mit beiden Armen und er fühlte, wie ihre Thränen flossen. „Um Gotteswillen, Elert, sprich nicht so," stieß sie hervor. „Wenn du stürbest, so spränge ich in den Graben.

Du lieber, lieber Elert, wie sollte ich denn ohne dich leben."

„Haſt du mich denn ſo lieb, Bärbchen?"

Barbara nickte nur.

„Mein Herzens-Bärbchen! Alſo ich bin dir nicht zu ernſt?"

Barbara ſah jetzt auf und ſchüttelte den Kopf. Wie ſchön ſie war. Wie ihr Goldhaar zu den blauen Augen paßte und ihr kirſchroter Mund zu der rot und weißen Haut. „Elert," ſagte ſie lächelnd, „ich leugne es nicht, daß ich manchmal gewünſcht habe, du wäreſt mehr wie die anderen; aber das war dumm von mir, denn dann wäreſt du auch nicht ſo gut, wie du es biſt. Ach, ich bin ja überhaupt ſo dumm, Elert. Bin ich dir denn nicht zu dumm?"

„Du biſt das klügſte Mädchen in Livland," rief Elert, und nun trieben es die beiden, wie eben junge Leute, die ſich lieb haben, es aller Orten und zu allen Zeiten zu treiben pflegten und pflegen.

„Elert!" rief eine Stimme aus der Dämmerung hervor, „Elert! Bärbchen!"

„Laß mich, Elert, es iſt die Muhme," rief Barbara, indem ſie ſich vom Feldrain, auf dem ſie geſeſſen hatten, erhob. „Komm, wollen wir ihr entgegen= gehen."

Es war in der That Frau Katharina. „Kommt, Kinder," ſagte ſie, „es iſt ſpät, und ſie wollen morgen mit der Sonne fort."

Die Mutter begleitete Eilhard noch auf ſeine Kammer. Hier umarmte ſie ihn und ſagte dann, indem sie den Kopf auf seine Schulter lehnte: „Gott behüte dich, Ehlert, du bist mein erstes und mein liebstes Kind, und das Schwert, das dich trifft, zerreißt mir das Herz, aber ich weiß dich lieber in der Feldschlacht, als in dem ewigen Mummenschanz hier. Lebewohl. Und wenn ihr reitet, so laß dein Herz nicht hier, das kann ein Kriegsmann nicht entbehren. Ich will Bärbchen hüten wie mein Auge. Gute Nacht, Elert, Gott segne dich."

Frau Katharina wandte sich schnell um und ging davon, Eilhard aber schritt noch lange im Zimmer auf und nieder. Sein Herz war voll von Dank gegen Gott und er gelobte ihm, daß wenn er ihn glücklich heimkehren ließe aus dem Kriege, der „Mummenschanz" nicht wieder Herr werden solle über ihn.

In dieser Nacht schliefen nicht viele in Kelles, denn der Trennungsschmerz erhielt die einen, die Erwartung der kommenden Dinge die anderen, ein zärtlicher Abschied die dritten wach.

Als die Sonne aufging, schimmerten ihre Strahlen bereits auf den Harnischen. Herr Kruse zog außer mit Jürgen und Elert noch mit sechs Reitern und drei Jungen ins Feld, und Reiter, Rüstungen und Rosse ließen nichts zu wünschen übrig. Noch einmal wurde Abschied genommen, dann schwangen sich die Reiter in den Sattel, die Peitschen der Troßknechte knallten und alles zog hinaus in den kühlen Morgen.

Am Thore stand Bonnius. „Ich verlasse mich

ganz auf Euch, Bonnius!" rief Herr Kruse. „Ich
auch!" fügte Eilhard hinzu.

Der Zug ging zuerst auf den Hof der Stahlbiters.
Da sah es wunderlich aus. Das ganze Dorf hatte
sich auf dem Hof versammelt und umstand die Fräulein, die ihrerseits wieder vor Matthies und Kaspar
standen und so erwartungsvoll auf diese beiden Helden
blickten, wie das Volk auf der Kirmes auf den Markt-
schreier. Die beiden hatten die alten Harnische wirklich
auf die fetten Leiber gekriegt und die Sturmkappen
auf die Köpfe und saßen nun in ihren bis zu den
Lenden reichenden Stiefeln schon seit zwei Stunden
auf einer Holzbank mitten auf dem Hof und tranken
sich gegenseitig zu. Der undeutsche Reitersmann aber
machte sich unterdessen an dem Rüstwagen zu schaffen,
auf den fast nur Biertonnen gepackt waren, während
seine Mutter in einer Ecke des Hofes saß und so
jämmerlich heulte, als wenn ihr Sohn geradeswegs
zum Rabenstein geschleppt werden sollte.

Als die von Kelles auf den Hof ritten, erhoben
die Versammelten ein lautes Geschrei, und Matthies
und Kaspar riefen nach den Pferden. Als man sie
herbeigeführt hatte — es waren eigentlich Stahlbitersche Kutschpferde — schwang sich Matthies zuerst
in den Sattel, fiel aber auf der anderen Seite gleich
wieder hinunter. Die Versammelten beobachteten an-
gesichts dieses Unfalls ein ehrfurchtsvolles Schweigen,
die Kellesschen Reiter aber brachen in ein schallendes
Gelächter aus. „Himmelkreuzdonnerwetter, daß dich
aller Welt Plage bestehe," fluchte der Trunkene, indem

er sich aufraffte und dem neben ihm stehenden Stalljungen eine furchtbare Ohrfeige gab, „der Sattel ist nicht festgeschnallt." Er wankte um den Kopf des Pferdes herum und wollte thun, als ob er den Sattelgurt fester zöge, konnte aber seine Absicht nicht ausführen, weil ihn plötzlich die dicke Regina, die alte Ausspeiserin, mit beiden Armen umschlang. Die hatte, so lange ihr langjähriger Schatz so stattlich dasaß und Bier trank, an sich halten können, nun aber bekam sie durch seinen Sturz einen Vorschmack von den Gefahren, die seiner harrten und vergaß alle Rücksicht. „Joseph und Maria," jammerte sie, „Matthies, liebster Matthies, reite nicht. Um aller Heiligen willen, erbarmet euch, gnädige Fräuleins, laßt ihn nicht reiten. Er ist ein Bullerjahn. Ich kenne ihn, er will immer mitten durch. Da werden sie ihn über den Kopf schlagen und er wird vom Pferde fallen und mausetot sein."

„Wirst du wohl aus dem Wege, verfluchtes Weibsbild," schrie Matthies, „ich bin ein deutscher Kriegsmann. Ist denn keiner da, der mich von dem Weibe da losmacht und mir aufs Pferd hilft?"

Es fanden sich Helfer. Die Kelleßschen Diener warfen den deutschen Kriegsmann ein paarmal über den Gaul, daß er schließlich von der Erschütterung einigermaßen nüchtern wurde, und ein Haufen Weiber hielt ihm die Geliebte fern. Die Junker aber lachten, daß ihnen die Thränen über die Wangen liefen und steckten mit ihrer Heiterkeit auch die Fräulein an. Da nun Kaspar unterdessen wider alles

Erwarten glücklich auf die Mähre gekommen war und sein undeutscher Kamerad ohnehin auf seinem Klepper im Hof herumgaloppierte, als ob er das vierzehnjährige Füllen nicht bändigen könne, brach man auf und zog weiter.

In Ringen, wo sich die Stiftsfahne sammelte, fand man die Thebingsheim von Randen, Kongota und Karwelecht schon vor, ebenso die Taubes, Dückers, Vietinghofs, Mandels, Zöges und Anreps. Die anderen standen noch aus und trafen erst in der Nacht und am folgenden Tage ein. Es war eine überaus gemischte Schar, die sich schließlich hier zusammenfand. Während hinter den großen Herren ihre Vettern und Jungen nebst zahlreichen deutschen geharnischten Dienern herritten, kamen die kleinen Edelleute mit je einem Diener an, der wohl gar noch ein Undeutscher war, oder sie stießen auch als Einspänner allein zur Adelsfahne. Nicht anders stand es um die Bewaffnung, und mancher führte ein Rohr mit sich, das niemand um irgend einen Preis losgeschossen hätte. Es war eben viele, viele Jahre lang Frieden im Lande gewesen und es waren doch nur wenige dabei, die ihre Jugend in fremden Kriegsdiensten verbracht hatten. Darum blickten auch die Diener, die fast alle draußen im Reich in wilden Fehden das Kriegshandwerk erlernt hatten, mit wenig Ehrfurcht zu ihren Herren auf und standen ihnen sehr frei gegenüber. Mit diesen losbändigen Gesellen, die nur um den Sold dienten und die kein

Band der Anhänglichkeit an ihre Herren fesselte, hatten die Junker oft ihre liebe Not.

Als alle beisammen waren, zog man weiter. Wo das kleine Heer durchkam, lief das Volk von zwei Meilen weit zusammen und gaffte den noch nie gesehenen Zug an wie ein Meerwunder. Wo aber gar am Abend Halt gemacht wurde, strömten die Leute zusammen wie zum Vogelschießen, denn die Rüstwagen bargen Viertonnen ohne Zahl. Dann klangen die Sackpfeifen grell durch die helle Sommernacht, zugleich mit Jauchzen und Singen, mit Kreischen und Schreien, und die Paare schwangen sich um die Lagerfeuer von Sonnenuntergang bis Sonnenaufgang. Man hatte es eben nicht eilig; denn so viel Kundschafter man auch aussandte, vom Feinde ließ sich nichts sehen, und auch als man endlich ans Meer gelangte, wurde das nicht anders. Natürlich, denn die feindliche Flotte war nie vorhanden gewesen.

So fiel denn auch auf diesem Kriegsschauplatz nichts anderes vor, als daß eine Streifschar am 18. Juni Georg Taube, einen Ritter aus dem Erzstift, der mit Briefen des Erzbischofs nach Preußen unterwegs war, in der Salismünde erschoß.

Unterdessen fiel die Entscheidung im Innern des Landes. Am 16. Juni sagten der Herrmeister, der Bischof von Dorpat, der von Ösel und Kurland und die Stadt Riga dem Erzbischof, zu dem sich auch der von Münster geflüchtet hatte, ab. Am 21. gingen Kreuzon und Ronneburg über, am 28. stand

Fürstenberg vor Kokenhusen. Noch am selben Tage ergab sich der junge Herzog Christoph, zwei Tage darauf der Erzbischof. Mit dem ersteren fuhr man säuberlich, den letzteren behandelte man hart. Sein Schloß wurde geplündert, er selbst in Smilten in enger Haft gehalten.

Achtes Kapitel.

Ein heißer Tag ging zu Ende und auf den weiten Wiesen zu beiden Seiten des Baches, dessen Wasser den Wallgraben von Kelles speiste, waren Hunderte beschäftigt, das duftige Heu zusammenzuhäufen, um es vor dem nächtlichen Tau zu schützen. Es ging lustig zu und manch munteres Lied würzte die Arbeit, ging sie doch unter den Augen der allbeliebten Herrin vor sich. Frau Katharina befand sich schon seit einer Stunde auf der Wiese und mit ihr waren die jungen Mädchen und die Kinder gekommen.

Die Herrschaft war nicht zusammengeblieben, sondern ein jedes hatte sich dorthin begeben, wo ein Liebling unter den Bauerfrauen eben arbeitete, oder wo sonst die Arbeit gerade besonders interessant erschien.

Ziemlich am Ende der Wiese saß Barbara auf einem Heuhaufen und vor ihr stand Bonnius.

„Ich kann nur wiederholen," sagte er, „daß es so gut war. Hätten die Herren es wirklich mit deutschen Reitern zu thun bekommen, so wären schwerlich viele von ihnen wieder in ihren Hof geritten."

„Aber sie sind doch tapfer?"

„Gewiß, Fräulein, aber man kann einen Hund, der Mut hat, deshalb noch nicht ohne weiteres zur Bärenhetze gebrauchen. Das Kriegen will auch gelernt sein, die livländischen Herren aber haben keinen anderen Krieg kennen gelernt, als den mit den Mappkannen."

„Und Ihr meint wirklich, daß der Oheim und die Junker von vornherein gewußt haben, daß gar kein Feind im Lande sei?"

„Das will ich nicht behaupten, aber der Pastor hat mir erzählt, daß Euer Herr Bruder selbst gesagt habe: ‚Die Feinde, wider die wir ziehen, sind die Seehunde und an die werden wir sonder Zweifel mit großer Mannhaftigkeit setzen.' Außerdem glaube ich kaum, daß unsere Junker, die doch noch nie Blut gesehen und Pulver gerochen haben, sonst so fröhlichen Herzens in die Feldschlacht gezogen wären und Leib und Leben zu Markte getragen hätten."

Barbara errötete über und über und sah mit gefalteter Stirn vor sich nieder.

„Ich bin — Gott sei es geklagt — kein Kriegsmann," fuhr Bonnius fort, „aber ich bin unter Kriegsleuten aufgewachsen, daher weiß ich, daß auch ein tapferer Geselle, wenn es wirklich wider den Feind geht, das: ‚Herr erbarme dich' anstimmt in seinem Herzen. Darum denke ich, daß sie hier wohl gewußt haben, daß der Tanz nicht mit den deutschen

Reitern des Herzogs von Preußen, sondern mit dem Ungernschen und Uxküllschen Frauenzimmer getanzt werden würde. Das war auch gut so. Ihr wißt, wie sehr ich unseren Junker liebe, aber wie kann einer ein Kriegsmann sein, der nicht einmal brav trinken kann? Wie, wenn der Feind gerade anrückt und der Junker hat eben seine Kopfpein und kann sich kaum bewegen? Wer ein wirklicher, wahrhaftiger Kriegsmann sein will, der muß einen Leib haben wie von Stahl, daß er bei Tag und Nacht, bei Sonnenschein und Regen, bei Wind und Wetter allezeit kämpfen und kriegen kann."

Barbara kaute an einem Heuhalm und sah nachdenklich ins Weite.

"Unser lieber Junker," hieß es weiter, "wäre in der alten Zeit ein trefflicher Domherr und hernach ein ausgezeichneter Bischof geworden, denn er ist ein sehr gelehrter junger Herr und er hat ein Herz wie Gold, aber ein rechter lustiger Kriegsmann wird er in seinem Leben nicht."

"Wie kam es, daß Ihr nicht ein Kriegsmann wurdet, Bonnius?"

"Ich wäre gern einer geworden, Fräulein, aber ich habe meiner Mutter selig versprechen müssen, die Hand vom Schwert zu lassen. Nun muß ich mein Lebtag die Feder führen und mich von den Junkern über die Achseln ansehen lassen."

"Aber sie sind doch freundlich gegen Euch?"

"Gewiß sind sie es, wenigstens unsere Junker hier, aber ich weiß deshalb doch, daß sie mich in ihrem Herzen nicht höher achten wie einen Knecht, weil ich nicht von Adel bin. Und nun schaut mich an, Fräulein, und fragt Euch, ob mir der Harnisch und die Sturmhaube nicht ebensogut zu Gesicht ständen wie Eurem Vetter."

Barbaras Augen richteten sich für einen Augenblick auf den jungen Mann, um dann seinem funkelnden Blick schnell wieder auszuweichen und nach wie vor ins Weite zu blicken. Sie brauchte ja auch Bonnius nicht erst anzusehen, sie wußte, daß er das Bild jugendlicher, männlicher Kraft war.

„Fräulein," sagte Bonnius mit bewegter Stimme, „glaubt mir, wäre ich der Junker Elert, ich verbrächte meine Tage nicht müßig auf meines Vaters Hof mit tanzen und trinken, sondern ich tummelte mein Roß, wo Lanzen splittern und Schwerter klirren. Ja, selbst jetzt, wenn mein Gelübde nicht wäre — ich wäre längst fort und deckte die Heide mit meinem Leibe oder erwürbe mir in der Feldschlacht das adlige Wappen, das meiner Wiege versagt war. Aber das Gelübde hat es mir angethan. Ich bin wie ein gefesselter Mann."

„Bärbchen!" rief Maiken, „du sollst kommen, wir gehen nach Hause."

Barbara sprang auf und begab sich zu Frau Katharina. Bonnius schritt neben ihr her. Er sprach kein Wort, aber es war Barbara, als ob sie hörte, wie schwer er atmete. „Der arme, arme Mann," dachte sie.

Die Frauen hatten kaum wieder den Hof erreicht,

als Herr Kruse und Eilhard im Schritt durch das
Thor ritten. Man eilte ihnen jubelnd entgegen, aber
die Frauen sahen sogleich, daß Eilhard sein Kopfweh
hatte. Er gab sich alle Mühe sich zu beherrschen,
aber das Leiden hatte die Eigenschaft, gleichsam den
Sitz des Willens zu lähmen. So lange es anhielt,
konnte Eilhard mit ihm nicht fertig werden. Man
wußte das natürlich und wunderte sich daher nicht,
daß er die Seinigen nur flüchtig begrüßte, um auf
sein Zimmer zu eilen und dort die Stellung ein=
zunehmen, die ihm allein etwas Linderung schaffte.

Anna eilte, sobald sie erfahren hatte, daß Jürgen
gesund und wohl sei, davon, um anzuordnen, daß
Eilhard mit Eis versorgt würde. Barbara aber blieb
bei dem Oheim. Als sie Eilhard mit dem geistes=
abwesenden Blick an sich vorübergehen sah, dachte sie
unwillkürlich: „Bonnius hat recht, er ist kein Kriegs=
mann" und sie verglich ihn mit Bonnius. Darüber
erschrak sie dann und richtete ihre Aufmerksamkeit
auf Herrn Kruse.

„Es hat nichts zu bedeuten," sagte dieser, „es ist
die Folge des langen, scharfen Rittes in der Hitze."

„Aber wo kommt ihr denn her, Elert?" fragte
Frau Katharina. „Ihr beide allein mit Hans und
den beiden Jungen?"

„Wir sind unterwegs nach Dorpat," war die
Antwort. „Ein Bote des Bischofs holte den anderen
ein. Was wir längst gefürchtet haben, ist eingetreten,
der Bote des Großfürsten mit dem Kreuzküssungs=
brief ist schon in Alten=Thoren und ich soll raten,

was thun. Du lieber Gott, ich fürchte, wir haben den Ring durch die Nase und müssen tanzen, wie der Reuße pfeift."

Frau Katharina eilte nun davon, um auch ihrerseits nach Eilhard zu sehen.

Beim Abendessen erzählte Herr Kruse von seinen Erlebnissen. „Es ist wohl noch nie, seit der Wind weht und der Hahn kräht, eine Braut so lustig zu Bett getanzt worden," sagte er, „wie unser Feldzug. Als wir aus Meer kamen, war da niemand zu sehen, als die Seehunde, die steckten die runden Köpfe aus dem Wasser und sahen neugierig nach dem Gerassel und Geklirr. Da schossen denn die Junker wenigstens nach ihnen und wer einen traf, wurde für einen Lieutenant gehalten und wer zwei tot schoß, für einen Rittmeister. Als wir aber erfuhren, daß wir mit der Flotte in den April geschickt waren, da rückten wir sogleich vor die Schlösser derer von Ungern und von Üxküll, schossen Bresche in ihre Viertonnen und nahmen die Speisekammern mit Sturm. Darüber blieb mancher gute Geselle für tot liegen, die anderen aber schlugen mit den Kesselpauken Viktoria und die Junker nahmen die Fräulein alsogleich in Verstrickung."

Die Ahne und Frau Katharina lachten, Barbara aber tauschte einen schnellen Blick mit Bonnius aus. Das war ja wirklich der livländische Krieg, wie er ihn beschrieben hatte.

Frau Katharina dachte in diesem Augenblick etwas

Ähnliches. „Ich werde euch künftig mit ruhigerem Gemüt in den Krieg ziehen sehen," sagte sie.

Es lag etwas in dem Ton, mit dem diese Worte gesprochen wurden, das Herrn Kruse verletzte. „Du scheinst ja recht unzufrieden zu sein, daß wir mit heiler Haut wieder nach Kelles gekommen sind," sagte er. „Ich fürchte, Katzchen, daß wir es das nächste Mal mit anderen Feinden zu thun haben werden. Der Krieg mit Polen ist so gut wie gewiß."

„Im Ernst, Elert?"

„Ja, Katzchen. Der Komtur von Marienburg, Herr Werner Schall von Bell, hat an der kurischen Grenze des Königs Gesandten, Herrn Kaspar Lanski, einen edlen Polen, totgeschlagen, und sein Bruder, unser Freund, soll mit dem armen Erzbischof in Smilten umspringen, daß Gott erbarm. Das wird sich Seine Majestät nicht bieten lassen, deshalb glaube ich nicht, daß unsere Hengste im Stall steife Beine bekommen werden."

„Man wird den Handel schon vertragen, Elert."

„Man wird ihn nicht vertragen, Katzchen. Da unten in Kurland und im Erzstift liegt alles voll von Landsknechten und Reisigen und der Herrmeister läßt lieber Leib und Leben, ehe er den Vogel, den er so mühsam fing, wieder fliegen läßt. Anderseits hat der Pollacke noch eine lange Rechnung mit dem von Fürstenberg, noch aus der Zeit, da er Komtur von Dünaburg war, und der von Münster, der in der Wilna ist, wird es an: Hussah! und Pack an! nicht fehlen lassen. Na, Gott bessere es."

Am folgenden Morgen ritten die Kruses in aller Frühe nach Dorpat. Der Vater hatte es Eilhard freigestellt, ihm erst am anderen Tage zu folgen, aber Eilhard hatte das Anerbieten ausgeschlagen. Es war ihm ganz recht, daß er nicht sofort mit Barbara zusammen zu sein brauchte. Er mußte sich ja sagen, daß es nicht seine Schuld war, wenn der Feldzug ein solches Ende genommen hatte, aber es war ihm trotzdem die Erinnerung überaus peinlich, daß er zu diesem Ritt so feierlich Abschied genommen hatte. Als am Abend die Mutter nach ihrer Art still neben ihm saß, hatte er gesagt: „Mutter, dieser Feldzug war auch nur eine Art Mummenschanz," und sie darauf ganz trocken erwidert: „Ja." Nun war es ihm, als ob er sich auch vor ihr schämen müßte.

So ritt er denn seinerseits sorgenvoll neben dem sorgenvollen Vater her und beide waren froh, als sie endlich die Türme Dorpats vor sich sahen.

„Ich wünschte, wir hätten den Domberg von Reval hier, Elert," sagte Herr Kruse. „Der ist von Gott dem Allmächtigen als ein hoher Felsen fest geschaffen. Unser Schloßberg dagegen kann untergraben werden, wie wir denn überhaupt von drei Seiten sandigen Boden haben. Du sollst einmal sehen, Elert, faßt der Moskowiter sich ein Herz und rückt vor Dorpat, so werden wir unsere Not haben, denn das Schloß ist abgängig und Rundele und Wälle vor Thoren und Mauern haben wir nicht. Wo soll es auch herkommen, denn wir stecken in Schulden bis an den Hals, daß wir ganz erschöpft sind, und die Domvfaffen wollen nichts hergeben. Na, Gott beffere es."

Sobald Herr Kruse und Eilhard ihre Reitkleider abgelegt hatten, begaben sie sich zum Bischof, der schon mehrmals nach ihnen hatte fragen lassen.

Der Bischof verhandelte eben mit Georg Holz= schuher, seinem Kanzler, als ihm der Stiftsvogt gemeldet wurde. „Gott sei Dank, daß Ihr endlich gekommen seid, gestrenger Herr," rief er Herrn Kruse entgegen, „willkommen auch Ihr, lieber Junker. Nun, was sagt Ihr zu der Kunde? Jetzt haben wir den Strick um den Hals und mögen zusehen, wie wir dem Galgen entlaufen."

„Oho, Hochwürdige Gnaden," rief Herr Kruse, „so schlimm wird es ja nicht werden, wenn uns auch das Wams etwas eng wird. Ich meine, der Mos= kowiter wird noch mit sich reden lassen und sich besinnen, ehe er heißes Eisen anfaßt."

Der Bischof zuckte die Achseln. „Du lieber Gott," sagte er, „unser Häuflein von Dorpat kann doch nicht des Moskowiters ganze Macht mit all seinen Tatern, Tscherkessen und Kosaken aus dem Felde schlagen?"

„Nun, der Herr Herrmeister ist denn doch auch noch da, er und die übrigen Stände werden nicht zulassen, daß Ew. Hochwürdige Gnaden von Land und Leuten weichen müssen."

„Wenn wir auf die warten wollen, sollen uns die Beine vertauben, gestrenger Herr. Die werden uns allein durchs Wasser waten lassen und froh sein,

wenn sie selbst trockene Füße behalten. Ich sehe
keinen Rat, als daß wir um schön Wetter bitten und
geben, was der Großfürst heischt."

„Mit nichten, Hochwürdige Gnaden," nahm jetzt
der Kanzler das Wort. „Nach meinem Dafürhalten
müssen wir unser gutes Recht halten, als ob wir es
zwischen den Zähnen hätten."

„Was heißt das anders, Jürgen, als Land und
Leute verderben und zerstören lassen? Dem Großfürsten werden wir den Sack mit Worten nicht füllen,
und wenn er mit 30000 Reitern kommt, sich die
Siegel unter den Kreuzküssungsbrief selber zu holen,
so möchte ich wohl wissen, wie wir ihm das Feld
halten sollen."

„Das ist die Meinung nicht, Hochwürdige Gnaden,"
versetzte der Kanzler, „daß wir den Stier bei den
Hörnern fassen sollen. Mein Rat geht dahin, daß
wir dem Großfürsten den Willen thun und die Siegel
dran hängen, zugleich aber vom Notar ein Instru-
ment aufnehmen lassen, daß wir in solches Verlangen
ohne kaiserlicher Majestät Einwilligung ganz und gar
nicht willigen können. Der Russe ist dumm und
wird solche Klausel nicht verstehen, wir aber wollen
es vor dem kaiserlichen Kammergericht wohl erstreiten,
daß der Brief ohne Seiner Majestät des römischen
Kaisers Konsens null ist und nichtig."

Der Bischof schüttelte den Kopf. „Was ist aber
mit solchen Praktiken ausgerichtet, Jürgen?" fragte
er. „Des Kaisers Majestät wird uns nicht helfen,
denn ihre Reiterei sollte wohl ermüden, ehe sie nach

Livland käme, der Moskowiter aber hält gewappnet vor dem Thor."

„Hochwürdige Gnaden," meinte Herr Kruse, „der Rat des eblen Herrn scheint mir nicht uneben. Nicht als ob der Moskowiter allzuviel nach dem Kaiser fragen würde, aber es geht die gemeine Rede: Zeit gewonnen, alles gewonnen. Wenn wir dem Reußen das Maul stopfen, bis der Handel mit dem Polen vertragen ist, so wird das allgemeine Land darüber wieder zu Atem kommen und wir werden wenigstens die Suppe nicht allein aufessen müssen. Mittlerweile beschicken wir die Kaiserliche Majestät und das Reich, dazu auch die polnische Majestät als Protektor von Riga und die Könige von Dänemark und Schweden. Sieht dann der Großfürst, daß unser armes Livland denn doch noch nicht von der gesamten Christenheit verlassen ist, so wird er mit sich reden lassen."

„Mir soll es recht sein," seufzte der Bischof, „wenn ich gleich nicht glaube, daß einer von den Protektoren um unserer schönen Haare willen wider den Moskowiter zu Felde ziehen wird. Ja, früher, ehe die sogenannte Reformation auftam, da war die Christenheit allezeit bereit, für das Land der heil. Jungfrau zu streiten, jetzt aber heißt es: ‚Die von Straßburg fragen viel darnach, was die von Köln in den Rhein schütten.'"

„Hochwürdige Gnaden," versetzte Herr Kruse, „ich meine wahrhaftig nicht, daß wir Livländer unterdessen in Rosen sitzen und den König von Schweden das Wasser tragen lassen sollen, unser Feuer zu löschen.

Nein, wir sollen selber wacker zugreifen und uns erweisen als ehrliche Leute deutscher Zunge, Geburt und Namens. Sollen wir das aber können, so müssen wir erst Frieden haben mit den Polen. Ist uns der geworden, so heißt es freilich alle Hände brauchen und den Schweiß nicht scheuen."

„Lieber Herr," erwiderte der Bischof, „wenn alle wären wie Ihr, so wollte ich auch einen frohen Mut fassen und Leib und Leben daran setzen, uns des Moskowiters zu erwehren; aber so wie ich unsere Leute kenne, wird uns die Zeit wenig helfen. Sobald wieder Frieden im Lande ist, wird auch alsogleich wieder unser livländisch epikurisch und sodomitisch Leben angehen, und wenn Ihr mit dem gemeinen Seckel umgeht, werdet Ihr niemand zu Hause finden, weil dieser in der Stadt auf der Köste ist und jener beim Nachbar zum Kindelbier."

„Hochwürdige Gnaden," rief Herr Kruse, „ich weiß wohl, daß wir alle, edel und unedel, sprechen und beten müssen mit dem heil. David: Herr, gehe nicht mit uns ins Gericht, denn vor dir ist kein Lebendiger gerecht! Aber ich getröste mich, daß wir durch die göttliche Gnade denn doch nicht ganz und gar verstoßen sind. Wir sind tapfere deutsche Männer und die Deutschen hat Gott lieb. Werden Adel und Bürger sehen, daß es an Haut und Kragen geht, so werden sie auch nicht still sitzen und dem Spiel zusehen."

„Möge es geschehen, wie Ihr wollt," meinte der Bischof, „eins aber weiß ich: fällt der Moskowiter feindlicherweise ins Land, so wird er des Kindleins auf der Mutter Arm nicht schonen. Ob der Großfürst aber gegen seine Unterthanen und Schutzverwandten so schwarz ist, wie man ihn macht, stelle ich an seinen Ort."

Herr Kruse blickte verwundert auf seinen Herrn. Dieser hatte die Augen zu Boden geschlagen und blickte vor sich nieder. „Ich kann mir vorstellen," fuhr er fort, „daß er in einem deutschen Lande deutsche Obrigkeit ließe gewähren, wie er denn auch die Tatern, die er neulich unterworfen hat, nach ihrem Willen soll leben lassen. Der Großfürst soll auch ein großer Freund der Deutschen sein und sich selber rühmen, daß er von deutscher Abstammung sei."

„Hochwürdige Gnaden," rief der Stiftsvogt, „das verhüte Gott, daß der Großfürst jemals ein Herr über freie, deutsche Männer sein sollte."

„Amen," sagte der Bischof. „Und nun, Junker," wandte er sich an Eilhard, „müßt Ihr mir von Eurer Frau Mutter und Eurer Ahne erzählen."

Um die Mittagsstunde des folgenden Tages gab es in den Straßen der Stadt, deren hohe Giebelhäuser den Fremden an das ferne Lübeck erinnerten, ein nicht geringes Gedränge, denn alles wollte den russischen Boten sehen, der eben seinen Einzug hielt. Er hieß Terpigor und war ein großer, trotzig blickender Mann. Auch sein Gefolge blickte hochmütig auf das Volk herab, das neugierig auf die fremden Gäste blickte und ihnen folgte, bis sie in Andreas Wassermanns Hause am Markte verschwanden. Aber auch als sich das Hofthor knarrend hinter dem letzten rufsischen Wallach geschlossen hatte, blieben zahlreiche Gruppen auf dem Marktplatz beieinander und besprachen die Sachlage in ihrer Weise.

„Das muß ein reicher Herr sein," bemerkte ein Kürschner, „denn seine Mütze ist vom feinsten Baranetzfell. Das Baranetz aber ist eine Kreatur halb Tier und halb Pflanze, sieht aus wie ein Lamm und wächst in Persien. Es hängt mit der Nabelschnur an der Erde. So weit die ihm nun erlaubt das Gras zu erreichen, so lange kann es sich davon nähren. Ist es aber damit fertig, so muß es sterben. Deshalb ist auch das Fell so teuer."

„Was Ihr sagt, Nachbar. Seid Ihr selber bis dahin gekommen, wo das Beest wächst?"

„Das nicht, aber ich habe in der Moskau einen Welschen gekannt, der hat es selbst bei den Tatern gesehen."

„Ihr wart in der Moskau?" fragte ein dritter Kürschner, der erst vor kurzem aus dem Reich nach Dorpat gekommen war.

„Ja," war die Antwort, „und ich sage Euch, es lebt sich nicht schlecht da drin. Da ist für einen frischen Gesellen beides, Arbeit vollauf und Geld vollauf. Und dann: Da ist es nicht wie bei uns, wo die vom Rat das Handwerk schinden, wie sie wollen und können und sehen unsereinen für nicht mehr an wie für einen groben Klotz, und wo jeder Junker einherreitet wie ein König. Nichts da. Da ist Gott im Himmel und der Großfürst auf Erden und damit Gott befohlen."

„Na, na, die Reußen werden doch wohl auch ihre Edelleute haben."

„Die haben sie, das sind die Bojaren, aber da soll einer von denen nach seinem Gefallen leben! Nix da. Da heißt es: Thue was der Großfürst befiehlt, oder: Bei jewo bespofchtschabno, quäste ihn ohne Gnade und Barmherzigkeit."

„Na, er wird doch seine Edelleute nicht schlagen lassen?"

„Das thut er. Das thut er. Vor ihm ist alles einerlei, ob einer ein Großbojar ist oder ein Kuchenbäcker. Habe selbst gesehen, wie sie einen solchen großen Hansen auf den Platz führten hinter dem Kreml und der Henker nahm ihn auf die Schulter nach ihrem Gebrauch und der andere Henker gab ihm die Peitsche zu kosten, daß er schrie wie ein angestochen Schwein. Nachher führten sie ihn wieder auf das Schloß, und er war wieder ein großer Herr wie zuvor."

„Pfui Teufel!"

Der Erzähler zuckte die Achseln. „Gefällt es dir bei uns besser," fragte er, „wo, wenn zwei das Gleiche thun, ein Junker und einer vom Handwerk, dem Junker kein Haar gekrümmt wird, während unser einer bei Meister Hämmerlein zu Gast geladen wird? Ich meine, wenn ein Wojwode im Schloß säße statt des Pfaffen, wir brauchten uns deshalb nicht die Augen rot zu weinen."

„Bist du von Sinnen?" rief der andere und sah sich ängstlich um, „wenn dich jemand hörte."

„Sei ohne Sorge," versetzte der Redner, „ich werde mich wohl vorsehen. Aber eins weiß ich — kommt einmal der Tag, wo das reiche Packzeug von Kaufleuten samt Pfaffen und Junkern aus der Stadt muß — so will ich mir einen so guten Tag machen, wie ich noch keinen verlebt habe."

„Großer Gott," hieß es in einer anderen Gruppe, wo ebenfalls Handwerker zusammenstanden, „da sieht man nun und sieht das leibhaftige Unglück zum Thor hereinreiten und kann ihm nicht wehren."

„Ja, da ist nun der Bademeister," war die Antwort, „der wird uns ein heißes Bad zurecht machen."

„Daß Gott erbarm, Nachbar, da muß die gemeine Bürgerschaft nun hinein. Die Ratsverwandten aber die werden, wenn es soweit ist, schon ein Schlupfloch finden, durch das sie mit ihren Geldladen davonkommen können."

„Gewiß, gewiß, Nachbar. Daß sie aller Welt Plage bestehe. Sie verkaufen dem Moskowiter heimlicherweise Kraut und Lot, Kupfer und Blei und wir werden damit nachher vom Leben gebracht."

„So ist es. Da war ein reußischer Kaufmann, der kaufte bei einem von unseren Kaufleuten heimlich Draht und Blei. Da sprach der Reuße: ‚Wißt Ihr auch, was das ist?' Entgegnete der Kaufmann: ‚Das ist Draht und Blei.' Sprach der Moskowiter: ‚Nein, das sind die Peitschen, damit unser großer Herr euch aus dem Lande treiben und das die Kugeln, mit denen er euch umbringen lassen wird.'"

Nach einiger Zeit kamen sechs Edelleute des Bischofs mit etlichen Edelknaben und den Trompetern, um den Boten auf das Schloß zu bringen. Das geschah also: Voran ritten die Trompeter, dann kamen die Edelknaben nach dem Alter, die jüngeren voran, dann die Edelleute ebenso, immer zu je zweien. Dann führten des Boten Diener zwei prachtvolle russische Windhunde. Hinter denen trugen zwei andere ein grünes Jägernetz, das war von eitel Seide. Endlich trug man ein großes buntes Tuch einher. Das waren des Großfürsten Geschenke. Nun kam der Bote selbst, der hatte jetzt eine lange Schaube an, die bis zu den Füßen ging. Die Schaube war von grünem Damast, überall mit Gold eingesprenkelt, der Kragen aber und die Säume am Gewand und den breiten Ärmeln von Marderfell. Dazu trug der Bote rot und schwarze Schuhe und eine hohe graue Mütze. Die war auch mit köstlichem Rauchwerk verbrämt. In den Händen aber hielt der Bote eine Schüssel von lauterem Silber. Darin lag, in ein seiden Tüchlein gewickelt, der Kreuzküssungsbrief.

Als der Bote nun in den Remter kam, da waren da des Bischofs Stiftsräte und der Ausschuß vom Rat und von der Gemeinde schon versammelt, dazu auch etliche Notarien gegenwärtig, die sollten, was der Bote sagen würde, instrumentieren.

Der Bote verneigte sich nun, nannte seines Herrn ganzen Titel nach dem Brauch und verlangte dann von wegen seines Herrn, daß der Bischof und der Herrmeister die Siegel, mit denen die livländischen

Gesandten den Brief versiegelt hatten, abschneiden und ihre Siegel anhängen sollten. Auch sagte er noch, er hätte Befehl, daß er sich nicht lange sollte aufhalten lassen. Darauf ward ihm durch den alten Jakob Krabbe, als durch den Tolk, geantwortet, der Bischof hätte gern von des Großfürsten Gesundheit vernommen, der Gesandte aber möchte sich in seine Herberge begeben und dort den Bescheid erwarten. Darauf überreichte der Bote die Geschenke und nahm seinen Abschied.

Nun wurde die Sache selbst verhandelt, aber da war guter Rat teuer.

Zuerst nahm der Bürgermeister Henke das Wort. „Gnädige Herren," sagte er, „so dieser ungebräuchliche, aufgedrungene Zins dergestalt dem Großfürsten versiegelt wird, so kommen wir mit Weib und Kind in die äußerste Dienstbarkeit. Wo ist es, seit die Welt steht, erhört, daß deutsche Männer, ohne sich bis auf das äußerste zu wehren, Pflichtverwandte des Türken oder des Moskowiters wurden! Darum meine ich, daß wir in diesen Zins nun und nimmermehr willigen dürfen, sondern bei unserer deutschen, christlichen Obrigkeit allezeit bleiben sollen."

„Ehrbarer Herr," erwiderte darauf der Stiftsrat Wrangel, „das mag sich also verhalten, wie Ihr sagt, aber ich frage Euch, ob denn der Großfürst dem Spiel ruhig zusehen wird, wenn sein Gesandter mit den alten Siegeln wieder zu ihm kommt. Zieht er aber ins Feld, wie er doch gewiß thun wird, so weiß ich nicht, wie wir ihn bestehen sollen, denn was im Lande ein Schwert heben kann, liegt mit dem Herrmeister bei der Bauschkenburg wider den Pollacken und Litauer zu Felde. Daß wir Stiftischen aber mit unseren wenigen Dienern gegen den Großfürsten das Feld nicht halten können, wird Eurer Weisheit mit nichten verborgen sein."

Es entstand eine peinliche Pause, denn es gab hier in der That keinen Ausweg. Da nahm der Kanzler das Wort und entwickelte seinen Plan, der allgemeinen Beifall fand. Man sollte zwar das Siegel der Gesandten durch das bischöfliche ersetzen, aber gleichzeitig notariell zu Protokoll geben, daß man ohne des Kaisers Einwilligung nicht berechtigt sei, in diesen Zins zu willigen. Außerdem sollte man sich sofort mit der Bitte an den Kaiser wenden, den Großfürsten durch eine Gesandtschaft zu beschicken und für Livland einzutreten.

Der alte Hans Krabbe protestierte vergeblich. „Wenn wir den Zins versiegeln," rief er, „so muß er gehalten und gegeben werden oder das Land wird verheert und verbrannt. Dazu hat sich der Großfürst mit aller Macht vorlängst gerüstet. Das weiß ich."

„Ehrbarer Herr," erwiderte darauf der Kanzler ungeduldig, „Ihr mögt auf Flachs und Bockshäute wohl einen besseren Verstand haben als auf solche Händel."

Da behielt die Meinung des Kanzlers den Schluß, und alle gingen vorläufig auseinander.

Eilhard hatte hinter seines Vaters Stuhl stehend, den Verhandlungen beigewohnt. „Vater," sagte er jetzt, als beide ihrem Hause zuschritten, „glaubt Ihr, daß der Kaiser uns wird helfen können?"

„Ja und nein, Elert. Immerhin war dies die einzige freie Pforte."

„Wir sollten uns selbst helfen, Vater. Haben wir doch zu Meister Plettenbergs Zeiten den Moskowiter allein niedergeworfen."

„Das waren andere Zeiten, Elert. Wir waren damals andere, und der Moskowiter war auch ein anderer. Im übrigen geht ja auch meine Meinung dahin, Elert, daß wir uns selbst helfen sollen, aber um das zu können, müssen wir Zeit haben. Die können wir, will's Gott, so gewinnen. Uns liegt der lange Frieden noch in den Gliedern wie einem, der abends einen guten Rausch gehabt hat, am Morgen der Schlaf. Aber wir werden wach werden. Wir müssen nur Zeit haben. Ist's nicht anders, so will ich selbst an des Moskowiters Hoflager und zusehen, wie ich dem allgemeinen Lande dienen kann."

„Vater," rief Elert, „ich wollte wohl, wir ritten morgen wider den Reußen."

Herr Kruse sah seinen Sohn wohlgefällig an. „Recht so, Elert," erwiderte er, „und ich weiß, daß du dich ritterlich halten würdest; aber das sind subtile Händel, die sind mit dem Dreinschlagen nicht abgethan."

Am folgenden Tage wurde der russische Bote wieder auf das Schloß geführt und das Siegel der Gesandten durch das bischöfliche ersetzt. Wie nun die Notarien den Protest aufnahmen, fragte der Russe, was das zu bedeuten habe. Als Hans Krabbe ihm

Bescheid gab, rief er trotzig: „Was hat mein Herr mit dem Kaiser zu thun? Gebt mir den Brief. Wenn Ihr meinem Herrn den Zins nicht bringt, wird er ihn wohl holen."

Damit nahm der Bote den Brief und steckte ihn in seine Brusttasche. In der Herberge aber gab er ihn in Gegenwart zweier Hofjunker des Bischofs seinem Diener, damit er ihn in eine beschlagene Lade legen sollte. „Laßt uns das Kalb wohl verwahren und sorgen, daß es fett werde," sprach er. „Ihr aber," fuhr er, zu den Junkern gewendet, fort, „sorgt dafür, daß es euch an Nahrung für dieses Tier nicht fehlt, denn es wird einen tüchtigen Appetit haben, wenn es zu Jahren gekommen ist."

Neuntes Kapitel.

Als Herr Kruse am folgenden Morgen vom Schloß zu dem ihn erwartenden Eilhard zurückkehrte, legte er ihm die Hand auf die Schulter. „Wir müssen wieder zu Felde, Elert," sagte er. „Der Herrmeister fordert die Stiftsfahne zu sich, bei Bauske soll sich alles sammeln. Der König von Polen zieht mit einem gewaltigen Heere heran, diesmal wird es, fürchte ich, Ernst."

Eilhard blickte dem Vater fest ins Auge. „Gott gebe es," sagte er.

Herr Kruse ließ die Hand fallen und seufzte. „Wenn ich so alt wäre wie du, würde ich wie du empfinden," erwiderte er, „jetzt aber frage ich mich, was denn aus dem Lande werden soll, wenn alles, was wehrhaft ist, mit seinem Blute den Sieg über den Pollacken erkauft hat, und dann der Moskowiter ins Land fällt?"

Als sie im Sattel saßen und die Stadt hinter sich hatten, nahm Herr Kruse wieder das Wort. „Es muß ein Vergleich zustande gebracht werden," sagte er, „unter allen Umständen. Der Pollacke ist

immerhin ein chriſtlicher Herr, und wir werden, ſelbſt
wenn er mit uns geht, unſere Not mit den Reußen
haben. Ich aber werde, das ſehe ich klar, den
Herbſt und den Winter im Sattel verbringen. Armer
Junge, du wirſt nun auch deinen liebſten Wunſch
an die Kette legen müſſen, denn du wirſt einſehen,
daß jetzt nicht die Zeit iſt, dein Haus zu bauen."

„Ich ſehe das ganz ein, Vater."

Herr Kruſe trieb ſein Roß näher an den Hengſt
ſeines Sohnes und beugte ſich zu Eilhard hinüber.

„Elert," ſagte er leiſe, „ich habe eine Bitte an dich."

„Sprich, Vater."

Herr Kruſe räuſperte ſich. „Elert," begann er
dann, „meine Bitte wird dir vielleicht wunderbar
vorkommen, aber du wirſt dir ſagen, daß ich dir
keinen Strohbuſch vor der Brücke aufrichten würde,
wenn man ungefährdet über ſie reiten könnte! Du
weißt, daß Bärbchen gewiſſermaßen unter unſerem
Schutze ſteht, denn, wenn auch die Ahne — Gott ſei
Dank dafür — noch lebt, ſo iſt ſie doch eine alte
Frau. Ihr beide aber ſeid jung, Elert."

„Ich verſtehe, Vater. Du wünſcheſt nicht, daß
Bärbchen und ich —"

„Ganz richtig, lieber Junge. Das iſt es. Du
ſiehſt ein, daß ihr noch eine Weile werdet warten
müſſen. Da iſt es gut, wenn auch in Gedanken
zwiſchen euch ein bloßes Schwert liegt. Äpfel, die
man nicht eſſen will, ſoll man auch nicht in die
Hand nehmen. Sie werden dadurch nicht friſcher.
Sieh, wie die lieben Waldvöglein es machen, Elert.

Wenn die aus der Winterherberge heimkehren, fliegt nicht etwa Männchen und Weibchen bunt durcheinander. Nein, erst kommen die Männchen, und die Weibchen thun sich erst zu ihnen, wenn es gilt, das Nest zu bauen."

„Ich verstehe dich, Vater, und du kannst dich auf mich verlassen." Der Vater blickte den Sohn prüfend an. Auf Eilhards blassen Wangen kam und ging eine Blutwelle, aber das Gesicht zeigte den Ausdruck festester Entschlossenheit.

„Gut, Elert," sagte Herr Kruse, „du weißt, daß die volle Verantwortung auf dir ruht."

„Auf mir einzig und allein."

Die beiden wechselten einen Händedruck und trieben dann ihre Rosse an.

Unter der Linde im Hofe zu Kelles saßen die Ahne, Barbara und Anna. Die Abendkühle war bereits eingetreten, eben hatte man die Herde in den Hof getrieben. Nun standen Frau Katharina und die kleinen Mädchen bei den Tieren und plauderten mit der alten Viehpflegerin, der Hofmutter, während ein rot und weiß geschecktes Liebling aus ihren Händen Brot erhielt. Auf der anderen Seite des Hofes schirrten die Knechte die Pferde ab und tränkten sie, bevor sie die Tiere zur Weide ritten. Der Hof bot ein buntes Bild, aber die jungen Mädchen hatten keinen Blick dafür, ihre Augen hingen vielmehr unverwandt an dem weitgeöffneten Thor. „Wo er nur so lang bleibt?" dachte Barbara. Sie hatte Bonnius am Nachmittag mit dem Hofmeister fortreiten sehen und er war noch nicht zurück. Es war während der letzten Wochen so unerträglich still und langweilig in Kelles gewesen, kein Mensch kam zum Besuch, ohne den allezeit gleich unterhaltenden Bonnius wäre es nicht auszuhalten gewesen.

„Wo sie nur so lange bleiben," sagte die Ahne.

„Ja," erwiderte Barbara, „ich begreife es auch nicht."

„Wenn ihnen nur nicht unterwegs etwas zugestoßen ist, oder Elert wieder die Kopfpein hat."

Barbara errötete über und über. Die Ahne lächelte. „Na, es kann nicht mehr lange dauern," sagte sie.

Barbara fühlte ihr Herz stärker klopfen. In der That, sie mußte ja Elert mit Sehnsucht erwarten. Und doch hatte sie ihn so gar nicht vermißt. Sie wußte ja, daß sein Eintreffen Kelles keineswegs weniger langweilig machen würde. Ja, wenn er wäre wie Bonnius! So aber kam eigentlich überhaupt nur der Oheim in Frage. Der war freilich immer munter und guter Dinge.

„Da sind sie!" rief Anna, indem sie aufsprang. „Und Elert scheint keine Kopfpein zu haben," fügte sie hinzu, indem sie sich wieder setzte.

Die Herren ritten in der That eben auf den Hof. Sie sprangen von den Pferden, begrüßten Frau Katharina und die Kinder und wandten sich dann der Linde zu. Barbara erglühte wie ein Röslein, als Eilhard an sie herantrat, aber die kühle Art, in der er sie küßte, bewirkte, daß Unwille es war, der die Röte auf ihren Wangen festhielt. Er begrüßte sie ganz so, wie auch Anna.

Man nahm Platz und Herr Kruse erzählte von dem russischen Gesandten und dem Aufgebot gegen Polen. „Großer Gott," rief Anna, „so müßt ihr wieder reiten!" Eilhard saß still da und blickte auf Barbara. „Gnädiger Gott," betete er in seinem Herzen, „gib du mir die Kraft, daß ich halte, was ich mit Handschlag gelobt habe und thue, als ob wir nie auf dem Feldrain gesessen hätten. Sie soll erst wieder mein sein an dem Tage, an dem ich, gefolgt von den Freunden, zur Ahne gehen und um sie werben kann, als um meine Braut. Dazu hilf du, mein gnädiger Gott!"

„Bonnius hatte recht," dachte unterdessen Barbara, „Elert hätte ein Domherr oder ein Bischof werden sollen. Die Domherren und Bischöfe sind heilige Leute und wollen niemand heiraten. Sitzt er nicht da, als ob wir uns nie gesagt hätten, daß wir uns lieb haben. Ob wohl Bonnius, wenn sein Schatz — eines Bürgers oder höchstens eines Pastors Tochter natürlich — ihm so gegenüber säße, sich auch damit begnügen würde, sie unverwandt anzublicken, wie der Pfaffe das Marienbild? Oder ob er neben ihr sitzen und sie herzen und küssen würde, daß ihr der Atem verginge? Jedenfalls wäre es hübsch, wenn er endlich käme. Das Gespräch würde dann hoffentlich bald von den leidigen Honigbäumen an der reußischen Grenze, vom Pollacken und vom Moskowiter abkommen."

Da kam er, sonnengebräunt, von Gesundheit strotzend. Er schwang sich gewandt aus dem Sattel und eilte auf die Linde zu. Wie seine großen braunen Augen funkelten, wie belebt sein hübsches Gesicht war! Er verneigte sich anmutig vor den Damen, begrüßte die Herren ehrerbietig und überreichte jedem der kleinen Mädchen ein Sträußchen Feldblumen, das er für sie gepflückt hatte. Herr Kruse fragte nun und Bonnius gab in seiner munteren Weise Bescheid. Dem einfachsten Vorgang wußte er eine komische Seite abzugewinnen und oft belohnte ein herzliches Gelächter sein Erzählertalent. Wie Barbara lieb= reizend aussah, wenn sie so lachte! Wie ihre weißen Zähne glänzten, wie ihre Augen lustig blitzten, wie das goldblonde Löckchen auf ihrer Stirn so hübsch den Takt einhielt! „Es wird doch schwer sein," dachte Eilhard, „unendlich schwer! Gottlob, daß wir in ein paar Tagen reiten."

Die Sonne war längst untergegangen, und die Schwalben hatten ihre Nester aufgesucht. Man ging zu Tisch und nach dem Essen suchten die Herren, die der Ritt müde gemacht hatte, die Schlafzimmer auf. Eilhard lehnte sich zum geöffneten Fenster hinaus und lauschte. Von der Linde her klang Bärbchens silberhelles Lachen zu ihm herüber. Sie hatte die Muhme so lange gequält, bis diese noch auf ein halbes Stündchen mit ihr hinausgegangen war in die laue Sommernacht. Bonnius mußte eben jetzt eine vorzugsweise lustige Geschichte erzählen. Man hörte ihn in jüdischem Dialekt reden.

Eilhard empfand die Wärme der Luft als unerträgliche Schwüle. „Sonderbar," dachte er, „ich erlebe doch ganz dasselbe wie Bonnius, warum kann ich nur an unseren Erlebnissen nichts Lustiges finden und sie auch nicht so lustig wiedergeben!"

Die da unten brachen auf und gingen ins Haus.

„Gott, gerechter, schlaf gesund und träum von dem Schimmel, der ist eigentlich ein Rappe," rief Barbara Bonnius nach.

„Welcher war eigentlich ein Schimmel," war die Antwort.

Eilhard hörte die kurzen, festen Tritte des Schreibers auf dem Hof und das Öffnen und Schließen der zu seiner Wohnung führenden Thür. Eine Sternschnuppe schoß in jähem Fall durch das Sterngewimmel, der Gipfel der Linde rauschte, in der Wolkenbank fern im Osten über dem Walde wetterleuchtete es. Eilhard überlief es plötzlich kalt. Er schloß das Fenster, rief Hans herbei und ging zu Bett, aber er konnte trotz aller Ermüdung nicht einschlafen. Warum konnte er nicht auch so lustig sein und so lustig machen wie Bonnius?

In der Nacht traf Jürgen Nötken mit den Kelleschen Dienern ein, die nächsten Tage vergingen unter rastlosen Vorbereitungen auf den neuen Feldzug. Das Gros der Stiftsfahne von Dorpat hatte gleich von Fellin aus den Weg nach Süden eingeschlagen, nur wenige der Herren waren noch vorher auf ihre Güter geeilt, um allerlei Vorbereitungen zu treffen.

11*

In Kelles sahen die Frauen diesen Auszug weniger tragisch an als den früheren. Frau Katharina war überzeugt, daß es nicht zum Schlagen kommen würde und faßte den Ritt mehr als Reise denn als Feldzug auf. Eilhard that, als ob er ebenso dächte. Herr Kruse war gleich am folgenden Tage wieder zum Bischof gerufen und hatte den Kopf voll Gedanken an die Vermittler, die etwa angerufen werden könnten; Jürgen hielt die Hoffnung auf einen frischen Reiterkampf fest und war jedenfalls herzlich froh, daß er wieder in den Sattel konnte.

Zwischen Barbara und Eilhard wollte sich kein rechtes Verhältnis herstellen. „Was soll das nur?" dachte sie und ging ihm möglichst aus dem Wege.

„Habt ihr einen Span miteinander, Bärbchen?" fragte Anna eines Abends beim Schlafengehen. „Nicht daß ich wüßte," erwiderte Barbara trotzig, indem sie das Licht ausblies.

„Bärbchen?"

„Anna?"

„Die beiden ziehen in den Krieg. Gott allein weiß, ob wir noch einmal ihre Sporen klirren hören."

„Sei ohne Sorge, Anna, wenn ihnen in diesem Kriege etwas zustößt, so ist es eine rote Nase vom Sonnenstich."

„Um Gotteswillen, Bärbchen, sprich nicht so leichtfertig."

„Was ist da leichtfertig? Bonnius sagt, die Herren wären ebenso sicher vor Kugeln wie vor Schneebällen. Er meint, es sei gar nicht daran zu denken, daß der Herrmeister es wirklich mit den Polen aufnimmt."

„Was weiß Bonnius davon!"

Barbara richtete sich in ihrem Bette auf. „Warum soll er das nicht wissen?" rief sie heftig. „Etwa, weil er nicht von Adel ist?"

„Nein, Bärbchen," erwiderte Anna sanft, „aber der Herrmeister hat doch mit ihm nicht zu Rate gesessen."

„Nun, ich wüßte nicht, daß er sich mit Elert beraten hätte. Der glaubt ja überdies selbst nicht daran, daß es wirklich Krieg gibt. Dieser Feldzug wird, um mit dem Oheim zu reden, dem Thebingsheimschen Frauenzimmer gelten, wie der vorige dem Uxküllschen und Ungernschen."

„Gott gebe es."

„Anna!"

„Bärbchen!"

„Wenn denn doch der Krieg in der Luft liegt, wäre es da nicht besser, er bräche endlich wirklich aus? Wenn dann der Frieden geschlossen wäre, würde auch die alte lustige Zeit wieder beginnen. So aber ist es, wie in der Nacht, wenn ein Gewitter nach dem anderen heraufzieht, ohne sich doch zu entladen, und wir alle unten in der Halle sitzen müssen und wenn wir noch so schläfrig wären."

„Großer Gott, Bärbchen, wie du redest! Und wenn nun wirklich ein Blitzstrahl herniederführe und er läge mit starren Augen auf dem Schlachtfelde?"

Barbara schwieg. Sie sah im Geist Eilhard tot

auf der Wahlstatt. Es war doch eine sehr traurige Vorstellung und die Thränen traten ihr in die Augen. „Verzeih, Anna," sagte sie, „ich habe wohl sehr thöricht gesprochen?"
„Wir müssen recht für ihn beten, Bärbchen."
„Ja, Anna, das wollen wir thun."
Und Barbara beschloß, nach dem Vaterunser für Eilhard zu beten, aber sie war eingeschlafen, ehe sie soweit kam.

Als Anna aus ihren gleichmäßigen Atemzügen ersah, daß sie schlief, richtete sie ihrerseits sich im Bett auf. Es war ihr als wenn sie ersticken müsse. Sie sah Eilhard, durch den Kopf geschossen, niedersinken. Der Helm hatte sich gelöst und war herabgesunken, aus der Stirnwunde quoll dickes, schwarzbraunes Blut hervor. Und sie hatte ihn ermordet, denn hatte sie nicht ohne Unterlaß sein begehrt, obschon sie wußte, daß er zu Barbara gehörte? Mußte das nicht das Verderben herabziehen auf sie und auf ihn, den sie so sündhaft liebte?"

Anna sprang aus dem Bett und schlüpfte leise durch das Nebenzimmer in ein kleines niedriges Gelaß, in dem die Truhen der jungen Mädchen standen und an dessen Wänden unter weißen Laken ihre Kleider hingen. Der Mond, der einen Hof zeigte, schien trübe durch das einzige Fenster.

Anna schloß die Thür hinter sich und öffnete ihre Truhe. Aus dem Grunde derselben holte sie eine Peitsche hervor. An dem kurzen Stiel hing die viereckig aus Lederschnüren zusammengedrehte Geißel.

Diese Geißel hatte einst eine Nonne aus dem Geschlecht der Nötken benutzt, und da diese Nonne für eine halbe Heilige galt, hatte man die Geißel im Kloster in Dorpat sorgfältig aufgehoben. Als das Kloster einging, hatte Annas Vater die Geißel an sich genommen, und in seinem Nachlaß fand sie die Tochter.

Anna sank in die Knie, ihre kleinen, weißen Händchen ergriffen den Stiel, und die Geißel schlug über ihre linke Schulter nieder auf ihren Rücken. Aus dem Leibe kamen die sündigen Gedanken, der Leib sollte es büßen. Stärker und immer stärker fiel der durch das Alter fast zu Stein erhärtete Riemen immer wieder auf dieselbe Stelle, bis der Schmerz unerträglich wurde und die Büßerin nach vorn übersank und halb besinnungslos dalag. Seltsam, trotz des Schmerzes, der ihre Glieder durchzuckte, wurde ihr leichter ums Herz. Sie richtete sich mühsam auf, faltete ihre Hände und erflehte in heißem Gebet Kraft für sich und Sicherheit für ihn. Dann barg sie die Geißel wieder in ihrem Versteck und suchte ihr Lager auf.

Sie hörte, wie Barbara sich in ihrem Bett unruhig hin und her warf. „Es war ein Rapp!" rief sie. Was mochte sie nur träumen?

Am folgenden Tage hing der Himmel voll schwerer Regenwolken, aber ein sturmartiger Wind ließ nicht zu, daß sie sich entluden.

„Anna," sagte Eilhard nach dem Morgenimbiß, „wenn es dir recht ist, gehen wir ein wenig vor das Thor."

„Anna," begann er dann, sobald sie das Thor hinter sich hatten, „ich habe eine Bitte!"

„Was willst du, Elert?"

„Anna," rief Elert, indem er seinen Arm schwer auf die linke Schulter des jungen Mädchens stützte, „wir haben uns immer lieb gehabt wie leibliche Geschwister."

Sein Arm lag gerade auf der zerschlagenen Stelle. O wie das schmerzte! Und wie schön es war, daß es so furchtbar schmerzte!

„Gewiß, Elert," kam es über die bleichen, bebenden Lippen. „Sprich zu deiner Schwester."

Eilhard war ganz in die eigenen Gedanken versunken.

„Anna," begann er nochmals, „ich glaube nicht, daß es zum Kriege kommt, aber der Vater wird den Herbst und Winter über nicht aus dem Sattel kommen. Da kann denn auch an Verlöbnis und Köste nicht gedacht werden. Der Vater wünscht nicht, daß Bärbchen und ich mittlerweile als Brautleute miteinander verkehren. Er hat recht. Ich habe es ihm mit Handschlag gelobt. Bärbchen scheint das nicht zu verstehen. Sie scheint mir zu zürnen."

„Ich werde es ihr sagen, Elert."

„Ich danke dir, Anna," sagte Elert und nahm seinen Arm von ihrer Schulter. „Sie wird es einsehen. Sie wird es einsehen, Anna?"

„Sie wird es einsehen, Elert."

„Nicht wahr? Die Unruhe wird ja auch nicht bis an den jüngsten Tag währen. Der Herrmeister und der Erzbischof werden schließlich aus derselben Schüssel essen, und der Moskowiter wird, wenn er einsieht, daß die gesamte Christenheit hinter uns steht, die Hand vom heißen Eisen lassen. Dann werden ich und Jürgen und Heinrich Taube und Reinhold Stahlbiter und viele andere gute Gesellen vom Adel der Ahne auf den Hof reiten, und Bärbchen und ich ein Brautpaar werden. O, das wird schön sein, Anna."

Und wieder legte sich Eilhards Arm schwer auf die schmerzende Schulter.

„Ja, das wird schön sein."

Anna blickte hinaus auf das wogende Meer des fast reifen Kornfeldes, mit dem der Sturm sein Spiel trieb. Hier flutete es in langen Wellen dahin, da wirbelten die Ähren wirr durcheinander wie ein Wasserstrudel. Wie der Anblick schwindelig machte!

„Kommt es aber anders und sie bringen allein meinen Hengst zurück, dann — "

„Du wirst zurückkehren, Elert."

„Gott gebe es."

„Du wirst zurückkehren."

„Amen, Anna. Ich habe früher oft gedacht, ob es denn auch der Mühe wert ist zu leben. Jetzt weiß ich, daß wir, wenn ich am Leben bleibe, unter Rosen sitzen werden."

„Amen, Elert."

Elert nahm seinen Arm von Annas Schulter. Sie kehrten schweigend wieder auf den Hof zurück.

Wieder war der letzte Abend vor dem Aufbruch

gekommen, aber diesmal sah es zu Kelles anders aus, als vor dem letzten Ritt. Am Nachmittag waren die Thebingsheim von Kongola und Kaweledht mit ihren Söhnen, Vettern und Dienern eingetroffen. Der Hof war voll von Packwagen, vor den Ställen trieben die Reiter ihr Wesen, im Herrenhause ertönte wieder lautes Reden und fröhliches Gelächter, und die Klappkannen gingen von Hand zu Hand wie früher.

Als die jungen Mädchen in den Saal traten, eilte Bruno Thebingsheim ihnen entgegen und ergriff, nachdem er beide geküßt hatte, Barbara bei der Hand. „Das muß ich sagen, Frau Base," rief er zu Frau Katharina gewandt, „Ihr habt eine glückliche Hand. Was bei Euch erwächst, wird schön."

„Macht mir das Mädchen nicht eitel, Herr Vetter," war die Antwort. „Mit dem schmucken Lärvchen ist wenig gethan, die Hauptsache: Witz und Verstand, ein gutes Herz und ein adlig Gemüt sieht man nicht."

Der Herr von Thebingsheim schüttelte den Kopf, daß sein langer Bart hin und her schwankte. „Frau Base," erwiderte er, „wenn die Sonne scheint, spricht man nicht davon, daß es hell ist. Ihr habt unrecht gethan, daß Ihr die Jungfrauen nicht auf ihrer Kammer ließt, denn jetzt werden meine jungen Herren nur mit halben Herzen mir Folge leisten und die Köpfe nach Kelles drehen, wie Füllen, die der Roßkamm mit sich fortführt."

„Vater," rief Werner Thebingsheim munter, „wie

redet Ihr? Als ob Ihr uns nicht stets gelehrt hättet, daß man der Schönheit am besten auf dem Felde der Ehre dienet. Mit dem Bilde der Fräu= leins im Herzen werden wir unter die Pollacken brechen wie Wölfe unter eine Schafherde. Ich gelobe hiermit feierlich, daß die beiden ersten Hengste, von denen ich die Reiter herunterhieb, auf den Hof von Kelles sollen."

„Wohin sollen wir hier mit königlichen Pferden, Vetter," versetzte Barbara rasch, „denn um solche handelt es sich doch wohl. Wie ich Euch kenne, werdet Ihr Euch mit gemeinen Reitern nicht ab= geben."

„Nimmermehr, Barbara, aber für eine — d. h. für eines der beiden Fräulein — wäre ja auch eines Königs Roß keineswegs zu kostbar. Schlimm ist nur, daß die Pollacken nur einen König haben. Wo bekomme ich nun das andere Roß her?"

„Das müßt Ihr ihm als dem Großfürsten von Litauen abnehmen," meinte Herr Kruse lachend.

„Oheim," rief Barbara, „wenn Ihr den Junker als Vermittler braucht und die Schlacht mit der Zunge geschlagen wird, sind uns die Pferde so sicher, als wenn sie bereits in unserem Stall Hafer fräßen."

„Wenn es auf Euch ankäme, Ihr füttertet sie gewiß nur mit spitzigen Worten."

„Wenn wir sie von Euch bekämen, wären sie es nicht anders gewohnt."

„Schau, schau," rief der von Kongola, „wer

hätte es dem Röslein angesehen, daß es so kräftige Dornen hat! Aber seid ihm nicht böse, Bärbchen, es ist der Neid, der aus ihm spricht. Er weiß ja doch, daß der Gaul, auch wenn er ihn mit Sanftmut fütterte und mit Geduld tränkte, Euch nimmermehr nach Kongota brächte."

„Wenn Ihr den König dort gefangen einbringt, komme ich hin, Oheim, und wenn ich bei Nacht und Nebel zu Fuß hin müßte."

„Na, was sagt Ihr denn zu dem wehrhaften Fräulein, Junker?" rief Herr von Thebingsheim lachend, indem er Eilhard auf die Schulter schlug. „Das ist wie ein Igel, Stacheln überall, und wer hineinbeißt, dem blutet das Maul."

„Der beißt nicht hinein," rief Barbara rasch. Sie erschrak dann über das eigene Wort und errötete über und über.

Es entstand ein allgemeines Gelächter. Frau Katharina aber, die sah, wie dem Sohne eine Blutwelle ins Gesicht schoß, rief hastig: „Das fehlte mir gerade, daß die Hausgenossen in beständigem Hader miteinander lebten. Zum Glück weist Bärbchen die Stacheln nur, wenn man sie reizt."

„Und du reizest Bärbchen ungern, Elert. Wie?" rief Herr Kruse.

„Allerdings, Vater."

„Nun, nicht wahr? Aber ich denke, wir kehren zu den Tischen zurück."

Der ältere der Thebingsheimschen Söhne hatte unterdessen kein Auge von Anna verwandt. Walter

Thebingsheim war früher viel in Kelles gewesen, bis Anna ihm einmal offen und ehrlich sagte, daß er nichts zu hoffen habe. Seitdem war er fortgeblieben und war nun seit Jahr und Tag zum erstenmal wieder da. Wie sie zart und durchsichtig aussah! In einem der unbewohnten Zimmer von Kongota hing das Bild einer Nonne. Ein Thebingsheimscher Diener hatte es einst während der Dorpater Bilder= stürmerei einem plündernden Pöbelhaufen entrissen und es auf das Schloß gebracht, wo man es an die erste beste leere Wand hing. Das Bild hatte es Walter Thebingsheim angethan. Jetzt war es ihm, als ob er das Original vor sich habe. Das waren dieselben braunen Augen, die so weltfremd blickten; das war dieselbe feingeschnittene gerade Nase, der= selbe kleine Mund mit dem schmerzlichen Ausdruck, das waren dieselben feinen Linien, die wie eine An= deutung künftiger Furchen durch Stirn und Wangen liefen. Der Jüngling empfand es als unsinnig, daß er je gewähnt hatte, irdische Liebe könne diese Augen funkeln lassen. War es denn nicht schon ein hohes Glück, daß er seine Schutzheilige nicht nur als Bild kannte, sondern auch schon in der Leiblichkeit?

Er suchte und fand einen Platz neben ihr. „Fräu= lein," sagte er leise, „wir reiten morgen, und ich weiß nicht, ob mein Auge Euch je wieder schauen darf. Segnet mich, Fräulein und betet für mich."

Anna blickte ihn an, erst fragend, dann erschreckt. „Großer Gott," stammelte sie, „wer bin ich, daß Ihr meinen Segen begehrt?"

„Fräulein," erwiderte der junge Mann mit tiefem Ernst. „Ihr wißt, daß ich Thor einst um Eure Liebe warb. Jetzt weiß ich, daß Euresgleichen nicht liebt, darum bitte ich um Euren Segen."

„Junker," erwiderte Anna, und sie wurde so bleich wie das weiße Tuch, das über den Tisch gebreitet war, „der Kranke soll nicht den Kranken um Hilfe bitten, sondern den Arzt; betet zu Gott, wie ich es thue, denn von ihm allein kann Hilfe kommen an dem entsetzlichen Tage, da wir Rechenschaft abzulegen haben werden von jedem Gedanken, der in uns lebte."

Der Junker blickte sie aus seinen dunkeln Augen verwundert an. Was konnten das für Gedanken sein, die diesen Engel so erschrecken ließen?

„Walter!" rief Werner Thebingsheim über den Tisch weg, „Elerts polnische Hündin hat geworfen, und er will uns zwei Welpen geben."

„Wirklich? Wer ist der Vater?"

„Der große Kerwing, den Elert von Heinrich Thebingsheim hat. Die Welpen werden schnell sein wie der Wind."

„Na, na, wenn Kerwing nur nicht schon zu alt ist," meinte der Vater. „Na, unsere Winde sind ja überhaupt nicht mehr, wie sie in unserer Jugend waren. Erinnert Ihr Euch, Base, des ‚Greif', den Euer Vater selig hatte?"

„Haha," lachte Herr Kruse, „den ‚Greif' werden Katzchen und ich nicht vergessen und wenn wir hundert Jahr alt würden. Hinter dem ritten wir her an dem Tage, an dem wir einig wurden, d. h. mit den Augen natürlich nur, mit den Augen."

„Da hast du recht, Bruno, solche Winde hat freilich kein Zwinger mehr, aber die Welpen werden trotzdem gut. Die in Versohn haben eine feine Zucht, aber so leicht wie die Pollacken sind sie doch nicht. Bonnius sagt auch, daß er keinen so schnell hat arbeiten sehen, wie die Hündin, und der versteht es."

Das Gespräch blieb bei den Pferden und Hunden, bis das Bier reichlicher in die Junker kam und der Schwank und Scherz aus ihnen. Die Frauen waren längst in ihren Betten, als die Halle noch von dem Gelächter erdröhnte, das manche derbe Schnurre hervorrief.

„Bärbchen," sagte Anna, als die jungen Mädchen ihr Zimmer aufgesucht hatten, „der Oheim und Elert werden schwere Tage haben. Auch wenn es nicht zum Schlagen kommt, wird der Oheim viel im Sattel sein, und manches Haus wird nicht gebaut werden können, zu dem die Balken schon behauen sind."

Barbara saß auf ihrem Bette und flocht ihr Haar in eine einzige lange Flechte. Sie hatte den Kopf zum Fenster hingewandt. Draußen auf dem Hof schalt Bonnius mit lauter Stimme.

„Hörst du mich, Bärbchen?"

„Natürlich!"

„Du wirst dich nicht wundern, Bärbchen, wenn Elert jetzt noch thut, als wenn er dein Bruder wäre. Du stehst im Schutze der Kruses, du weißt, wie von Herzen lieb er dich hat."

„Was hat nur der Bonnius," rief Barbara, löschte das Licht aus, öffnete den Laden und stieß ganz leise das Fenster ein wenig auf. Sie lauschte und zog dann das Fenster wieder zu. „Es ist nichts," sagte sie, „die Diener haben die Bänke auf dem Hof stehen lassen. Soll ich noch Licht holen?"

„Nein, Bärbchen, ich werde auch im Dunkeln fertig. Bist du Clert böse?"

„Ich? Warum soll ich ihm böse sein? Aber mit den Dienern haben die Herren wirklich ihre Not. Die thun, als ob sie zum Reiten und die Herren zum Satteln da wären."

In der Nacht begannen die Wolken sich zu entladen, und als die Herren am folgenden Morgen aufbrachen, regnete es in Strömen. Unförmliche Mäntel bedeckten die blanken Harnische, und von den Rädern der Troßwagen spritzte der Kot hoch auf.

Als der letzte Wagen über die Brücke geschwankt war, kam Bonnius mit großen Schritten über den Hof auf die Thür zu, in der die Hausgenossen den Scheidenden nachgesehen hatten. „Gnädige Frau," sagte er, „seid nicht traurig, zum Wackenfeste sind die Junker wieder hier."

Frau Katharina schaute aus ihren großen, grauen Augen nachdenklich in den Regen. „Ich bin eines Edelmannes Frau," sprach sie mehr zu sich, als zu Bonnius, „und es macht mich nicht traurig, Mann und Sohn im Krebs aus dem Hofe reiten zu sehen, aber mich dauert das arme Vieh, das da um nichts und wieder nichts bis zur litauischen Grenze gejagt wird, und es dauern mich die blanken Thaler, die dieses Kriegsspiel kostet."

Damit nahm Frau Katharina den Arm der Ahne und ging mit ihr ins Haus. Anna und die Amme mit Anneken folgten ihr, nur Barbara und die Kinder blieben noch in der Thür zurück.

„Fräulein," sagte Bonnius, „ich habe etwas für Euch."

„Was ist es?" rief Barbara.

„Eine junge Fischotter, die ganz zahm ist."

„Wirklich? Lieber, guter Bonnius, bringt sie her. Woher habt Ihr sie bekommen?"

„Ein Bauer hat sie aufgezogen."

Damit eilte er davon und kehrte gleich darauf mit dem niedlichen kleinen Geschöpf zurück. Die Kinder waren voll Jubel, aber die Freude Barbaras war fast noch größer. Das Jauchzen nahm kein Ende.

Zehntes Kapitel.

Die Strahlen der Sommersonne lagen glühend heiß auf der Landstraße, die auf dem rechten Ufer der Semgaller Aa von Annenburg nach Bauske führte, und die Reiter saßen, obgleich sie eben erst nach der Mittagsruhe von Annenburg aufgebrochen waren, bereits wieder erschlafft auf ihren schwitzenden Pferden. Es war unerträglich heiß unter den schweren Rüstungen, und der Staub, den kein Windhauch fortblies, drang in Mund und Nase, daß Menschen und Tiere kaum atmen konnten. Herr Kruse war durch Verhandlungen noch in Riga zurückgehalten worden. Eilhard aber und Jürgen Nölken ritten mit den Thebingsheim und litten augenblicklich gleich ihnen.

Die Aa hat hier noch ein zweites Bett, das sie indessen nur füllt, wenn ihre Wasser über die flachen Ufer treten, während es im Sommer eine herrliche Wiese bildet. Durch diese Niederung, die etwa eine Stunde oberhalb Annenburgs beginnt und unmittelbar vor demselben wieder Anschluß an den Fluß hat, entsteht zwischen ihr und dem Strom gleichsam eine Insel und auf dieser Insel lag von jeher in langer

Reihe ein Bauernhof neben dem anderen. Da die Straße sich auf der Höhe hielt und den Bogen, den die Niederung macht, begleitete, konnte man von derselben aus die Insel gut übersehen.

„Gottes Tod," rief Fabian Thebingsheim von Kawelecht, indem er mit der Rechten die Augen vor den Strahlen der Sonne schützte und sich weit zur Seite neigte, „Gottes Tod, da unten geht etwas vor, und wenn mich nicht alles täuscht, sehe ich in der Ferne Harnische glänzen."

Es war bekannt, daß der junge Mann Augen hatte, so scharf wie die eines Raubvogels. „Vater," rief Werner Thebingsheim, „Fabian glaubt da unten weiter hinten Harnische glänzen zu sehen."

Der von Kongota hielt und mit ihm der ganze Zug. Alle blickten mit gespannter Aufmerksamkeit in der angegebenen Richtung. An den zunächst gelegenen Höfen war nichts Auffälliges zu bemerken, sie schienen, umgeben von dem mannshohen Korn auf den Feldern, friedlich dazuliegen; weiter oberhalb aber sah man jetzt deutlich Leute über die Wiese der Heerstraße zulaufen, und in noch größerer Entfernung blitzte und funkelte es manchmal plötzlich auf.

„Kein Zweifel," begann Fabian Thebingsheim wieder, „es sind Kriegsleute, die in den Höfen plündern. Seht da — da ganz hinten, etwas rechts, da ist auch schon der rote Hahn aufs Dach geflogen. Seht ihr die Rauchwolke?"

„Aber wer kann das sein?" rief Walter Thebingsheim. „Sollten litauische Wölfe es wagen, hier unter

12*

den Augen des Herrmeisters bei währender Verhandlung ins Land zu fallen?"

„Nichts da," rief der von Kongota. „Ich kann nichts sehen, aber wenn ihr recht habt, so sind es nicht Litauer, sondern die Landsknechte, die von der Annenburg aufgebrochen sind, ehe wir hinkamen."

„Großer Gott," rief Eilhard, „wäre es möglich, daß sie zwei Meilen vom Lager des Ordens Höfe plündern? Sie, die in des Ordens Dienst stehen?"

„Da kennst du die Lotterbuben schlecht," rief der von Kongota grimmig. „Diese Spitzknechte und Räumaufs üben ihr Kistensegen und ihre anderen verruchten Ränke am liebsten in Freundesland, denn die Eisenbeißer tragen zwar den Hut voll Straußenfedern, aber sie haben einen Hasenbalg zum Brusttuch. Doch, bei meiner Mutter Grab, ich will sie lehren ihr Mütchen an unseren undeutschen Biedermännern kühlen. Seht nach den Rohren und haltet die Schwerter bereit und dann vorwärts."

Die Müdigkeit und die Hitze waren vergessen. Der Zug ordnete sich für alle Fälle, Fabian Thebingsheim und zwei Diener, von denen einer des Lettischen mächtig war, wurden vorausgeschickt, um womöglich einen Bauern abzufangen oder sonst Kundschaft einzuziehen. Nach einiger Zeit war kein Zweifel mehr möglich. Drei Höfe standen in Flammen, man sah in weiter Ferne Fliehende und Verfolger, und man vernahm ihr Rufen und Schreien. Jetzt brachte der Vortrab auch eine Bauersfrau, die man im Korn gefunden hatte. Kaspar Thebingsheim, der im Erzstift aufgewachsen war und beide undeutsche Sprachen kannte, verhörte sie, und es ergab sich, daß in der That dort unten nur die Landsknechte ihr Wesen trieben. „Erbarmt euch, gnädige Herren," flehte das Weib auf den Knieen „und helft uns. Die Kriegsleute treiben mit den Frauen und Mädchen ihr Spiel, und ihre Weibsbilder und Jungen schlagen unterdessen die Truhen auf und peinigen die Leute, damit sie angeben, wo sie ihre Schätze vergruben."

„Was sollen wir thun?" fragte Kaspar Thebingsheim, „sie sind immerhin in des Ordens Dienst."

„Bei allen Heiligen," schrie der von Kongota, „sind wir des Ordens Sklaven, daß wir ruhig zusehen sollen, wie diese Federhansen das Land verderben? Gebt dem Weibe einen Klepper und sagt ihm, daß es uns an die Leute bringen soll. Dann vorwärts!"

Man brachte der Frau eines der ledig mitgeführten Pferde, sie schwang sich hinauf und ritt, nach Männerart sitzend, an die Spitze des Zuges. „Sie haben ihr Lager oben am Fluß aufgeschlagen," sagte sie „und schleppen dorthin zusammen, was sie finden."

Man ritt schnell zu und befand sich bald in gleicher Linie mit dem Lager. Dieses lehnte sich auf der einen Seite an den Fluß, auf der anderen Seite aber an ein Wäldchen, hinter dem ein besonders großer Bauernhof lag. Man hatte zwar die Wagen am Flußufer zu einer Art Wagenburg zusammengeschoben, im übrigen sich aber ganz der Sicherheit hingegeben, mit der man in der That rechnen konnte. Die Pferde weideten mit zusammengekoppelten Vorderfüßen frei auf der Weide, die Lagerfeuer flammten hier und dort und um sie trieben die Landsknechte in ihren prahlerischen, phantastischen Trachten, zugleich mit ihren Dirnen und Buben, ihr Wesen mit den von der ganzen Insel zusammengetriebenen Bauern, während andere immer noch neue Gefangene herbeischleppten oder, unter der Last ihres Raubes schwankend, dem Lager zueilten. Man hatte den reisigen Zug auf der Landstraße natürlich längst bemerkt, aber man wandte ihm weiter keine Aufmerksamkeit zu. Es waren eben Kriegsleute, die nach Bauske ritten und es eiliger hatten als die Landsknechte.

Die Frau an der Spitze der Thedingsheimschen Schar lenkte nun von der Heerstraße ab und ritt, sobald man die Wiese erreicht hatte, gerade auf das Lager zu. In diesem wurde man nun doch unruhig. Die Dirnen der Landsknechte liefen auf die Wagenburg zu, blieben vor derselben stehen und blickten halb ängstlich, halb neugierig auf die Reiter, die Landsknechte griffen nach ihren Waffen und rotteten sich zu einem Haufen zusammen, die Bauern erhoben ein jammervolles Geschrei.

„Was thut ihr hier?" herrschte der von Kongota den Landsknechten zu, sobald er den Haufen erreicht hatte.

Die Landsknechte maßen die Junker mit zornigen Blicken. „Was geht das euch an? Was ist denn das für ein Haus? Was will denn der?" erscholl es aus dem Kreise.

„Ist ein Ehrlicher von Adel unter euch?" rief der Herr von Thedingsheim. „Der trete vor!"

Die zunächst Stehenden wandten sich um, im Haufen entstand eine Bewegung, und ein junger Mann mit einem durch ein ruchloses Leben frühzeitig verwüsteten Antlitz drängte sich, einen mächtigen Zweihänder in der Hand, hervor. „Wer sucht hier einen von Adel?" rief er trotzig. „Hier steht einer von Gollingen aus dem Lande Geldern."

Der von Kongota maß sein Gegenüber mit einem verächtlichen Blick, hielt aber an sich. Aus dem Wäldchen eilten jetzt die Landsknechte massenweise herbei, auch der Troß strömte zu und drängte sich an die Pferde heran. Die Livländer waren elf Junker und einige dreißig Diener. Auf jeden von ihnen kamen zehn Landsknechte.

„Wo ist Euer Hauptmann und wie heißt er?" fragte Thedingsheim.

„Wie er heißt, könnt Ihr ihn selber fragen," war die trotzige Antwort. „Ihr werdet ihn auf dem Bauernhof finden."

„Wo ist der Bauernhof?"

„Dort, gleich hinter dem Holz. Seid ohne Sorge, wir werden Euch geleiten."

Die Reiter setzten sich, gefolgt von dem ganzen Schwarm, in Bewegung. „Teufel!" flüsterte Werner Thedingsheim Eilhard zu, „wenn sie uns hier zwischen den Bäumen angreifen, sind wir verloren."

Mitten im Wäldchen befand sich eine Lichtung, auf der eine junge Ulme stand. An diese Ulme war, als das Pferd des Herrn von Kongola die Lichtung betrat, ein Bauer gebunden, und ein Landsknecht ließ, ohne sich um die Herankommenden irgend zu kümmern, von Zeit zu Zeit eine schwere Lederpeitsche auf den entblößten Rücken des Armen niederfallen. Dem Junker riß die Geduld. Er sprengte auf den Peiniger ein und schlug ihn mit einem furchtbaren Faustschlag zu Boden. Im nächsten Augenblick blitzte der Zweihänder des von Gollingen in der Luft, aber ein schneller Schwerthieb Jürgen Nötkens machte den Mann und das Schwert zu gleicher Zeit zu Boden sinken. Ein riesiger Landsknecht, der den Gefallenen rächen wollte, wurde von Reinhold Thebingsheim durch den Kopf geschossen. Im nächsten Augenblick entstand ein ungeheurer Tumult. Die Rohre krachten, die Spieße und Schwerter klirrten, das „her! her!" der Landsknechte schallte laut durch den Wald. Eilhard hatte die Lichtung noch nicht erreicht, als er sich bereits von allen Seiten angefallen sah. Glücklicherweise hinderte das dichte Unterholz die Landsknechte am Gebrauch ihrer langen Waffen, so daß der Jüngling ein paar seiner Gegner niederschlagen konnte; dann aber durchstach ein Bube mit einem Spieß Eilhards Hengst und in dem Augenblick, als das Tier zusammenbrach, traf ihn ein so furchtbarer Hieb auf den Kopf, daß das Schwert durch die Stahlhaube drang und den Junker niederstürzen machte.

Die Livländer wären der Ungunst des Ortes und der Übermacht bis auf den letzten Mann erlegen, wenn es nicht endlich dem Hauptmann, dem Lieutenant und dem Fähnrich des Fähnleins, die mittlerweile herbeigeeilt waren, gelungen wäre, die wütenden Landsknechte zum Einstellen des Kampfes zu bewegen. Endlich gelang es, aber die Spieße der Landsknechte bildeten jetzt einen undurchdringlichen Wall um die kleine Schar, von der viele bereits ihre Pferde verloren hatten.

„Edler Herr," sprach der Hauptmann jetzt, „was, in drei Teufels Namen, läßt Euch, die Ihr doch gleich uns in des Herrn Herrmeisters Dienst nach der Bauschkenburg zieht, unter uns fromme Landsknechte fallen, wie einen tollen Wolf unter die Heumäher?"

„Du Schurke," schrie Jürgen Nötken, „ich will dich Höflichkeit lehren." Er stürzte sich auf den Hauptmann, aber der von Kongota, der zu Fuß war und aus einer Kopfwunde blutete, hielt ihn noch rechtzeitig fest. „Wenn ihr in des Herrmeisters Dienst steht," rief er durch das Wutgebrüll der Landsknechte hindurch, „so werdet ihr wissen, daß ihr hier nicht plündern dürft wie in Feindesland."

„Schlagt die tollen Hunde tot! In die Spieße mit ihnen!" schrieen die Landsknechte. Auch die letzten Livländer waren nun von den Pferden gesprungen und drängten sich in einen dichten Haufen zusammen.

„Seid Ihr des Herrn Herrmeisters Profoß?"

fragte der Hauptmann spöttisch. „Wenn Ihr findet, daß wir wider Recht und Billigkeit mit den Bauern gehandelt haben, so klagt es der Herrschaft und wir werden Euch Rede und Antwort stehen."

„Sollen wir ruhig zusehen, wie ihr die undeutsche Armut hier nach Gefallen quästet und schindet?" rief der von Kongota.

„Ich meine, gestrenger Herr," war die Antwort, „das Quästen und Schinden versteht ihr Junker hier so gut, daß wir, auch wenn wir mit allem Eifer hinter euch herritten, euch darin nimmermehr einholen könnten. So geht wenigstens die gemeine Rede im Reich."

„Ihr sollt das Wort büßen!" rief Thebingsheim. „Seid Ihr ein Ehrlicher von Adel?"

„Nein, du Schelm!" rief der Hauptmann, „aber ich bin ein ehrlicher Kriegsmann und ich will dir deinen Adel in den Rachen hinabstoßen zugleich mit fünf Zoll Stahl, sobald du den Mut hast, dich nach beendetem Krieg zu deiner frechen Rede zu bekennen."

„Wohlgeborener Herr," rief Kaspar Thebingsheim jetzt, „mein Vetter, der Herr von Thebingsheim von Kongota wird Euch seinerzeit Rede stehen, und wollt Ihr Euch lieber an mich, Kaspar Thebingsheim von Ülzen, halten, so ist mir das auch recht; sollt Ihr das aber können, so schafft uns jetzt einen freien Paß durch Eure Landsknechte, denn Ihr werdet einsehen, daß wir ohne einen solchen durch diese Spieße nicht kommen können — ganz zu geschweigen von den

Hakenbüchsen, die jene anderen weisen und großgünstigen Herren da auf uns gerichtet haben. Verdienten die erst ihr Hakengeld an uns, so seid Ihr sonder Zweifel um Euren Waffengang geprellt."

„Liebe Landsknechte," rief der Hauptmann nun, „ihr habt gehört, daß die Junker gelobt haben, sich mir nach beendetem Krieg und erlangter Viktoria zu einem Waffengang zu stellen. Was aber ihr unsinniges, schmähliches Wüten und den vielfältig verübten blutigen und greulichen Totschlag betrifft, so werden sie sich dieserhalb vor der Herrschaft, vor Abel und gemeinen deutschen Kriegsleuten zu verantworten haben. Ihr alle wißt, wie die bösen, arglistigen und schelmischen Bauern uns ohne alle gewordene Veranlassung ganz meuchlings, tückisch und räuberisch überfallen haben, daß wir, wollten wir nicht Leib und Leben lassen, uns unserer Haut wehren mußten. Jetzt aber, wo wir die bäuerische Hinterlist zugleich mit ihren abligen Helfershelfern nach Gebühr heimgeleuchtet haben, laßt uns fürder ziehen, damit wir bei der Herrschaft, den Frommen von Abel und dem gemeinen deutschen Landsknecht wider alle Wegelagerer und Landschäumer, sie seien welchen Standes sie wollen, Hilfe und Beistand finden mögen. Fähnrich, laßt die Fahne fliegen und ihr Spielleute rührt das Spiel!"

Damit wandten die Führer der Landsknechte sich ab und schlugen die Richtung zur Wagenburg ein. Die Landsknechte folgten, indem sie laute Drohungen ausstießen, ihrem Beispiel, und die Livländer sahen sich bald allein auf der Lichtung, von der man die gefallenen oder verwundeten Landsknechte fortgeschleppt hatte.

Sobald der Hauptmann außer Hörweite war, wandte er sich an den Lieutenant. „Lieutenant," sprach er, „nehmt sofort die Fuchsstute mit der Bläjje, das ist das schnellste Tier, das wir haben, und jagt, was die Mähre laufen kann, nach der Baufchlenburg. Ihr reitet erst durch die Furt und seht dann zu auf jenem Ufer, so schnell es geht, vorwärts zu kommen. Sobald Ihr im Lager seid, sucht Ihr Jochim Plate auf und sagt ihm, ich, Evert Slalobt, ließe ihm sagen, wir wären hier zuerst von den Bauern meuchlings angegriffen worden, und gleich darauf wären die Junker an uns gesprengt. Die dürften wohl beide an demselben Wagen gezogen haben. Dann eilt Ihr zu Jürgen Frameknecht und bringt ihn und sein Fähnlein auch auf die Beine. Ich kenne ihn, er kann die Junker nicht leiden und er wird einen Lärm vollführen, darüber den Herren die Ohren gellen werden. Macht flink und laßt, wenn Ihr den Teufel malt, das Schwarz nicht zu Hause."

Die Junker waren unterdessen in einer übeln Lage, denn sieben von ihren Pferden waren erstochen, fünf andere so zugerichtet, daß sie keinen Reiter mehr tragen konnten. Außerdem war es sehr fraglich, ob Eilhard, Frombold Thebingsheim und Jürgen von Husum, ein Diener, die alle drei schwer verwundet waren, auch nur im Wagen fortgeschafft werden

konnten. Zwei andere Diener lagen tot auf dem Kampfplatz, und mehrere der Junker hatten leichte Verwundungen. „Wir haben den Gänsetötern doch zu wenig Kourage zugetraut," meinte Kaspar Thebings=
heim, während er den Vetter von Kongota kunst=
gerecht verband. „Sie waren freilich zehn gegen einen, und ein Reiter im Walde ist wie ein Fisch auf dem Trocknen."

Der von Kongota biß die Zähne aufeinander. „Sie sollen an diesen Tag denken," schwur er.

Jürgen Plötken war unterdessen um Eilhard be=
schäftigt und bemühte sich im Verein mit zwei sach=
kundigen Dienern das noch immer rinnende Blut zu stillen. Die letzteren versicherten übereinstimmend, daß der Junker mit dem Leben davonkommen würde. Die Sturmkappe hatte die Wucht des Hiebes so ge=
mildert, daß der Schädel nur angeschlagen war. „Wir hätten die Kerle ihr Wesen treiben lassen sollen," sagte der Diener. „Ein Landsknecht und ein Bäckerschwein, woll'n allezeit gemästet sein, dieweil sie niemals wissen nicht, wann man sie würgt und niedersticht. Ich sage Euch, Junker, der Landsknecht läßt vom Plündern so wenig wie die Katze vom Mausen. Das läßt nichts liegen als Mühlsteine und glühend Eisen."

Kaspar Thebingsheim schnitt jetzt die Stricke ent=
zwei, mit denen der Bauer noch immer an die Ulme gefesselt war. Der Mann fiel ihm zu Füßen und umklammerte seine Kniee. „Warum schlug er dich?" fragte der Junker.

„Sie wollten Geld haben, gnädiger Herr," war die Antwort. „Ich schwur ihnen, daß ich alles, was ich besaß, in der Lade hatte, die sie unter dem Heu auf dem Boden fanden, aber sie glaubten mir nicht."

„Wir können jetzt schon um der Gewundeten willen nicht fort," rief der von Rougota. „Bringt die in das Haus des Bauern und bettet sie, so gut ihr könnt. Walter und Fabian, ihr nehmt Fritz und den Schmarrhans mit und reitet, was die Pferde laufen können, ins Lager. Erzählt dem von Versohn, wie es uns hier ergangen ist und schickt so schnell ihr könnt einen Arzt oder einen Bader. Du, Werner, geleitest die Troßwagen hierher, damit wir wenigstens etwas in den Leib bekommen."

Man suchte nun den Bauernhof auf, den die Landsknechte eben geräumt hatten. Auf dem Hof lag es wie Schnee, das waren die Federn der hier gerupften Gänse.

Die Livländer richteten sich auf dem Hof so gut ein, als es gehen wollte, und die Biertonnen auf den herbeischwankenden Troßwagen spendeten reichlich ihr erquickendes Naß. Nach und nach fanden sich auch die zersprengten Bauern wieder zusammen und berichteten mit Entsetzen von dem Treiben der Fremden. Die Verwundeten hatte man in der Bauernstube untergebracht, so daß sie nicht unter der Nachtkühle, die nach dem heißen Tage besonders empfindlich war, zu leiden hatten.

In dem Winkel, der durch Vereinigung von Memel

und Muhs, den Quellflüssen der Semgaller Aa, gebildet wird, lag die feste Bauschkenburg, und vor den Wällen des zu ihr gehörenden Hakelwerks hatte das kleine, nur 7000 Mann zählende Heer der Livländer sein Lager aufgeschlagen. Die Landsknechte, die Soldreiter und die Pflichtverwandten des Ordens einerseits, die Junker aus dem Erzstift und dem Stifte Dorpat anderseits, lagerten hier gesondert. Eine dritte Abteilung bildeten die Undeutschen, die „Bauernschützen".

Als der Lieutenant Evert Slalobts im Lager der Landsknechte eingetroffen war und über die Vorgänge am Nachmittage in seiner Weise Bericht erstattet hatte, erhob sich ein Sturm der Entrüstung, und die Hauptleute mußten alle ihre Beredsamkeit aufbieten, um zu verhindern, daß die Landsknechte über die Junker herfielen. Nicht minder groß war die Empörung bei den Junkern, als die beiden Thebingsheim bei ihnen eintrafen. Auf das Getöse hin eilten die Ordensherren, an ihrer Spitze Christopher von der Leyen herbei, und es gelang ihnen durch Vermittelung Heinrichs von Thebingsheim auf Versöhn hier, und Josephs von Munden dort, wenigstens das äußerste zu verhüten. Beide Teile sollten am folgenden Morgen ihre Vertreter zum Koadjutor schicken und vor ihm und den Ordensgebietigern ihr Recht vertreten. Zugleich sollten je drei Ordensherren mit den entsprechenden Reisigen dem Fähnlein respektive den Thebingsheim entgegengeschickt werden, um sie ungefährdet ins Lager zu bringen.

Der Tumult hatte so lange gewährt, daß der ungeduldige Fürstenberg schon im Begriff war, sich an der Spitze einer buntzusammengerafften Schar ins Lager zu begeben, als Philipp Schall von Bell ihm endlich Bericht über die Vorgänge erstattete.

„So viel ich sehen kann," sprach der Komtur, sobald er mit dem Koadjutor allein war, „liegen die Dinge so, daß der Fuchs es nicht fertig gebracht hat, die Gänse ruhig am Wege weiden zu sehen. Der Wolf aber hat gemeint, daß er allein ein Recht auf sie habe, und hat Reinefe darüber am Kragen genommen. Nun waren aber der Füchse so viele, daß sie die Wölfe mit blutigem Fell heimschickten. Darüber kommen nun die einen und die anderen zum Löwen. Die Füchse klagen über die Gänse, die den Handel angefangen und über die Wölfe, die ihn verdorben haben; die Wölfe nennen die Füchse Landstreicher, weil sie die Gänse, auf die sie allein ein Recht zu haben glauben, gewürgt."

„Großer Gott," rief Fürstenberg, „Ihr habt gut scherzen. Aber was soll ich morgen thun? Entscheide ich für die Thedingsheim, so meutert der gemeine Landsknecht, halte ich es mit den Landsknechten, so habe ich die Thedingsheim, die Rosen und den ganzen Adel auf dem Halse. Kommt das dem Polen zu Ohren — und wie soll es ihm verborgen bleiben, — so verlangt er, — Gott gebe — daß ich den verdammten Pfaffen auf dem eigenen Rücken wieder nach Kokenhusen tragen soll."

„Gnädiger Herr," versetzte Schall von Bell,

„Ihr wißt, daß ich kein Freund der Thedingsheim bin. Diese Stiere sind längst zu groß geworden für unseren Stall und von den aufsässigen Junkern sind sie die schlimmsten. Könnten wir jetzt den Bullen bei den Hörnern fassen, weiß Gott, niemand thäte es lieber als ich. Aber es geht nicht, und wir müssen uns fürs erste begnügen, einen neuen Schnitt für sie ins Kerbholz zu machen. Auf der anderen Seite will der Landsknecht angefaßt sein wie ein rohes Ei. Zöge er jetzt davon, so gereichte uns das zu ewigem Schaden. Die Euch feindliche Partei segelte dann mit dem Winde und Seine Königliche Majestät führte das Steuerruder. Ihr aber könntet den Erzbischof fußfällig um Verzeihung bitten, daß Ihr ihm das Verräterhandwerk so gründlich gelegt habt."

„Nimmermehr," brauste Fürstenberg auf.

„Nun, dann bleibt uns nichts übrig, als die Suppe so langsam zu kochen, bis der eine oder der andere den Geschmack daran verloren hat. Erwählt Ausschüsse aus Leuten, die nicht da sind, ernennt Schiedsrichter, die weit weg wohnen oder plötzlich verreisen müssen. Kommt es zum Schlagen, so helfen Euch vielleicht die polnischen Säbel aus aller Not, indem sie den Hauptmann oder den Junker unter die Erde bringen."

Fürstenberg ging mit großen Schritten im Zimmer auf und nieder. „Ihr ratet gut," sagte er, „das ist in der That der einzige Ausweg."

Der Herrmeister verfuhr nach dem Rezept des

Komtur. Er versprach den Landsknechten wie den Junkern strenges Gericht, er empfing den Hauptmann wie Bruno von Thebingsheim. Unglücklicherweise waren gerade die Ordensherren, die in diesem Fall die Untersuchung führen sollten, zur Zeit krank und mußten später in unaufschiebbaren Geschäften des Ordens verreisen. Genug, die Sache kam nicht aus der Stelle.

Jürgen Thebingsheim von Randen war auf die Nachricht von Eilhards Verwundung sogleich zu ihm geeilt. „Das kommt davon," sagte er zu Jürgen Nötken, „wenn man sich in Dinge mischt, die einen nichts angehen. Es hätte gar nichts geschadet, wenn die Undeutschen gemerkt hätten, daß auch andere Leute mit der Peitsche in der Hand fahren. Übrigens beneide ich den Elert. Der Junge hat Glück und kommt selbst aus diesem Speckkriege mit einer Schmarre nach Hause, während wir anderen unsere Tage verbringen wie Vogelscheuchen im Korn und nichts heimbringen werden als leere Beutel und allenfalls polnische Läuse. Ihr habt euch übrigens brav gehalten, und Bruno lobt euch wie der Bäcker die Brezeln. Ich wünschte, ich könnte ihn auch loben, aber dieses Lob geht mir wider die Haare, denn er ist schuld, daß um der undeutschen Rüpel willen edles Blut von zusammengelaufenem Gesindel vergossen worden ist. Aber so ist er immer, weichmütig wie ein Mädchen und unbesonnen wie ein solches. Ja, wenn es sich um unsere Bauern, oder wenigstens um die eines Junkers gehandelt hätte! Aber der ersten besten Schelme wegen sich und uns allen die Landsknechte auf den Hals zu ziehen! Na, ihr könnt mit dem Handel zufrieden sein! Die Mädchen werden euch zu Hause ansehen, wie St. Georg den Drachentöter!"

Am folgenden Tage traf Herr Kruse ein und nahm den Sohn mit sich nach Riga, wo er im Hause des Gastfreundes die aufopferndste Pflege fand. Die Wunde erwies sich als nicht gefährlich, aber sie erforderte immerhin, daß Eilhard allen Strapazen aus dem Wege ging. Noch ehe das Heer vor Bauske infolge der Vermittelung deutscher Fürsten und Städte in die Winterquartiere entlassen wurde, zog er in Begleitung des treuen Hans in langsamen Tagemärschen nach Hause.

Elftes Kapitel.

Es war nachmittags. Die Ernte war in vollem Gange, und ein schwerbeladener Wagen nach dem anderen schwankte durch das Thor von Kelles. Die Frauen saßen mit ihren Handarbeiten unter der Linde und erfreuten sich an der warmen Luft und dem blauen Himmel. Da ritt einer der Krusschen Diener auf den Hof und überbrachte Frau Katharina ein Schreiben ihres Gemahls. "Wie geht es den Herren?" fragte sie, indem sie sich anschickte den Brief zu öffnen. "Es ist doch nicht etwa zum Schlagen gekommen?"

"Nein," erwiderte der Diener, aber die Frauen erkannten jetzt, daß er eine schlimme Kunde brachte. Während Frau Katharina den Brief durchflog, bestürmten die Ahne und die jungen Mädchen den Diener mit Fragen. Allmählich erfuhr man dann, wie alles so gekommen war und daß Eilhard bereits in den nächsten Tagen den Heimweg antreten sollte. Damit kehrte denn in aller Wangen das Rot wieder zurück. "Mein tapferer Junge," sagte Frau Katharina mit Stolz, "er ist natürlich in der ersten Reihe gewesen." "Gott sei gedankt, der unser Kind vom

Rande des Grabes noch zurückgerissen hat," rief die Ahne. „Daß er sich in der Feldschlacht nicht zurückhalten würde, wußte ich wohl." Anna sprach kein Wort, aber aus ihrem Herzen stieg ein heißes Dankgebet empor. So hatten ihre Kasteiungen doch geholfen. Barbaras erster Gedanke war: „Das muß ich Bonnius erzählen. Der Elert ist denn doch nicht ein solcher Duckmäuser wie er glaubt."

Bonnius war auf einen der neuen Bauernhöfe gefahren und hatte, wie er nicht selten that, die kleinen Mädchen mitgenommen. Barbara mußte zwei endlose Stunden warten, bis das Wägelchen endlich ihn und die Kinder brachte. Dann aber eilte sie alsogleich auf ihn zu. „Es ist ein Brief da vom Oheim," rief sie. „Elert hat gefochten wie ein Löwe und hat eine schwere Kopfwunde davongetragen. Man hat ihn nach Riga gebracht, und dort haben ihn die Ärzte wieder gesund gemacht, so daß er bald heimkehren wird."

Bonnius hob erst das eine kleine Mädchen und dann das andere aus dem Wagen. „Ist es denn zu einer Schlacht gekommen?" fragte er.

„Ja — nein, d. h. nicht mit den Polen, aber die Herren sind mit den Landsknechten aneinander geraten, und dabei ist Elert verwundet worden."

„Also bei einer Rauferei!"

Barbara ließ den Kopf hängen. „Aber er hat sehr tapfer gekämpft," sagte sie nach einer Weile, indem sie wieder aufblickte.

Bonnius lächelte. „Ja, wenn das Bier im Manne ist, dann wird auch das Lamm zum Wolf," erwiderte er.

„Das trunkene Raufen verstehen die hiesigen Junker aus dem Grunde, aber eine Feldschlacht, — das ist ein ander Ding."

Barbara blickte mit leicht gerunzelter Stirn zu Boden. Bonnius hatte gewiß recht, es war ein Raufhandel gewesen, wie er unter Trunkenen alle Tage vorkommt. Mit dem Elert war aber auch in der That ganz und gar kein Staat zu machen.

„Mit den Landsknechten ist schlecht Kirschen essen," fuhr Bonnius fort, „bei denen ist Stahl wohlfeil wie Brombeeren und sie fragen nichts darnach, ob ihr Spieß durch eines Edelmannes oder eines Bauern Brust fährt."

Die kleinen Mädchen verlangten jetzt so stürmisch Auskunft, daß Bonnius sich ihnen widmen mußte.

Barbara hörte schweigend zu. Sie war in innerster Seele verstimmt. Ja, diese Junker! Wie das prahlte, so lange es auf der Bierbank saß, während sie doch, sobald es zu einem Kriege kommen sollte, immer wieder zurückwichen. Wenn Elert so tapfer gewesen war, war das gewiß nur geschehen, weil er geglaubt hatte, die Landsknechte würden gegen ihn, den Sohn des Stiftsvogts von Dorpat nicht Ernst machen. Es war nur gut, daß er sich geirrt hatte und daß es auch unter einfachen Leuten Männer gab, die sich von denen vom Adel nichts gefallen ließen. Wenn Bonnius hätte ein Kriegsmann werden dürfen, so hätte es vor ihm auch kein Ansehen der Person gegeben. Ja, das ablige Blut thut es nicht allein, es muß auch ein ablig Gemüt dazu kommen.

Jetzt kam auch Frau Katharina auf die Gruppe zu. „Hat Bärbchen Euch erzählt?" fragte sie. „Elert hat gefochten wie ein Löwe und ist am Kopf schwer verwundet worden; jetzt aber ist er wieder wohlauf und kommt heim."

„Wie ist denn das zugegangen, gnädige Frau?"

„Da unten in Semgallen liegt eine Burg," berichtete Frau Katharina, „die heißt die Annenburg. Bei der haben die von Thedingsheim über Mittag gehalten. Wie sie nun wieder aufgebrochen, da haben sie gesehen, wie Landsknechte in den Höfen der Undeutschen plünderten. Das haben sie ihnen gewehrt und darüber sind sie in einem Walde aneinander gekommen. Einer hat Elerts Hengst totgestochen und ein anderer ihm mit dem Zweihänder auf den Kopf geschlagen, daß der Hieb noch durch die Sturmhaube gedrungen ist."

„Das war gleich nach dem Aufbruch vom Mittagsmahl?"

„Wie so? Was meint Ihr?"

„Ich frage nur so."

„Die Junker," fuhr Frau Katharina fort, „sind böse ins Gedränge geraten, denn auf jeden von ihnen sind zehn Landsknechte gekommen. Zum Glück hat sich endlich ihr Obrister ins Mittel gelegt und ist mit dem Fähnlein abgezogen."

„Das war ein Glück, gnädige Frau," sagte Bonnius, „denn die Landsknechte sind, wenn sie Ernst machen, gar gefährliche Kriegsleute." Bonnius blickte bei diesen Worten auf Barbara, und sie sah auf ihn.

Beim Abendessen erzählte Bonnius einen Schwank von den Landsknechten. „In einer Schlacht," berichtete er, „waren viele Landsknechte umgekommen. Da sie nun meinten, daß sie doch zur Hölle müßten, thaten sie sich nach Kriegsbrauch zusammen und liefen hinunter. Wie der Teufel sie also anrücken sieht, erschrickt er, schlägt das Höllenthor zu und läßt keinen hinein. ‚Liebe Gesellen,' spricht der Thürhüter, ‚weicht von hinnen, hier können wir euch nicht brauchen, denn ihr schlagt uns alle Kessel und Pfannen kurz und klein. Zieht hinauf in den Himmel zu den Gerechten.' Damit zeigt er ihnen den Weg nach oben. Wie sie nun vor die Himmelsthür kommen, spricht St. Petrus: ‚Geht bald weg. Ihr seid Männer des Blutes und ihr könnt nirgend Ruhe halten. Was sollt ihr hier in der ewigen Ruhe?' Spricht der Gemeinweibel: ‚Wo sollen wir denn aber hin? Da unten nehmen sie uns auch nicht auf.' Spricht St. Peter: ‚Fort von hier, ihr seid Lästerer und Gottesschänder!' ‚Was?' schreit der Gemeinweibel, ‚hat der Fuchs dem Wolf des Raubes wegen Vorwürfe zu machen? Hast du denn nicht auch deinen Herrn dreimal fälschlich verleugnet?' Da wird St. Peter schamrot und spricht: ‚Schreit doch nicht so, daß jedermann euch hören kann. Tretet nur ein, lieben Freunde und macht es euch bequem.'

So erzählte Bonnius und er knüpfte daran noch viel Interessantes von der Landsknechte Leben und ihren Bräuchen. Dann sang er auch mit seiner wohllautenden Stimme ein paar Landsknechtlieder. Barbara lauschte den Erzählungen wie den Liedern mit glühenden Wangen. Es war doch ein Jammer, daß dieser Mann nicht hatte ein Kriegsmann werden können! „Kennt Ihr auch noch andere Lieder?" fragte Barbara.

Da sang Bonnius dieses Lied:

> O du mein herzallerliebster Schatz,
> Ein Brünnlein hör' ich springen.
> Wer einen lieben Buhlen hat,
> Mag wohl mit Freuden singen.
>
> O du mein herzallerliebster Schatz,
> Ein Blümlein seh' ich sprießen.
> Wer einen lieben Buhlen hat,
> Der mag sein wohl genießen.
>
> O du mein herzallerliebster Schatz,
> Nun geht es an ein Scheiden.
> Wer einen lieben Buhlen hat,
> Viel Kummer muß er leiden.
>
> O du mein herzallerliebster Schatz,
> Sie haben dich erschlagen.
> Wer einen lieben Buhlen hat,
> Der muß wohl ewig klagen.
>
> O du mein herzallerliebster Schatz,
> Ein Glöcklein, das thut klingen.
> Wer einen lieben Buhlen hat,
> Das Herz muß ihm zerspringen.
>
> O du mein herzallerliebster Schatz,
> Ein Blümlein that verderben.
> Wer einen lieben Buhlen hat,
> Mit Freuden mag er sterben.

Die Melodie und die Worte des Liedes prägten sich Barbara für alle Zeit ein. „Wie das seltsam ist," dachte sie, als sie am Abend nach ihrer Gewohnheil halbausgekleidet auf ihrem Bett saß, „wie das seltsam ist, daß in den Liedern auf das Lieben immer gleich das Scheiden folgt und das Verderben. Aber freilich:

Wer einen lieben Buhlen hat, Mit Freuden mag er sterben."

Ein seltsames Gefühl, gemischt aus Grauen und Wonne, durchzog Barbaras Seele und Leib.

Wer einen lieben Buhlen hat,
Mit Freuden mag er sterben.

Nach einer Woche saß auch Eilhard unter der Linde. Er sah krank und elend aus. Die Wunde hatte ihn doch sehr angegriffen, und die Kopfschmerzen stellten sich viel häufiger als bisher ein. Anfangs kam Bonnius oft zu ihm und suchte ihn zu zerstreuen, aber als er zu bemerken glaubte, daß seine muntere Art Eilhard nicht wohlthat, hielt er sich zurück. Barbara vermied jedes Alleinsein mit dem Vetter ängstlich und regte ihn dadurch nicht wenig auf, aber Eilhard ließ sich in seiner verschlossenen Art nichts merken. Nur Anna gegenüber, die ihn mit der größten Treue pflegte, gab er der Unruhe, die ihn erfüllte, mitunter Worte, und beide zerbrachen sich vergeblich den Kopf über das veränderte Wesen des früher so offenen Mädchens. Die Ahne und Frau Katharina lächelten zu der Veränderung, die sich vor ihren Augen vollzog. „Ein liebendes Mädchen will eben umworben sein," dachten sie. Barbaras Zurückhaltung war ihnen um so lieber, als sie dieselbe von dem lebhaften Mädchen nicht erwartet hatten.

Eilhards Wunde wurde nicht besser, sondern schlimmer, und der berühmte Dr. Bellermann in Dorpat erklärte schließlich, daß er für nichts stehe, wenn er den Kranken nicht täglich sehen könne. So siedelte denn Frau Katharina, noch ehe der erste Schnee fiel, mit der Familie nach Dorpat über. Eilhards Krankheit und der Umstand, daß der Stiftsvogt fast immer verreist war, bewirkten, daß das Krusesche Haus sich an dem bunten geselligen Treiben in diesem Winter fast gar nicht beteiligte, so daß die jungen Herren vom Adel die Empfindungen, die sie für die jungen Mädchen desselben hegten, meist nur dadurch an den Tag legen konnten, daß sie in ihren prächtigsten Kleidern und auf ihren stattlichsten Hengsten möglichst oft die Breite Straße entlang ritten oder nach Schluß des Gottesdienstes den Hut mit besonderer Grazie schwenkten. Irgend welcher Auszeichnung konnte sich freilich keiner von ihnen rühmen. Auch das heftigste Pferdegetrampel auf der Straße rief niemand ans Fenster des Kruseschen Hauses und wenn die Jungfrauen aus der Kirche kamen, schlugen sie die Augen nicht auf. „Das Kellessche Haus ist das reine Kloster," erklärte Heinrich Hahn einmal, „und das junge Frauenzimmer besteht aus lauter Nonnen. Anneken Nölken steht das noch allenfalls zu Gesicht, aber daß Bärbchen Thebingsheim einmal über die Gasse gehen würde, als ob jeder Pflasterstein ein Spiegel sei, hätte ich meiner Treu nicht gedacht." „Gott verdamme mich," stimmte Wolmar Wrangel zu, „wenn ich es je für möglich gehalten hätte, daß dieser Sommervogel zu einem treuen Hunde werden könnte, der nicht vom Stuhle seines Herrn geht." „Laßt es gut sein," meinte Elert Dücker, „wenn eine mit solchen blonden Zöpfen erst einmal Feuer fängt, dann ist auch kein Löschen mehr. Im übrigen gönne ich es dem Elerl. Er war doch immer ein wackerer Junge und wenn er auch vor einer Klappkanne Fersengeld gibt, hat er sich vor dem Feinde doch ritterlich gehalten."

Der von Hahn zuckte die Achseln. „Er war immer ein Duckmäuser," erwiderte er, „und wer mir gesagt hätte, daß Bärbchen Thebingsheim jemals mit einem Buhlen zufrieden sein würde, der drei Tage in der Woche an der Kopfpein barnieberliegt, den hätte ich einen Narren geheißen. Die brauchte, meinte ich, einen Junker, der beim Tanze drei Hände höher springt, als selbst ihr Bruder, dem das Schwert locker in der Scheide sitzt und der so wenig in eine leere Klappkanne sehen mag, wie ein Hund. Aber lerne einer die Weiber kennen! Die eine thut, als ob sie, sobald sie aus dem Stalle kommt, alles kurz und klein schlagen würde, ist sie aber erst unterm Sattel, so kann sie ein Kind reiten; die andere steht ba wie ein Lamm und wirft doch nachher den Reiter über den Hals, und geht durch, daß die Funken stieben."

Es war in der zweiten Hälfte des November. Den ganzen Tag über hatte es zugleich geschneit und geregnet. Gegen Abend wurde der Wind zum Sturme und fuhr sausend über die Stadt weg. Die Schilde über den Thüren der Handwerker ächzten und kreischten, die Fenster klirrten von Zeit zu Zeit in den Rahmen, in den Schornsteinen brauste es. Im Saale der Krusesche Wohnung saß Eilhard vor dem großen Ofen, in dem mächtige Holzscheite brannten und blickte, den Kopf an die Lehne des Stuhles gedrückt, gedankenvoll in das Feuer. Neben ihm hatten um einen runden Tisch die Frauen und Anna mit ihren Arbeiten Platz genommen, während Barbara den kleinen Mädchen in der halbdunklen Ecke halblaut ein Märchen erzählte.

"Seltsam," dachte Eilhard, "als ich zurückkam, hatte ich so viele Pläne. Ich wollte dem Vater in der Wirtschaft zur Hand gehen, dazu Sorge tragen, daß Gottes Wort überall lauter und rein verkündet, dem päpstlichen Greuel gewehrt, die Jugend gelehrt würde. Aus dem allen ist über dem ewigen Jubeln rein nichts geworden. Nun, da die Gäste ausbleiben, fehlt wieder die Kraft. Ja, wozu bin ich denn gut, und wie soll Bärbchen einen Mann lieb haben, der zu nichts gut ist! Sie mag mich nicht, aber wen mag sie denn? Keinen? Nimmermehr, sonst wäre sie nicht so verändert. Aber wen liebt sie? Werner Thebingsheim? Nein. Konrad Vietinghof? Auch nicht. Heinrich Taube? Nein. Reinhold Stahlbiter? Nein. Mich mag sie nicht leiden. Wie soll sie auch! Wenn ich wenigstens wäre, wie Jürgen Nötken. Glücklicher Jürgen, du kannst mit dem Vater reiten, ich aber hocke hier, wie ein zerschossener Vogel, während er sich für den gemeinen Nutzen zu Schanden reitet. Was sie nur in Wenden ausmachen werden! Ich sehe es kommen, der Vater wird mit Jürgen nach der Moskau ziehen, und ich werde daheim bleiben mit den Weibern wie ein Knabe."

Eilhard stöhnte laut. Anna sprang schnell auf. „Kann ich dir helfen, Elert?" fragte sie.

Eilhard schüttelte den Kopf.

„Soll Anna dir vorlesen, Elert?" fragte Frau Katharina. „Aus der h. Schrift?"

Eilhard nickte.

Anna las vor. Es war die Stelle von dem vergrabenen Pfunde. „Großer Gott," dachte Eilhard, „wenn ich nun dahin fahre in meinen Sünden und du fragst mich, was ich mit meinem Pfunde gethan habe?"

„Anna, bitte, höre auf."

Anna schlug das Buch zu.

In dem Märchen, daß Barbara in ihrer Ecke den Kindern erzählte, war mehrfach von einem Stein die Rede. „Wie du komisch sprichst," sagte Christinchen; „du sagst immer Stein statt Schlein, ganz wie Bonnius."

„Für heute ist's genug," erwiderte Barbara, stand auf und ging an den Tisch zu den übrigen. „Was ist heute für ein Wochentag?" fragte sie.

„Dienstag, Bärbchen."

„Wirklich erst Dienstag, Ahne?"

Am Sonnabend kam Bonnius zur Stadt. Dann hörte man doch wieder einmal fröhliches Lachen.

Barbara setzte sich an die Eilhard entgegengesetzte Seite des Tisches.

Um den Kranken zu zerstreuen, begann die Ahne

von ihrer Jugend zu erzählen. Alle kannten diese
Erzählungen schon, aber man hörte sie gern immer
wieder. Mit den Ürküllschen Mädchen war damals
Grethelen Risbiter erzogen worden, ein überaus
munteres junges Ding, von der die Ahne manchen
lustigen Streich zu erzählen wußte. „Armes Gre=
thelen," schloß sie, „wo magst du deinen blonden
Kopf, in dem soviel lustige Einfälle steckten, zur ewigen
Ruhe niedergelegt haben!"

„Was wurde aus Grethelen, Ahne?" fragte Eil=
hard. Er kannte die Antwort auf diese Frage längst
und that sie ganz mechanisch, nur um die Ahne zu
veranlassen, weiter zu sprechen.

„Das arme Grethelen," sagte die Ahne. „Auf ihres
Vaters Hof war ein Schreiber. Den gewann sie lieb
und ging mit ihm davon. Die Risbiters waren
außer sich über die Schande, und der ganze Adel
fahndete nach dem Schelm und dem Mädchen, aber
man hat sie nicht eingefangen."

Barbara hatte diese Geschichte oft gehört, ohne
sich sonderlich viel dabei zu denken, heute aber wirkte
sie auf sie wie ein Blitzstrahl, der dem Wanderer
den Abgrund zeigt, auf den er zuschreitet. Großer
Gott, ein Fräulein konnte einen Schreiber lieb ge=
winnen! Sie, Barbara Thedingsheim liebte einen
Schreiber! Was sollte daraus werden?

„Es war ein Glück, daß man sie nicht fing," fuhr
die Ahne fort. „Die Risbiters hätten beide nieder=
gestochen, ihn und sie."

Alle schwiegen eine Weile. „Die Dirne!" sagte Eilhard laut.

Barbara warf ihm einen haßerfüllten Blick zu. Wie wagte er es, so über ein armes Mädchen zu urteilen, das doch nichts gethan hatte, als daß es um seiner Liebe willen alles hingab, was ihm teuer war auf Erden. Um Elerts willen würde das freilich keine thun.

Das Holz im Ofen knisterte und zischte. Die Funken sprühten, der Sturm trieb eine Wolke Rauch ins Zimmer.

„Bärbchen," bat Eilhard, „erzähle doch auch uns das Märchen, das du vorhin den Kindern vortrugst!"

„Nein," erwiderte Barbara hart.

Eilhard blickte sie erschreckt an. Das, was ihm da aus ihren Augen entgegenblitzte, war unverkennbar Haß, bitterer Haß! Womit hatte er den verdient?

„Du könntest gegen Eilhard freundlicher sein, Bärbchen," bemerkte Frau Katharina unwillig. „Wenn du auch seine Bitte nicht erfüllen willst, so brauchst du ihn deshalb noch nicht so anzufahren."

Es herrschte ein peinliches Schweigen. Man hörte, wie die Hausthüre geöffnet und vom Sturmwind wieder zugeschlagen wurde. Feste Tritte kamen die Treppe herauf, dann trat Jürgen Thebingsheim ins Zimmer.

„Brrr!" sagte er, „das ist ein Sturm draußen, als ob das ganze Nest weggeblasen werden sollte. Nun, wie geht es Elert? Kannst nicht zu Kräften kommen? Na, laß nur erst den Frühling wieder im Lande sein, dann werden die Blumen schon sprießen."

Der von Randen nahm, nachdem er die Anwesenden begrüßt hatte, vor dem Feuer Platz. „Wovon spracht ihr?" fragte er.

„Die Ahne erzählte uns von Grethefen Risbiter," sagte Christinchen. Die Kleine hatte die Erzählung zum erstenmal wenigstens einigermaßen begriffen und ihre Phantasie war von ihr erfüllt.

„Das ist eine alte Geschichte," meinte der von Randen. „Gleich zu gleich gesellt sich gern. Der Adel von der Frau von Risbiter Geschlecht war, glaube ich, jünger als meine alten Stiefel an der Wand. Daran mögen auch die Söhne gedacht haben. Wäre es anders, sie hätten nicht geruht, bis sie die beiden fingen und den Schelm an den Baum, die Metze aber ins Wasser brachten."

„Laß es gut sein, Jürgen," bemerkte die Ahne, „die Risbiters brachten damals das ganze Land in Bewegung."

Der von Randen zuckte die Achseln. „Ich hätte sie gefunden. Merke es dir, Bärbchen, wenn du auf solche Gedanken kämst, ich würde dich finden und wenn du dich unter der Erde verstecktest."

„In diesem Punkt kannst du ruhig sein," erwiderte Frau Katharina.

„Na, wer weiß, Muhme," scherzte der von Randen. „Euer Bossius, oder wie der Kerl sonst heißt, ist ja ein höchst schmucker Gesell, und Ihr haltet ihn überdies wie einen Junker."

Barbara klopfte das Herz zum Zerspringen. Sie fühlte, daß aller Blicke auf sie gerichtet waren. Um keinen Preis durfte auch nur einer, auch nur vorübergehend mißtrauisch werden. Großer Gott, sie waren imstande ihn auf den bloßen Verdacht hin niederzustoßen.

„Das sind deiner ganz würdige Späße, Jürgen," erwiderte sie. „Erwäge doch lieber gleich, was du thun würdest, wenn ich mit Hans davon liefe. Ein hübscher Scherz für zwei Thebingsheimsche Geschwister."

In Eilhard war in der That blitzschnell ein Verdacht aufgetaucht, aber Barbaras Antwort beschämte ihn. „Du mußt Jürgen nicht zürnen," sagte er, „gerade, weil so etwas unmöglich ist, kann man darüber im Scherz reden."

Auch der Bruder lenkte ein. „Ich habe dich nicht kränken wollen," sagte er. „Du wirst nicht glauben, daß ich im Ernst fürchtete, meines Vaters Tochter könnte einen schlechten Gesellen lieb gewinnen."

Barbara schwieg, aber sie blickte den Bruder an, als ob er im Begriff sei, sie auf Tod und Leben anzufallen. Es war ein furchtloser Blick, aber auch ein verzweifelter. So blickt ein Kämpfer, der mit Ehren fallen wird, der aber weiß, daß er verloren ist.

„Es ist nur gut," sagte Eilhard, indem er ins Feuer blickte, „daß seit der Einigung des Adels zu Pernau von anno 1643 dergleichen nicht wieder vorkommen kann."

„Was ist da beschlossen?" fragte Frau Katharina.

„Wenn eine Jungfrau vom Adel sich mit einem

schlechten Gesellen vergeht, sollen beide geschmächtigt werden," war die Antwort.

Eilhard dachte sich bei seinen Worten weiter nichts und er ahnte nicht, daß sie ihn für ewig von dem Mädchen schieden, an dem seine ganze Seele hing. Wie sie ihn haßte! Sie hatte ihn bisher in ihren Gedanken immer den Domherrn genannt, von jetzt ab hieß er „der Dompfaffe".

„Der Oheim ist noch in Wenden?" fragte Jürgen Thebingsheim.

„Ja, er betreibt den Handel mit dem Moskowiter."

Der Junker lächelte. „Der Ohm macht zu viel Wesen von den Reußen," sagte er. „Laß sie doch nur herankommen, wir wollen ihnen schon den Schweinigel aus dem Pelz klopfen."

„Der Vater meint, daß wir das nicht können. Seit der Moskowiter die Tatern von Kasan und Astrachan gefressen, sei er uns zu stark geworden."

„Gefressen mag er sie haben," versetzte der von Randen lächelnd, „aber ob er sie verdaut hat? Ich meine, wenn wir an die Thore der Pleskau klopfen, werden die Tatern einherfahren und den Großfürsten selber beim Kragen nehmen. Ich denke immer, der Reuße dankt Gott, wenn wir ihn in Ruhe lassen. Er wird sich wohl hüten in deutsche Schwerter zu greifen. Hinter uns stehen Kaiser und Reich. Er mag mit den Tatern fertig werden, aber wider uns zu kriegen ist er so geschickt wie der Esel zum Sackpfeifen."

Wieder ging unten die Hausthüre, diesmal mehrmals. Man hörte schwere Stiefel stampfen und

Sporen klirren. „Das sind sie!" riefen Frau Katharina, Anna, die Kinder. Alle eilten hinaus, auch Barbara.

„Es ist beschlossen," sagte Herr Kruse, als man um die Abendtafel saß, „daß eine Gesandtschaft nach der Moskau geht, und ich soll auch reiten. Ich wäre gern davon losgekommen, aber sie gaben mir keine Ruhe. Na, es muß gehen, wie es geht. Gott gebe dem keine Ruhe, der ein Ding besser macht, denn er kann! Mit mir soll Klaus Franke ziehen und Ostern künftigen Jahres sollen wir fort."

„Ich darf mitreiten, Elert," rief Jürgen Mötken.

„Du Glücklicher!" sagte der von Randen. „Nimm nur reichlich Wolle mit, dir die Nase zu verstopfen. Die Kerle stinken abscheulich."

„Du siehst unterdessen in Kelles nach dem Rechten, Elert," sagte der Stiftsvogt freundlich. „Das thut not, denn die Fahrt wird manchen Gulden kosten."

Eilhard nickte dem Vater wortlos zu. Er war tief unglücklich. Wozu war er gut, er, der Schwächling!

„Gott sei Dank, daß du wenigstens bei uns bleibst," rief Anna, „wir Frauen wären sonst ganz verlassen."

„Ja," sagte Frau Katharina. „Das ist so schön, wenn der Sohn mannbar ist. Da bleibt immer noch ein Herr im Hause."

„Ja wohl," dachte Barbara grimmig. „Was dieser Herr wohl anfangen würde ohne den schlechten Gesellen."

In dieser Nacht blieb Barbara zum erstenmal in

ihrem Leben bis zum Morgen wach. Durch die Entdeckung, die sie gemacht und die furchtbare Warnung, die sich unmittelbar an sie geknüpft hatte, war mit einem Schlag aus einem sorglosen Kinde ein schwer bedrängtes Weib geworden. Sie mußte Bonnius entsagen, nicht um ihretwillen, — was lag an ihr — sondern um seinetwillen. Sie kannte ihren Bruder, sie wußte, wie alle die Ihrigen über diese Dinge dachten. Wenn er nur die Hand nach ihr auszustrecken wagte, war er verloren.

Und doch klammerte sich ihre ganze Seele an diesen Mann. War er nicht tausendmal ritterlicher und mannhafter als „der Dompfaffe" und die Junker alle!

Wie hatte sie sich auf den Frühling gefreut, der sie wieder nach Kelles bringen sollte, zu ihm. Nun schrak sie entsetzt zurück vor jenen Tagen, die ganz unerträglich werden mußten.

„O du mein herzallerliebster Schatz,
Ein Brünnlein hör ich springen.
Wer einen lieben Buhlen hat,
Mag wohl mit Freuden singen,"

klang es in ihr wieder. O Gott, daß sie mit Freuden sang, das konnte nimmer geschehen!

Sie mußte ihn fahren lassen, noch ehe sie ihn hielt. O warum war sie Johann von Thebingsheims Tochter und nicht lieber des armseligsten Mannes Kind! Daß Bonnius sie auch dann nicht hätte fahren lassen, des war sie sicher. Sollte sie aber schwächer sein, als er? Was gingen sie die Ihren an? Sie

wollte ja nichts von ihnen. Mochten sie sie ver=
dammen, ihre Habe an sich reißen, ihren Namen
auslöschen, wenn sie sie nur gewähren ließen. Aber
das thaten sie nimmermehr. Nein, sie mußte ent=
sagen, nicht um ihretwillen, sondern um seinetwillen.
Er durfte nicht verbrannt werden!

„O du mein herzallerliebster Schatz,
Nun geht es an ein Scheiden.
Wer einen lieben Buhlen hat,
Viel Kummer muß er leiden."

So sann das unglückliche Mädchen und suchte
vergeblich im Gebet Kraft und Trost. Denn über=
mächtig war die Liebe, die Jürgen von Thebingsheims
Schwester band an den „schlechten Gesellen" von
Nelles.

Zwölftes Kapitel.

Am Montag nach Oculi war alles zum Beginn der Reise nach Moskau bereit. Auf der Straße scharrten die Hengste ungeduldig den Schnee auf und die Klepper vor den Schlitten schüttelten die Köpfe, daß die Schellen klangen, im Hause war nach all' dem geschäftigen Laufen und Rennen die erwartungsvolle Stille eingetreten, die dem Aufbruch unmittelbar vorherzugehen pflegt. Die übrigen Hausgenossen hatten sich im Saal versammelt, der Stiftsvogt und seine Gattin nahmen in dem Zimmer des ersteren Abschied voneinander. „Lebewohl, Katzchen," sagte Herr Kruse, indem er mit der Hand über das Haar seiner Frau fuhr, „lebe wohl und halte den Kopf hoch. Kehre ich nicht wieder, so laß ihn auch nicht sinken. Du weißt, daß du mir alle die Jahre hindurch eine echte, rechte Hausfrau und bis zuletzt so lieb und wert gewesen bist wie in dem Augenblick, da sie uns in die Brautkammer brachten. Unser Leben ist ein Jammerthal, und wem es auf der Wanderschaft so gut ward, daß ihm ein lieber treuer Kumpan so viele Jahre lang zur Seite schritt, der darf nicht klagen, wenn es ans Scheiden geht. Es sind nicht viele, die es einmal so gut hatten."

„Sprich nicht so, Elert," stöhnte Frau Katharina.

Der Stiftsvogt richtete das Haupt seines Weibes mit sanfter Gewalt auf und blickte sie aus seinen großen, hellen Augen, die sie so liebte, liebevoll an. „Ich spreche ja nur für alle Fälle," sagte er. „Will's Gott, bin ich, noch ehe ihr das Korn schneidet, in Kelles. Warum soll Gott mich nicht behüten, suche ich doch nicht eigene Ehre, sondern trachte ich doch allein nach meines gnädigen Herrn des Bischofs und des allgemeinen Landes Nutzen. In ihrem Dienste will ich gern Hab und Gut, dazu, muß es sein, Leib und Leben lassen. Na, Gott besser's. Gib du unterdessen acht auf das junge Volk. Das will mir gar nicht gefallen. Der Doktor sagt ja zwar, die Wunde Elerts sei ganz und gar verheilt, aber wenn es ist, wie er sagt, warum ist Elert dann nicht gesund? Und nun erst Bärbchen? Was ist aus unserm lustig flatterndem Sommervogel geworden? Sie kriecht jetzt dahin wie eine Raupe. Was hat das Mädchen nur?"

Frau Katharina blickte sorgenvoll zum Fenster hinaus. „Es ist, wie ich dir sagte," erwiderte sie, „sie mag den Elert nicht mehr. Wodurch er es bei ihr verschüttet hat, weiß ich nicht, ich weiß auch nicht, was an dem Mädchen frißt, aber irgend etwas ist es. Die Ahne und ich glaubten früher, sie fliehe vor Elert wie das Weibchen vor dem Stieglitz flieht, damit er nachkommt, aber daß wir damit auf dem Holzwege waren, weiß ich jetzt längst. Früher war

sie ein Hurlebusch, Hänschen in allen Gassen, jetzt
geht sie einher wie eines großen Klosters Äbtissin.
Nicht, daß ich klagen könnte, sie thut, was ich ver-
lange, aber so als wäre sie eine Fremde und ich ihre
Herrin. Wo es geht, fährt überdies doch das alte
Karnickel heraus. Du hättest hören sollen, wie sie
dem armen Bonnius neulich übers Maul fuhr, dem
lieben, freundlichen, gutwilligen Gesellen."

Der Stiftsvogt schüttelte den Kopf. „Sieh zu,
Katzchen, wie du die beiden wieder zusammenbringst,"
sagte er, „es wäre mir ein großes Herzeleid, wenn
sie und der Elert auseinander kämen. Es wäre mir
auch leid, wenn ich des Mädchens wegen einen Span
mit dem von Randen bekäme. Ich wünschte mir
keine bessere Schwiegertochter als Bärbchen, wie es
früher war. Na, Gott besser's."

Damit umarmte Herr Kruse sein Weib und beide
verließen das Zimmer. „Bärbchen," sagte der Stiftsvogt halblaut, als er Barbara zum Abschied umarmte, „wo Liebe und Freundschaft ist, da legt der
Teufel gern sein Kuckucksei dazwischen und aus dem
kommen, wenn es ausgebrütet ist: Mißverstand, Mißtrauen, Argwohn, Ärgernis, Zorn, Traurigkeit und
Trübsal. Darum soll man es, da es noch frisch ist,
aus dem Nest nehmen und auf die Erde schmeißen.
Das gibt dann wieder einen frohen, mutigen Sinn.
Ich weiß nicht, was du hast, Kind, aber sieh zu, daß
du nicht aus einem Geißbock ein Ungetüm gemacht hast."

Barbara schlang beide Arme um des Oheims
Hals und schluchzte laut. Herr Kruse lächelte. Es

lag ein Span der Liebenden zwischen ihr und Elert. Wenn er zurückkam, waren sie wieder die Alten.

„Lebe wohl, Elert," hieß es nun. „Nimm dich recht in acht und mache, daß du gesund wirst. Wo ist denn Bonnius?"

„Unten, auf der Straße."

„Na, dann sehe ich ihn noch. Er wird euch schon alle behüten und euch in allen Stücken bewahren. Lebe wohl, Anna, ich will über Jürgen wachen. Lebt alle wohl."

Noch ein paar Augenblicke und der von Kelles und sein Gefolge waren im reußischen Thor verschwunden. Bonnius kam die Treppe herauf und trat ins Zimmer. „Gott schütze die Junker," sagte er, „sie haben einen weiten Weg vor." Dann wandte er sich an Barbara. „Fräulein," sagt er, „beim Bäcker an der deutschen Pforte gibt es jetzt wieder weiße Tauben mit gelben Plättchen, wie Ihr sie liebt. Soll ich ein Pärchen bestellen?"

„Wenn ich welche haben will, werde ich es Euch schon sagen," erwiderte Barbara, wandte sich um und verließ das Zimmer.

Bonnius wurde kreidebleich.

„Ihr müßt Euch ihre unwirsche Art nicht so zu Herzen nehmen, Bonnius," sagte Frau Katharina, „solche Wehrworte bekommen wir jetzt alle reichlich zu hören. Ihr seht übrigens auch sonst schlecht aus, Bonnius. Seid ihr krank?"

„Nein, gnädige Frau, ich habe nur einen Wurm im Zahn, der mir übel zusetzt. Außerdem ist's den

Winter über so einsam in Kelles! Man hört nur die Ratten zu Tanze gehen, und es ist abends so still, daß, wenn die Dielen knacken, es klingt, als ob aus einem Wallhacken gefeuert würde."

„Ist sonst nichts vorgekommen?"

„Nein, gnädige Frau, außer daß Thorsa Michel einen Nagel in seine Hausschwelle geschlagen hat."

„Ist sein Weib gestorben?"

„Nein, die Tochter. Die unverständigen Leute sind außer sich, daß sie bei Neumond gestorben ist. Sie meinen, sie hätte nun alles Glück mit fortgenommen."

„Die tollen, abergläubischen und abgöttischen Menschen! Ist der Pastor dagewesen?"

„Nein, Gott sei Dank, nicht."

„Warum sagt Ihr ‚Gott sei Dank'?"

„Weil sein Besuch den armen Undeutschen ein schlechter Trost ist. Sobald er kommt und sie werden ihn gewahr, so läuft alles fort und sieht zu, wo es einen Unterschlupf findet. Er aus dem Schlitten und mit der Peitsche hinterher. ‚Ihr sollt mich als eueren geistlichen Vater ehren, ihr gottverfluchten groben flatschigen Bauern,' heißt es, ‚ich will euch lehren, euch verkriechen!' Und nun geht es über die armen Leute her."

Frau Katharina fuhr unwillig auf. „Es muß da ein Ende gemacht werden," murmelte sie, „sobald der Stiftsvogt zurück ist."

Als Bonnius am folgenden Morgen nach Kelles zurückkehrte, hielt er die Zügel nur lose in der Hand und fuhr in tiefen Gedanken dahin. Was hatte das Mädchen nur? Sie konnte bemerkt haben, daß er, der im Dienste ihres Oheims stand, sie mit anderen Augen ansah, als seiner Stellung zukam und sie konnte ihm deshalb zürnen, aber warum war sie dann auch gegen den Junker so unfreundlich? Liebte sie einen anderen? Das erklärte wohl ihr Verhalten gegen den Vetter, aber nicht ihr Benehmen Bonnius gegenüber. Sie war gegen ihn doch immer so einzig freundlich gewesen. Wenn sie wirklich einen anderen Junker lieb gewonnen hätte! Der Gedanke war unerträglich. „Darin, daß sie unseres Junkers Weib würde," dachte Bonnius, „hätte ich mich allenfalls gefunden, sie gehört gewissermaßen zu ihm, aber ein anderer soll uns nicht auf den Hof kommen. Bei Gott nicht. Es sei denn als Leiche auf einer Tragbahre."

Bonnius riß seinen Pelz auf und schob die Mütze weit auf den Hinterkopf. „Keiner soll sie haben," murmelte er, „keiner. Und wenn ich die Jungfrau erwürgen sollte, keiner soll seinen Arm um ihren Leib legen, so lange sie atmet. Ich hätte um ihretwillen dem ganzen Adel getrotzt, und wäre lieber tausend Tode gestorben, als von ihr zu lassen. Nun ist sie doch wie die anderen auch und verachtet mich als einen schlechten Gesellen. Wohl, aber frei wirst du damit nicht, Bärbchen! Was dir mit Liebe naht, ist meinem Haß verfallen."

Der Schreiber ergriff die Zügel mit beiden Händen, und der Hengst fiel in scharfen Trab. Auf der Landstraße hatte der Wind den Schnee weggeweht, man fuhr abseits von ihr auf Wegen, die man sich durch Busch und Bruch gebahnt hatte. Plötzlich schnaubte der Hengst und steilte. „Ruhig, Bestie!" knirschte Bonnius, „du wenigstens wirst mir gehorchen." Die Peitsche sauste durch die Luft, die andere Hand griff mächtig in die Zügel. Das Tier beugte sich zitternd unter die Kraft des Menschen und betrat im Schritt die Lichtung. Am anderen Rande derselben stand ein halbes Dutzend Wölfe. Mit eingezogenem Schwanz und erhobenem Kopf heulten sie laut.

Bonnius lenkte sein Pferd gerade auf sie los und sie verschwanden im Gebüsch. Als der Schlitten wieder auf den Weg zurückgekehrt war, kam der Kutscher, der weiter hinten ein schreckensbleicher Zeuge der Szene gewesen war, herangefahren. „Das bedeutet Krieg, Herr," sagte er.

„Sei ohne Sorge," erwiderte Bonnius, „es sind livländische Wölfe. Wenn sie einen Krieg verkünden, ist's ein livländischer Krieg, ein Krieg gegen Speck= schwarten und Biertonnen."

Mit dem Frühling zogen auch die Kruses wieder in Kelles ein. Sie waren kaum dort, als eine Regen= periode eintrat. Wochenlang regnete es tagtäglich, der Boden war aufgeweicht, die Frauen verließen das Haus nicht. Vergeblich hoffte Bonnius auf eine Gelegenheit mit Barbara allein zu sein, das junge Mädchen vermied es energisch und geschickt ihm je allein zu begegnen. Aber Bonnius war nicht der Mann dazu, seine Absicht aufzugeben, weil ihre Aus= führung ihm erschwert wurde. „Ich muß sie sicher machen," sagte er sich, und darnach handelte er. Er ritt früh am Morgen fort und kam oft erst spät abends nach Hause. Eine weit abgelegene Waldwiese, die entwässert werden sollte, gab dazu den erwünschten Vorwand. Die Arbeiter durften dort nicht ohne Aufsicht gelassen werden, der Hofmeister aber war auf den Äckern und im Hof unentbehrlich.

„Der Bonnius ist doch ein ganz ausgezeichneter Mann," sagte Eilhard einmal bei Tisch. „Er ist unermüdlich thätig und er faßt alles beim rechten Ende an."

„Das will ich meinen," stimmte Frau Katharina zu.

Die Regengüsse hatten aufgehört, es folgten warme Tage. Das Grün prangte in schöner Frische, im Walde riefen die Drosseln, im Busch am Bach schlug der Sprosser, aus dem Schilf ertönte die knarrende Weise der Rohrsänger. Die Kinder verlangten stürmisch hinaus auf die Wiesen, auf denen jetzt Blumen aller Art blühten, auch Barbara selbst kam der Hof vor wie ein Gefängnis. Allmählich wagte sie sich hinaus, anfangs immer nur in Annas Begleitung, dann auch allein mit Maiken und Christinchen. Von Bonnius war weit und breit nichts zu sehen, er weilte auf der fernen Waldwiese. Barbara wurde immer mutiger. Schon wagte sie sich bis an den Rand des Waldes vor. Dort, wo der Bach aus dem Holze trat, blühten die Blumen besonders üppig und die Kinder konnten hier Blumen pflücken nach Gefallen. Die band dann Barbara, die sich im Schatten der Bäume auf einem Baumstamm niedergelassen hatte, zu den schönsten Kränzen. Es machte sich ganz von selbst, daß diese Ausflüge meist am Nachmittag unternommen wurden. Die Ahne und Frau Katharina ruhten dann, und auch Eilhard mußte, dem Gebot des Arztes folgend, dann ein Stündchen schlafen. Anna verließ um diese Stunde ungern das Haus, die Kinder und Barbara strebten gerade dann in das Freie.

Zu dieser Stunde stand Bonnius heute im sicheren Versteck eines Dickichts und blickte hinüber zu der Gestalt, die sich eben niedergelassen hatte und deren helles Gewand sich deutlich vom dunklen Hintergrunde des Waldes abhob. Er hatte sie schon oft so beobachtet. Seine Aufmerksamkeit war so ganz auf das junge Mädchen gerichtet, daß er es nicht hörte, wie ein Mann, die Zweige vorsichtig auseinanderbiegend, sich ihm leise näherte. Der Mann blieb, als er nahe herangekommen war, stehen und verzog den Mund zu einem spöttischen Lächeln. „Also so stehen die Dinge!" dachte er. Dann sagte er laut: „Guten Tag, Bonnius!"

Bonnius fuhr zusammen und errötete über und über. Der kleine, blonde Mann, dessen hellblaue Augen jetzt mit so spöttischem Ausdruck auf ihn gerichtet waren, war Herr Hieronymus Rentsch, der Schreiber von Randen, Jürgen von Thebingsheims rechte Hand. Er und Bonnius waren keine Freunde. Es liefen böse Gerüchte um über Rentsch. Er sollte in seiner Heimat bei Wittenberg zwei seiner Brüder erschlagen haben. Das blieb ungewiß, gewiß aber war, daß Rentsch mit Recht für den schlimmsten Bauernschinder galt auf viele Meilen in der Runde. Bonnius verachtete ihn und hatte aus dieser Empfindung nie ein Hehl gemacht.

„Verzeiht, daß ich störe," sagte Rentsch, „aber ich hörte, als ich auf dem Fußweg daherkam — denn ich habe meinen Klepper in der Mühle gelassen — plötzlich ein Pferd im Busch wiehern. Als ich hinzutrat, sah ich, daß es Euer Hengst war, der da gesattelt und gezäumt an den Baum gebunden war. Wo der Gaul ist, muß auch der Reiter sein, dachte ich, und folgte Eurer Spur. Das da ist übrigens ein schöner Anblick. Nicht wahr?"

„Was meint Ihr?"

„Was kann ich anders meinen als die Wiese? Prächtig gewachsen das Gras. Aber seht doch, ist das nicht meines gnädigen Herrn Schwester? Wenn es Euch recht ist, gehen wir zu ihr. Vielleicht hat das gnädige Fräulein einen Auftrag für mich."

Bonnius überlegte schnell. Er war halb und halb verraten. Wenn er jetzt bemüht war, Rentsch mit sich fortzunehmen, mußte dessen Verdacht zur Gewißheit werden. „Geht nur hinüber," sagte er daher möglichst ruhig, „und begebt Euch dann gleich auf den Hof. Ich hole unterdessen mein Pferd und bin noch vor Euch da. Ich hatte es in der That angebunden, um noch einmal nach dem Grase zu sehen. Ihr kommt wohl wegen der Füllen?"

„Ja. Also auf Wiedersehen."

Rentsch trat aus dem Walde und ging, am Rande

der Wiese hinschreitend, auf Barbara zu. Als sie ihn kommen sah, runzelte sie unmutig die Stirn. Der Mann war ihr verhaßt.

„Guten Tag, gnädiges Fräulein," sagte Rentsch, indem er den Hut bis zur Erde zog. „Mein Weg führt mich nach Kelles, und ich wollte nicht vorüber gehen, ohne das gnädige Fräulein zu fragen, ob es vielleicht eine Botschaft für meinen Junker hat."

„Ich danke Euch," erwiderte Barbara kurz, „grüßt Euren Herrn."

„Das ist ein schöner Platz hier," sprach Rentsch weiter, indem er Barbara scharf anblickte, „ein sehr lieblicher Platz. Dem Bonnius muß es der Wiesengrund hier auch angethan haben, denn ich fand ihn dahinten im Gebüsch, wie er kein Auge von der Wiese verwandte."

Barbara hätte ihr Leben darum gegeben, jetzt gleichmütig aussehen zu können, aber sie fühlte, wie eine Blutwelle ihr Antlitz und Hals rot färbte.

„Was geht mich Bonnius an?" erwiderte sie.

„Natürlich gar nichts," gab Rentsch mit einem frechen Lächeln zur Antwort, „verzeiht, daß ich von ihm sprach. Guten Tag, gnädiges Fräulein, ich empfehle mich Euch."

Damit schritt er davon. „Großer Gott," dachte Barbara, „nun ist alles verraten. Der unselige, teure Mann! Seine Liebe stürzt ihn ins Verderben! Aber jedenfalls muß ich ihn nun sprechen. Er muß wissen, daß er nichts zu hoffen hat. Sie werden ihn nicht mehr aus den Augen lassen. Es genügt jetzt nicht mehr, daß ich thue, als wenn ich ihm feind wäre, auch er muß mir helfen sie täuschen."

Barbara sprang auf, rief die kleinen Mädchen herbei und ging nach Hause. Dort setzte sie sich ans Fenster und wartete, bis sie Rentsch fortgehen sah. Bonnius gab ihm bis über die Brücke das Geleit und kehrte dann zurück. Alsogleich war Barbara auf dem Hof und schritt gerade auf ihn zu. „Bonnius," sagte sie, „ist mein Bruder auf dem Hause?"

„Nein, gnädiges Fräulein. Rentsch sagt, er sei in Techelfer zum Vogelschießen und käme erst übermorgen."

„Gut. Dann seid morgen nachmittag auf der Waldwiese. Ich habe Euch etwas zu sagen. Guten Abend."

Bonnius blickte dem jungen Mädchen mit großen Augen nach. Barbara hatte zu ihm gesprochen wie die Herrin zum Diener, in dem hochmütigen Ton, den sie ihm gegenüber seit dem Winter beständig festhielt. Und nun dieser seltsame Wunsch! Was wollte sie nur? Der Abend, der folgende Vormittag nahmen kein Ende. Bonnius war heute zu Mittag zu Hause. Sein einsilbiges, zerstreutes Wesen fiel auf.

„Habt Ihr Verdruß gehabt, Bonnius?" fragte Eilhard.

„Nein, Junker," war die Antwort, „aber ich habe mir das Bein wund geschewert und kann daher nicht auf die Waldwiese. Wollt Ihr vielleicht hin? Oder ist es Euch noch zu weit?"

„Ich meine nicht. Wie viel Zeit brauche ich, wenn ich langsam reite?"

„Ihr könnt in drei Stunden bequem hin und zurück."

„Wohl. Wenn ich meiner Mutter Zelter nehme, kann es mir nichts schaden."

Frau Katharina machte Einwendungen, aber auch sie beruhigte sich, als sie hörte, daß Eilhard sofort reiten wollte, um noch vor der Abendkühle zurück zu sein und daß Hans seinen Herrn begleiten würde.

„Gnädiges Fräulein," sagte Bonnius zu Barbara gewandt, „die kleinen Mädchen haben mich gebeten, für Euch am Rande des Waldes eine Bank herrichten zu lassen. Darf ich Euch begleiten, und wollt Ihr mir dann angeben, wohin sie kommen soll?"

„Ja, Ihr könnt mitkommen."

Bonnius biß sich auf die Lippen. Frau Katharina warf der Nichte einen unwilligen Blick zu. „Wie sie hochmütig geworden ist!" dachte sie.

Gleich nach dem Essen ritt Eilhard fort, die Frauen und Anna zogen sich zurück, Barbara und die kleinen Mädchen schritten in Begleitung von Bonnius der Wiese zu. Die Kinder, die ihn leidenschaftlich liebten, hatten sich an seine Arme gehängt und überschütteten ihn mit allerlei Fragen. Barbara schritt auf der anderen Seite des Weges schweigend neben ihm her. Ihr war das Herz voll zum Zerspringen. Wie sollte sie anfangen? Wie fortfahren? Und doch mußte sie sprechen!

Das Wetter war herrlich. Ein leiser Wind fuhr

kühlend über die erwärmten Felder, am Himmel trieben ein paar kleine Wölkchen langsam dahin, und ihr blendendes Weiß ließ das Blau neben ihnen nur noch tiefer erscheinen. Über der grünen Saat jubelten die Lerchen, vom Walde her erklang der laute Gesang der Waldvöglein jeder Art.

Als der am Boden liegende Baumstamm am Waldrande erreicht war, wurde zunächst die Bankfrage erledigt. Sie sollte unter einer Trauerbirke, deren Zweige weit überhingen, errichtet werden. Dann sprangen die Kinder davon, um Blumen zu sammeln. Barbara setzte sich und lud Bonnius durch eine Handbewegung ein, neben ihr Platz zu nehmen. Die Röte kam und ging auf ihren Wangen und sie atmete schwer. „Bonnius," begann sie endlich, ohne aufzusehen, indem sie einen Grashalm zerbiß, mit dem ihre Rechte bisher gespielt hatte, „Rentsch hat Euch gestern an der Wiese gesehen."

„Ja."

„Bonnius, er wird — es kann sein — er könnte glauben, daß Ihr meinetwegen dort standet."

„Ich stand Euretwegen dort."

„Bonnius, wißt Ihr — kennt Ihr den Pernauer Beschluß?"

„Nein. Was ist das für ein Beschluß?"

„Bonnius, Ihr müßt mich für sehr hochmütig gehalten haben während der letzten Monate. Ich bin es nicht. Aber, aber — Bonnius, daraus kann nie etwas werden."

„Warum nicht?"

„Weil sie Euch, wenn sie es wüßten, niederstoßen würden mit ihren Dolchen."

„Mögen sie. Mir ist an einem Leben ohne Euch nichts gelegen."

„Um Gott! redet nicht so. Ihr kennt sie nicht. Es ist furchtbarer Ernst. Ihr seid nicht von Abel."

„Ich kenne sie wohl. Ich weiß, daß ich, der ich doch ehrlicher, deutscher Leute Kind bin, von ihnen meiner Herkunft wegen verachtet werde. Aber, verachtet Ihr mich auch?"

„Nein, Bonnius, Ihr wißt, daß ich Euch — daß Ihr mir —"

Sie schwieg verwirrt und blickte zu ihm auf. Sie erschrak über die Leidenschaft, die aus seinem Antlitz zu ihr redete. Jede Ader in seinem Gesicht war angebrungen, seine dunkelen Augen leuchteten in einem düsteren Feuer. „Bärbchen," sagte er mit bebender Stimme, „ich weiß jetzt, daß du mich lieb hast. Kein Junker der Welt soll dich von mir reißen. Du gehörst zu mir."

Barbara schüttelte den Kopf. „Das kann nicht geschehen," sagte sie. „Ja, ich habe Euch lieb, mehr als alles in der Welt, und wenn es auf mich ankäme, ich folgte Euch, wohin Ihr mich bringt. Aber das ist unmöglich. Ihr kennt meinen Bruder nicht. Er würde uns finden und Euch erwürgen. Bonnius, ich schwöre es Euch bei allem, was mir heilig ist, nichts in der Welt soll mich zwingen eines anderen Weib zu werden, aber ich kann auch nicht das Eurige sein.

Ich flehe Euch an, ich beschwöre Euch, laßt Euch daran genügen!"

Sie sah ihn an mit einem Blick, aus dem ihre ganze Liebe sprach, ihre selbstlose, hingebende Liebe. Er hat diesen Blick nie wieder vergessen, so lange er lebte. Aber seine Liebe war anderer Art als die ihrige. Mitten im Sturm der Leidenschaft erkannte er klar, daß er jetzt nicht weitergehen durfte, daß er sein Ziel auch so erreichen mußte.

„Wohl," sagte er, „ich will es versuchen. Schwört mir!"

„Ich schwöre Euch, daß ich nie eines anderen Weib sein will."

Sie schwiegen und blickten vor sich hin. Im Busch am Bach sang eine Nachtigall ihr ewig junges Liebeslied. Wie war sie wonnig, die Nähe des Geliebten! Aber die Angst um ihn schreckte Barbara aus der Ruhe auf.

„Bonnius," begann sie wieder, „Rentsch wird nicht schweigen. Was ich unter so viel Schmerzen den Winter über baute, hat der eine Augenblick umgeworfen. Als er mir erzählte, wo er Euch gefunden, errötete ich. Nun werden sie mißtrauisch werden. Wenn dieses Mißtrauen nur so viel Nahrung findet, um ein Vöglein satt zu machen, seid Ihr verloren. Jürgen scheuet vor keiner Gewaltthat zurück und seine Diener auch nicht. Ihre Augen werden auf uns ruhen, wo wir auch sind. Sie dürfen nichts sehen, Bonnius, nichts. Ihr dürft mich, auch wenn wir uns allein begegnen, nicht ansehen, Ihr dürft kein Wort zu mir reden. Hört Ihr?"

„Ja, aber werde ich das können?"

„Ihr werdet es können. O denkt an mich! Was würde aus mir, wenn sie Euch erwürgten! Und dann, Bonnius, daß wir uns sehen, uns hören, während wir unter ihnen sind, das können sie uns nicht wehren! Ach, und das ist doch schon so köstlich!"

Die kleinen Mädchen kamen herbei, die Hände voll Blumen. Barbara wand sie zum Kranz, und Bonnius blickte glühenden Auges auf sie. Ein Sonnenstrahl stahl sich durch die Zweige des Baumes und ließ ihr Blondhaar goldig erglänzen, von Zeit zu Zeit hob sie den Kopf und ihre blauen Augen sahen mit einem Blick voll innigster Liebe zu ihm hinüber. Wie an der Schläfe das blaue Geäder unter der zarten Haut hervorschimmerte, wie schön die weißen Hände waren, von denen die roten und blauen Blumen in den Kranz eingereiht wurden! „Wie im Märchen," dachte Bonnius: „das Mädchen aber hatte Wangen so weiß wie Schnee und so rot wie Blut."

Klein-Maiken hatte die Hände auf den Rücken gelegt und ließ die Augen von Barbara zu Bonnius, von Bonnius zu Barbara wandern. „Wenn ihr euch heiraten würdet, das wäre einmal ein schönes Paar," sagte sie.

„Unsinn!" rief Christinchen, wie du dumm redest! Höre doch, Bärbchen, wie sie dumm redet. Du kannst doch Bonnius gar nicht heiraten, er ist doch gar nicht von Adel!"

„O ja, Bonnius ist auch von Abel!"

„Wie du dumm bist! Nicht wahr, Bonnius, Ihr seid nicht von Abel?"

„Nein, ich bin nicht von Abel."

„Darum. Elert sagte einmal, wenn einer, der nicht von Abel ist, eine von Abel heiratet, so werden sie beide geschmaucht oder sonstwie umgebracht."

„Aber lieben kann man auch einen, der nicht von Abel ist," rief Maiken, indem sie auf Bonnius zulief und ihre Ärmchen um seinen Hals schlang.

„Ja, das kann man," rief nun auch Christinchen, warf die Blumen, die sie in der Hand hielt, in Barbaras Schoß und umarmte ebenfalls den Freund.

Bonnius und Barbara sahen sich über die Kinder hinweg bedeutungsvoll an. Da stand Barbara auf.

„Kommt, Kinder," sagte sie, „wir wollen den Kranz zu Hause beenden. Anna möchte auch mit dabei sein."

Die Kinder erhoben lebhaften Widerspruch, aber Barbara blieb fest. Noch ein Händedruck und Bonnius schritt dem Walde zu, während Barbara und die Kinder den Heimweg antraten.

Bonnius schritt voll inneren Jubels dahin. Also er hatte sich getäuscht und sie liebte ihn! Sie sollte sein werden! Die Gefahr war groß, sie war furchtbar, aber ein fester Wille, ein mutiger Sinn überwinden jede Gefahr. Er wollte sie mit sich aus dem Lande führen und wenn der Thebingsheim so viele wären wie Bäume in Livland. Die hochmütigen Junker sollten sehen, daß der verachtete „schlechte Geselle" nicht nur das Herz der lieblichsten Jungfrau ihres Geschlechtes zu gewinnen, sondern sie auch mit sich fortzunehmen mußte, zwischen all' ihren Schwertern und Dolchen hindurch.

Als Barbara und die Kinder den Hof erreicht hatten, fanden sie Anna und die Amme mit Anneken unter der Linde. Sie setzten sich zu ihnen, und da Barbara bemerkte, daß die Amme geweint hatte, forschte sie nach der Ursache ihres Kummers.

„Wie soll ich nicht weinen," gab das Weib, indem sie aufs neue in Thränen ausbrach, zur Antwort. „Meine Schwester, das unsinnige, gottlose Mädchen will an einem Freitag heiraten. Nun weiß jedes Kind, daß, was wir am Freitag vornehmen, nimmermehr zum Segen ausschlägt. Wer am Freitag säet, erntet Thränen."

„Heute ist auch ein Freitag," sagte Maiken.

Barbara tröstete die Amme, so gut sie konnte, aber sie wurde ein unheimliches Gefühl nicht los. Sollten auch aus dem, was sie heute gesäet hatte, Thränen erwachsen?

Dreizehntes Kapitel.

Die Rüden, die auf dem Schloßhofe von Randen träge in der Sonne lagen, hoben die Köpfe, spitzten die Ohren und schlugen an, denn sie hörten Rosseshufen auf der Zugbrücke. Ein paar Stallknechte traten aus der Thür eines Seitenflügels, am Fenster über dem Haupteingang wurde ein blonder Frauenkopf sichtbar. Dann kam ein großer schwarzer Hund aus dem zum äußeren Hof führenden Thor, und hinter ihm erschien Jürgen Thebingsheim, dem ein halbes Dutzend Reiter folgte. Sobald der Hengst des Junkers vor der Thür hielt, flog sie auf, und ein in Sammet und Seide gekleidetes, großes, stattliches Weib eilte auf den Schloßherrn zu. Sie setzte erst den einen Fuß auf den Prellstein, dann den anderen auf des von Randen Fuß und schwang sich so zu dem Reiter empor, den sie umhalste.

„Na, Urs, wie geht es?" fragte der von Randen, „du faßt mich ja an wie der römische Pfaffe nach dem Fasten das Wildbret, und bin doch nur drei Tage weggewesen!"

„Ihr sollt gar nicht fort, Junker. Auch nicht auf einen Tag. Ich tauge schlecht zum Fasten."

„Schon recht, schon recht, eher schon zum Predigen, wie? Aber, nun gib freie Bahn, daß ich von der Gorre komme. Es war ein heißer Ritt."

Der von Randen schwang sich vom Hengst. „Was habt Ihr mir mitgebracht?" fragte Ursula.

„Einen silbernen Becher, Urs. Ich habe beim Papagei Glück gehabt."

„Was Glück, Junker! Ein Schütze wie Ihr hat immer Glück. Aber wo ist der Becher?"

„Frage den Thies. Thies, bring nachher den Becher herauf. Und nun komm, Urs. Ich bin hungrig und durstig!"

„Hat jemand nach mir verlangt?" fragte der von Randen, als sie bei der Mahlzeit saßen.

„Wie Ihr fragt, Junker! Als ob ich jemals nicht nach Euch verlangte."

„Ich weiß, ich weiß, Urs. Du bist ein gutes Kind, das selbst an einem silbernen Becher seine Freude hat, aber ich meinte dich nicht. Der Nimrod und du, ihr seid mir allezeit treu und zugethan, der Nimrod vonwegen der Knochen und du vonwegen der silbernen Becher. Da Nimrod, faß!"

Der Hund fing das ihm zugeworfene Entenbein geschickt auf und zermalmte es mit seinen gewaltigen Zähnen.

„Der von Ringen war hier. Er wollte mit Euch Kraniche beizen."

„Weiter niemand?"

„Nein, niemand."

Draußen schlugen die Hunde an. „Der Pastor ist da. Er möchte gleich zum gnädigen Herrn!" meldete ein Diener.

„Was will er?"

„Soll ich ihn fragen?"

„Nein, führe ihn herauf."

Der von Randen that einen tiefen Trunk und lehnte sich dann in seinen Sessel zurück. Der Pastor durchschritt schnell das Zimmer, beugte seine hünenhafte Gestalt herab und küßte dem Junker die Hand. Der Junker zog die Hand fort. „Laßt es nur gut sein, Pastor," sagte er, „viel Vergnügen kann Euch das nicht machen. Ja, wenn es meines Urs Händchen wäre! Wie?"

Der Pastor richtete sich auf und verzog den Mund zu einem Grinsen. „Mein gnädigster Gönner treibt Kurzweil," sagte er. „Guten Tag, Jungfer Ursula! Wie geht es Euch?"

Das Mädchen hatte den üppigen Leib gleichfalls in den Sessel zurückgelehnt und betrachtete mit halbgeschlossenen Augen den Mann vor ihr, wie sie eine besonders widerwärtige Dogge betrachtet haben würde, die sich zur Zeit des Beifalls ihres gemeinsamen Herrn erfreuete. Und einer Dogge glich in der That der Mann mit den breiten Backenknochen und den dicken Lippen. Nur der Mund lächelte, die kleinen Augen unter der niedrigen, wulstigen Stirn blickten voll Zorn. Ursula antwortete nicht.

„Der Jungfrau geht es vortrefflich," erwiderte

der von Rauden statt ihrer, „wenn sie so fortfährt und legt täglich ihres Leibes Umfang etwas zu, so kann sie noch einmal eines reußischen Kaufmanns in der Pleskau Weib werden. Die lieben das Fette."

„Daß Gott bewahre," rief der Pastor. „Die Jungfrau muß im Lande bleiben und einen Landfreien nehmen."

„Schade, daß Ihr schon ein Weib habt, Pastor."

„Der gnädige Junker treibt wieder Kurzweil."

„Ich rede im Ernst. Urs würde einmal ein gutes Pfarrweib abgeben. Sie würde den Zehnten wohl einzutreiben wissen. Wie?"

„Ich hätte den Zehnten lieber ohne den Pfarrer, Junker."

Der Junker lachte. „Du weißt dir zu helfen, Urs. Aber was führt Euch zu mir, Pastor?"

„Gnädiger Junker," begann der Pastor, „heute vormittag hat sich in der Kirche ein öffentlicher, schändlicher Handel begeben."

„Oho! Was denn?"

„Urteilet selbst. Ich stehe auf der Kanzel und strafe der einfältigen und thörichten Undeutschen gottloses, sodomitisches und epikuräisches Leben wie alle Sonntag, und der Tolk überträgt alsogleich jegliches Wort Gottes in die undeutsche Rede, wie alle Sonntag. Nun ist ja solch ein Sermon nicht so vergnüglich wie Sackpfeifen, Klitschklatschen oder Krasfalenfahren, wofür doch dies greuliche Volk allein allezeit offene Ohren und ein williges Herz hat. Da währt es denn nicht lange, daß dieser und jener zusammenfällt wie ein Habersack und einschläft, so daß der Glockenkerl seine Not hat, den groben unflätigen Bauern mit seinem Stecken wieder auf die Beine zu bringen. Na, das ist unter diesen tölpelhaften Leuten einmal nicht anders. Wie nun aber der Glockenkerl heute den Jan von der kleinen Mühle also kitzelt, springt der tolle, volle Mensch auf und fällt über den Biedermann her; ja, wenn die anderen nicht zugesprungen wären, er hätte ihn zu Tode gewürgt."

Der von Randen runzelte die Stirn. „Er soll ins Verließ," rief er. „Das ist ja gegen jede christliche Ordnung und Zucht! Das Schlafen kann man ihnen allenfalls nachsehen — wenn man den Kindern ihren Willen thut, weinen sie nicht — aber daß der freche Geselle sich an dem Glockenkerl vergreift, das soll er mir büßen. Ihr müßt überhaupt streng sein, Pastor, wider alles, was der christlichen Gemeinde ein schlechtes Beispiel gibt, und Ihr dürft kein Ansehen der Person kennen. Wenn die Leute nach dem Winde ausschauen, sehen sie nicht in die Büsche, sondern auf die hohen Bäume. Darum behaltet mir gerade die reichen Bauern im Auge und straft sie mit dem Worte Gottes. Wo das aber nichts hilft, will ich mit dem Quästen nachhelfen lassen."

Der Pastor verneigte sich tief. „Ich wußte wohl, daß ich eine christliche Obrigkeit habe, die die Rute der Zucht nicht umsonst führt," sagte er.

„Recht so. Der Kerl soll an drei Sonntagen an diesen einen denken. Nun aber setzt Euch und schwemmt den Verdruß mit einem tüchtigen Trunk fort."

Der Pastor verneigte sich abermals tief. „Ich danke meinem allergnädigsten Gönner von ganzem Herzen," sagte er, „aber Ihr werdet gestatten, daß ich jetzt heimgehe, denn ich muß noch nach Unnaser, um aus einem kleinen unbeutschen Heiden durch die h. Taufe den Teufel mit all seinen bösen Lüsten auszutreiben."

„Nun, wie Ihr meint. Wenn zum Essen geklappert wird, soll man keinen Stier ins Joch spannen. Gehabt Euch wohl!"

„Ich grüße den gestrengen Junker! Ich grüße die ehrbare Jungfrau!"

Damit schob sich der Pastor, rückwärts schreitend, unter steten Verbeugungen der Thür zu, an die er endlich derb anrannte. Dann erst wandte er sich um, öffnete sie und verschwand.

„Was das für ein greulicher Pfaffe ist!" sagte Ursula.

Der Junker lächelte. „Laß es gut sein, Urs," erwiderte er, „die alten waren viel schlimmer. Die wußten, daß hinter ihnen der Bischof stand und hinter dem Bischof der Papst, darum schritten sie gar trotzig einher und meinten, sie wären unsersgleichen, ja wohl gar mehr. Seit die Pfaffen aber die Klöster verlaufen und sich beweibt haben, sind sie zahm geworden und fressen aus der Hand; denn jagen wir sie fort, so kräht kein Hahn danach, und niemand zieht gern mit dem weißen Stecken in der Hand durchs Land."

Ursula heftete den Blick gedankenvoll auf das

Gebälk der Decke. „Kann solch ein Knecht, der vor dem Herren ein Hund, vor den Bauern aber ein böser Wolf ist, wirklich vom Herrgott die Schlüssel zum Himmel in die Hand bekommen haben?"

„Na, Urs, mit denen hat es überhaupt so seine Bewandtnis," erwiderte der Junker schmunzelnd. „Eigentlich geht uns ja das verdammt wenig an, denn wenn da wirklich etwas aufzuschließen ist, so kommen wir beide gewiß nicht hinein. Aber über diese Schlüssel habe ich so meine Gedanken. Komm her, Urs, setze dich auf meinen Schoß! So. Und nun spitze die Ohren! Sieh, unsere Vorfahren, die hielten dafür, daß, wenn einer starb, die Seele ins Fegfeuer fuhr und darin Pein litt. Wenn aber ihre Sippe für sie betete und Kapellen stiftete und Kirchen baute, so kam die Seele heraus aus dem Feuer. Danach handelten sie, und die Pfaffen hatten darüber gute Tage. Da kam der Mönch von Wittenberg, der ‚Mann Gottes‘, wie sie ihn nennen, mit seinem ‚reinen, lauteren Evangelium‘. Da heißt es, es habe nie ein Fegfeuer gegeben, und was unsere Vorfahren thaten für ihre Toten, das war so viel wie Wind mahlen und leeres Stroh dreschen. Der Himmel aber und die Hölle und das Wort Gottes, die sollen sein, und an die soll keiner rühren dürfen. Wie nun, wenn wieder einer kommt und schickt dem ‚reinen, lauteren Evangelium‘ die Schuhe und läßt die Botschaft ausgehen, daß es mit dem Himmel und der Hölle ist wie mit dem Fegfeuer und mit dem Wort Gottes und mit der römischen Messe?"

Ursula hielt dem Junker den Mund zu. „Wie Ihr gottlos redet!" rief sie erschreckt.

Der von Randen wehrte sie ab. „Sei kein Närrchen, Urs, erwiderte er. „Das sind alles Seile, damit man dem gemeinen Pöbel das Maul verbindet, damit er nicht gegen seine Obrigkeit anbellt oder gar zufaßt. Für unser einen aber heißt es, sich ritterlich halten, wie es einem Ehrlichen von Adel geziemt, und im übrigen jeden Wein trinken, der uns geschenkt wird, und jede Dirne küssen, die ihre Arme nicht auf den Rücken hält. Was geschieht, wenn sie uns unter die Erde brachten, das stellt man billig dahin."

„Und was hat unser einer zu thun?"

Der Junker lachte. „Du hast mich zu halten als deinen herzliebsten Schatz," rief er.

Am Abend stattete der Schreiber dem Junker Bericht ab über die Vorgänge der letzten Tage.

„Es ist gut," sagte der von Randen, „Ihr könnt gehen."

Der Schreiber rührte sich nicht.

„Habt Ihr noch etwas zu sagen?" fragte der Junker.

„Ja, gnädiger Herr, aber ich weiß nicht, ob ich reden darf?"

„Was habt Ihr? Redet nur! Was ist es?"

„Gnädiger Herr, es betrifft Bonnius."

„Nun? Was ist's mit Bonnius?"

„Gnädiger Herr, er sollte fort von Kelles."

„Fort von Kelles? Warum? Hat er Euch bei

einer Bauerdirne aus dem Sattel gehoben? Und
was geht das mich an? Macht eure Händel unter-
einander aus."

„Gnädiger Herr, die Rede geht nicht von meinen
Händeln. Dieser Habicht stößt auf Hochwild."

Der von Randen wurde aufmerksam. „Heraus
mit der Sprache!" rief er, „wohin zielt Ihr?"

„Gnädiger Herr, Ihr selbst seid es, der mich
sprechen heißt."

Der Junker sprang auf und fuhr dem Schreiber
mit der Rechten nach der Kehle. „Du Hund!" schrie
er, „du lästerst meine Schwester!"

Rentsch blickte den Junker furchtlos an. „Jawohl, ich Hund. Ich finde ja auch Hundelohn für
meine Treue."

Der von Randen zog die Hand zurück. „Rede,"
stieß er zwischen den Zähnen hervor.

„Ich bin kein Hund," erwiderte Rentsch, „und
was ich Euch zu sagen schuldig war, habe ich Euch
gesagt. Ihr habt ganz recht, Bonnins geht Euch
und mich nichts an."

Der von Randen legte dem Schreiber die Hand
schwer auf die Schulter. „So wahr Gott lebt,"
schwur er, „Ihr sollt die Stube nicht verlassen, ehe
Ihr mir gesagt habt, was Ihr wißt."

„Nun wohl, aber Ihr heißt mich sprechen."

„Ja, ich."

„Gut. Ich ritt also am Donnerstag hinüber
nach Kelles wegen der Fohlen. Ich ließ meinen
Klepper in der Mühle und ging zu Fuß durch den

Wald. Da höre ich im Busch ein Roß wiehern. Ich gehe dem Tone nach und richtig, da steht des Bonnius Hengst mitten im Gestrüpp unter Zügel und Sattel und ist mit dem Halfter an einen Birkenbaum gebunden. ‚Wo soll das hinaus?‘ denke ich und gehe dorthin, wohin mich seine Stiefelspuren weisen. Wie ich an den Rand der Wiese komme, sehe ich ihn stehen, und er schaut aus wie einer, der Wölfe anheult. Auf der Wiese aber war nichts zu sehen, als das Fräulein und die beiden kleinen Mädchen des Junkers von Kelles. ‚Guten Tag, Bonnius!‘ sage ich. Da fährt er zusammen, wie wenn der Blitz neben ihm eingefahren wäre und wird rot, wie ein frischgedecktes Dach, konnte auch keinerlei Ausweis geben, warum er da stand, ob er es gleich gern gethan hätte."

„Und dann?"

„Dann sage ich: ‚Ist das nicht meines gnädigen Junkers Fräulein Schwester? Ich will hin und sie fragen, ob das Fräulein vielleicht einen Auftrag für mich hat.‘ Und ich thue also. Das Fräulein weist mich ab. Da spreche ich: ‚Das ist eine schöne Wiese hier, und dem Bonnius muß sie auch gefallen, denn ich fand ihn dort im Busch und er hat kein Auge von ihr gelassen.‘ Da ward das Fräulein so rot wie Blut!"

„Du Schurke!" rief der von Randen, „das wagtest du?"

„Ja, das wagte ich, denn ich wollte wissen, ob meines Herrn Ehre Gefahr droht. Den Schurken aber nehmt zurück, Junker, und zwar gleich."

Der Junker ging mit großen Schritten im Zimmer auf und ab und nagte an seiner Unterlippe. War es möglich, daß der Schreiber seine Augen zu Barbara Thebingsheim erhoben, daß er wohl gar Gehör gefunden hatte? Anderseits war es undenkbar, daß Rentsch es gewagt hätte, die ganze Geschichte zu erfinden.

Jürgen Thebingsheim blieb stehen. „Was wißt Ihr noch, Rentsch?" fragte er.

„Nichts. Aber nehmt den Schurken zurück."

„Wohl. Ihr seid kein Schurke. Ihr seid ein ehrlicher, treuer Diener Eures Herrn. Aber sagt mir nun, Ihr ehrlicher, treuer Diener, warum Bonnius nicht aus einem anderen Grunde dort gestanden haben kann, als um nach meiner Schwester zu sehen, und warum meine Schwester nicht errötet sein kann aus Zorn über Eure Frechheit?"

„Gnädiger Herr," erwiderte Rentsch, „vielleicht stand Bonnius da im Busch, weil es ihm Freude machte, sich von den Mücken stechen zu lassen, und Eurer Schwester Erröten habt Ihr gewiß auch ganz richtig gedeutet. Verzeiht, daß ich Euch damit lästig fiel. Ich dachte: lieber bewahrt, als beklagt!"

Der Junker nahm seinen Gang wieder auf. „Aber Ihr sagtet doch, daß die Kinder des Junkers von Kelles bei ihr waren."

„Ja, sie waren bei ihr."

Der Junker war außer sich. Die Möglichkeit der Annahme, von der der Schreiber ausging, erschien ihm so beleidigend und entehrend, daß er sich am liebſten an Rentſch gehalten und dieſen niedergeſtochen hätte, aber was war damit gewonnen, wenn der Mann recht hatte? Vorgekommen waren ja ſolche Dinge, und was einmal geſchah, kann ſich wiederholen. Konnte Gretheken Rißbiler mit einem Schreiber durchgehen, ſo konnte auch —

Der Junker ſtieß einen Schrei aus und ſchlug ſich mit der Fauſt gegen die Stirn.

Rentſch blickte dem Junker unverwandt nach, während derſelbe durch die Stube ſtürmte wie ein wildes Tier. „Gnädiger Herr," ſagte er, „wir wiſſen ja noch nichts Beſtimmtes."

„Du Narr," ſchrie der Junker, indem er vor dem Schreiber ſtehen blieb, „glaubſt du, daß ich, wenn ich Beſtimmtes wüßte, jetzt hier wäre? Ich jagte hinüber, erwürgte das Mädchen mit meinen Händen und träte den Schurken mit meinen Stiefelabſätzen tot. Iſt es nicht der Schande genug, daß Ihr es wagen könnt, mich zu warnen, meiner Schweſter Ehre ſei in Gefahr!"

„Guten Abend, gnädiger Herr," ſagte der Schreiber, wandte ſich um und ging auf die Thür zu.

„Bleibt hier, Rentſch!" donnerte der Junker. „Ihr habt den Brand ans Dach gehalten und wollt nun davon."

Der Schreiber zuckte die Achſeln. „Was ſoll ich hier?" erwiderte er. „Ihr vergeltet mir die Warnung, die doch in aller Treue und geziemender Ehrfurcht geſchah, durch Schmähreden und Drohworte."

Der Junker warf ſich in den Seſſel, ſchlug ein

Bein über das andere und kreuzte die Arme über der Brust. „Was ratet Ihr?" stieß er hervor.

„Ich rate, gnädiger Herr, daß Ihr den Zorn an den Nagel hängt und die Vernunft zur Hand nehmt. Es ist ja nicht unmöglich, daß wohl der Schreiber die Augen zu Eurer Schwester erhebt, und daß sie darum weiß, daß sie aber von dem Schalk denkt, wie es sich für eine von Thebingsheim ziemt."

Der Junker sprang auf. „Den Gedanken gab Euch Gott ein!" rief er.

„Das kann sehr wohl so sein," fuhr Renlsch fort, „darum geht mein Rat dahin, daß wir den Schelm nicht aus den Augen lassen. Einer muß immer hinter ihm her sein, bei Tag und bei Nacht, bei Sonnenschein und Regen, in Brache und Busch. Er muß ihm folgen wie der Brake dem Fuchs, wie der Schatten dem Mann."

Jürgen Thebingsheim stützte sich mit der Rechten schwer auf den Tisch. „Und wer soll das sein?" fragte er.

„Der schwarze Tönnies von Unnaser."

Der Junker blickte finster vor sich nieder. „Und wenn das Unmögliche sich doch begeben hätte," dachte er, „wenn der Sklave meldete, daß er —"

Der Junker stieß einen furchtbaren Fluch aus.

„Gnädiger Herr," sagte der Schreiber jetzt, „wir können den Tönnies auch einen anderen Weg fahren lassen. Man fand schon manchen Mann mit einer Kugel im Kopfe im Walde, der am Morgen beim Satteln ein munteres Lied pfiff."

„Nein," erwiderte der Junker, „ich will Gewiß=
heit haben. Ihr habt recht, sie kann höchstens darum
wissen. Wagt er es wirklich ihrer zu begehren, so
soll er nicht durch eine Kugel aus dem Busche fallen,
sondern an seinem Halse an einen Baum gehängt
werden, bis daß er tot ist. Laßt Euren Schweiß=
hund los und bleibt dem Wilde auf der Fährte. Ich
selbst will auch die Augen aufmachen."

Der Schreiber empfahl sich und ging davon.
„Ihr beiden in Kelles werdet an mich denken!"
dachte er grimmig.

Jürgen Thedingsheim ging in dieser Nacht erst
spät zu Bett. Am folgenden Morgen ritt er, so
früh es irgend anging, nach Kelles. Als er den Hof
erreichte, spielten die kleinen Mädchen unter der Linde
mit ihren Puppen. Er stieg vom Pferde, ging auf
sie zu und setzte sich neben sie auf die Bank. Die
Kinder blickten ihn erwartungsvoll an, denn es war
sonst seine Art nicht, sich mit ihnen abzugeben."

„Guten Morgen, Mäuse!" begann der von Randen.
„Ihr geht bei dem schönen Wetter jetzt wohl oft in
den Wald?"

„O ja, fast alle Tage," erwiderte Christinchen.

„Wohin geht es denn gewöhnlich?"

„Zur Wiese am Walde, Jürgen. Bärbchen kommt
immer mit und windet uns Kränze aus den Blumen,
die wir ihr bringen."

„Und Bonnius auch? Nicht wahr?"

„Hast du Zahnpein, Jürgen?"

„Nein. Und Bonnius auch?"

„Leider nicht, Jürgen. Er sagt immer, er müsse auf die Waldwiese reiten."

„Aber manchmal kommt er doch mit?"

„Nein, Jürgen, leider nicht. Er ist nur einmal mitgewesen, als Bärbchen ihm die Stelle zeigte, wo die neue Bank hinkommen sollte."

„Ihr habt wohl den Bonnius sehr lieb?"

„Warum verziehst du immer so dein Gesicht?"

„Es ist nichts, Christinchen. Ihr habt wohl den Bonnius sehr lieb?"

„Ja. Über die Maßen. Hast du ihn auch lieb?"

Der von Randen nickte und stand auf. „Na, spielt nur hübsch weiter," sagte er und schritt auf die Hausthür zu, aus der ihm eben Eilhard, dem die Ankunft des Vetters gemeldet war, entgegentrat. Die Junker plauderten eine Weile miteinander vom soeben erfolgten Tode des Herrmeisters Galen. Dann kam das Gespräch auch auf Bonnius. Eilhard war seines Lobes voll. Man ging nun zu den Frauen, und zum Frühstück erschien auch Barbara. Sie wußte sogleich, was ihren Bruder hergeführt hatte, zumal dieser ungewöhnlich freundlich gegen sie war, und machte sich auf alles gefaßt.

Nach der Mahlzeit ergriff der von Randen die Hand Frau Katharinas und ging mit ihr in das Nebenzimmer. „Ich will mir Euren Rat erbitten, Muhme," sagte er laut, indem er die Thür zuzog. „Muhme," fuhr er dann fort, „der Elert gefällt mir nicht!"

„Meinst du?" fragte Frau Katharina erschreckt. „Findest du, daß er übel aussieht?"

Der Junker ging mit über die Brust gekreuzten Armen ein paarmal auf und nieder. Dann blieb er wieder vor Frau Katharina stehen. „Ob er nicht schneller wieder zu Kräften käme, wenn die beiden Hochzeit hielten?" fragte er.

Frau Katharina erbleichte. „Wie können wir an Verlöbnis und Köste denken, so lange Elerts Vater fort ist," erwiderte sie. „Was würden die Leute dazu sagen?"

Der Junker durchmaß wieder das Zimmer und kaute an seiner Unterlippe. „Daran hatte ich nicht gedacht," gab er zurück. „Aber dessen seid Ihr ganz sicher, daß sie ihn noch mag? Wie?"

Frau Katharina zuckte die Achseln. „Wer kann einem Mädchen ins Herz sehen," erwiderte sie. „Sie hat seit dem Winter ein ganz neues Kleid angezogen."

Der von Randen blieb stehen und blickte Frau Katharina scharf an. „Worin hat sie sich verändert?" fragte er.

„In allem. Du weißt, daß sie, längst mannbar, in Gedanken, Rede und That war wie ein Kind. Auch machte sie sich gerne gemein mit den Leuten, und je mehr gesprungen wurde, um so lauter sang sie. Jetzt ist sie stachlicht wie ein Dornbusch, und das Reden hat sie ganz verlernt."

„Und wie hält sie es mit Elert?"

„Der Vater hat sich in guter Meinung von Elert

mit Handschlag geloben lassen, daß er Bärbchen bis zum Verlöbnis nach seiner Wiederkunft halten soll wie eine Schwester."

„Ich meine, wie sie es mit Elert hält, Muhme?"

„Sie gibt ihm nicht mehr gute Worte als uns anderen auch, alle zusammen aber machen noch keinen Scheffel aus. Du solltest einmal sehen, wie sie mit Bonnius umgeht! Nun, verziehe nur nicht dein Gesicht, ich weiß, du magst ihn nicht, uns aber ist er wert und lieb, und er hat es nicht verdient, daß sie mit ihm redet wie mit einem Knecht."

„Vielleicht hat er sich Unziemliches erlaubt."

Frau Katharina schüttelte den Kopf. „Nimmermehr, Jürgen," erwiderte sie. „Dazu ist er der Mann nicht. Er ist ein frommer, rechtschaffener Mensch, der weiß, was sich für seinesgleichen schickt und wie er seiner Herrin Brudertochter geziemend zu begegnen hat. Zudem redet er ja mit ihr nur unter unseren Augen."

„Woran liegt es, daß das Mädchen so anders geworden ist? Wo kein Feuer ist, gibt es doch auch keinen Rauch! Steckt vielleicht einer der jungen vom Abel dahinter, der es ihr angethan hat?"

„Ich weiß es nicht, Jürgen. Ich meine, wir müssen warten, bis dein Oheim nach Hause kommt. Dann muß ja der Hase auf die Fläche."

„Und Elert?"

„Du kennst ihn ja, Jürgen. Das sind tiefe Wasser, auf deren Grund auch ein Mutterauge nicht schaut."

Der Junker trat dicht an Frau Katharina heran. „Muhme," flüsterte er, „Ihr seid selbst eine Thebings= heim, Euch kann ich es sagen — wie wenn — der Schreiber an dem allen die Schuld trüge?"

Frau Katharina fuhr zurück. „Wie kannst du so thöricht reden, Jürgen," rief sie unwillig. „Er müßte ja toll sein. Wie kommst du nur darauf? Für ihn stehe ich, wie für mich selber. Er weiß, was er einer Thebingsheim schuldig ist."

„Mißversteht mich nicht, Muhme," sprach The= bingsheim weiter, „ich traue meiner Schwester nicht zu, daß sie sich an einen losen Buben wegwürfe; aber wie, wenn er die Frechheit hätte und erhöbe seine Augen zu ihr? Sie könnte zu stolz sein, um Euch die Beleidigung zu bekennen und still sein, weil sie eine Wunde am Leibe hat."

Frau Katharina schüttelte den Kopf. „Für ihn leiste ich jede Bürgschaft," erwiderte sie. „Solche gottlose und verruchte Gedanken sind gewiß nie in ihn gekommen, geschweige denn, daß er sich damit herausgewagt hätte. Dazu ist er überdies zu klug, um nicht zu wissen, daß wer eine Nessel anfaßt, sich die Hände verbrennt. Ich schwöre dir bei meiner Seelen Seligkeit und bei meines Gatten Ehre, daß ihm nie etwas Ähnliches in den Sinn kam. Wie kommst du nur darauf?"

„Wenn Rauch in die Stube bringt und in dem Ofen ist kein Feuer, so sucht man selbst im Keller nach ihm," war die Antwort.

Der Junker wechselte das Gespräch, und beide kehrten zu den übrigen zurück.

Der von Randen blieb auch zu Mittag in Kelles. Er war ungewöhnlich herablassend gegen Bonnius und richtete mehrfach Fragen an ihn, die sich auf die Landwirtschaft bezogen. Bonnius erwiderte so viel, als die Höflichkeit durchaus verlangte, ging aber, sobald die Tafel aufgehoben war, fort. Barbara sprach während der Mahlzeit kein Wort.

Nach Tisch näherte sich Jürgen Thebingsheim der Schwester, legte seinen linken Arm um ihren Leib und führte sie, wie mit ihr tändelnd, durch ein paar Zimmer in eine Fensternische. Barbara ließ sich das, so lange die Augen der Familie auf ihr ruhen konnten, gefallen, als sie aber die Nische erreicht hatten, stieß sie den sie umschlingenden Arm kräftig von sich.

Der Junker wollte aufbrausen, aber er beherrschte sich. Die Geschwister, die sich sehr ähnlich sahen, standen sich gegenüber und blickten sich in die Augen, aus denen die mühsam verhaltene Leidenschaft blitzte.

„Bärbchen," begann Jürgen Thebingsheim, „wir haben alte Späne miteinander, aber wir sind doch zwei Äpfel, die auf einem Baume wuchsen."

Er suchte ihre Hand zu ergreifen, aber Barbara legte beide Hände auf den Rücken.

„Bärbchen, denke daran, daß wir Geschwister sind."

„Ich denke an die gemeine Rede: Hüte dich vor

den Katzen, die vorne lecken und hinten kratzen," war die Antwort.

„Bärbe! Bärbe! Jürgen Thebingsheim hält niemand die Hand zum zweitenmale hin. Er hat ein gutes Gedächtnis."

„Dann sollte er an des Müllers Käthe denken." Des Junkers kurzer Geduldsaden war zu Ende. Er ergriff die Schwester an beiden Armen und schüttelte sie derb. „Du freche Belferkatze!" knirschte er. Barbara blickte ihn furchtlos an. „Ein tapferer, ritterlicher Mann!" spottete sie.

Der Junker stieß sie zurück, daß sie gegen die Wand taumelte, wandte sich um und ging davon. „Es ist alles Unsinn," dachte er. „Wie könnte sie es sonst wagen, mich so zu reizen."

Als er in Randen wieder eintraf, ließ er sofort Rentsch rufen.

„Ruft den Tönnies zurück und kommt mir nie wieder mit solchen Dingen," herrschte er ihm zu. „Diesmal seid Ihr durch Eure gute Meinung entschuldigt, aber künftig nehmt Ihr mir nie wieder des gnädigen Fräuleins Namen in Euren Mund. Ich will solche Reden nicht wieder hören. Verstanden?"

„Verstanden," erwiderte Rentsch trotzig und ging davon. „Der schwarze Tönnies wird bleiben, wo er ist," dachte er, „aber an das Wort von heute sollst du denken, du hochmütiger Junker. Kommt es, wie ich meine, daß es kommen muß, so will ich des gnädigen Fräulein Namen erst wieder in den Mund nehmen, wenn sie nicht mehr ein gnädiges Fräulein ist.

Dann aber sollst du mich hören und wenn du taub
wärest."

Der von Randen durchmaß unterdessen wieder
mit schnellen Schritten das Zimmer. „Es ist ein
Jammer, daß die Muhme recht hat, und daß wir
sie, ehe der von Kelles zurück ist, nicht verheiraten
können. Dann wäre ich aller Sorgen ledig gewesen.
Das mit dem Schreiber ist Unsinn, aber wer weiß,
was die Widerbellerin mir noch für eine Suppe ein-
brockt. Ich habe es längst in den Gliedern, daß
mir von ihr einmal ein großer Verdruß kommt. Na,
vor Weihnachten ist der Stiftsvogt jedenfalls wieder
auf Kelles, und dann mag der blasse Junge zusehen,
was er mit dem Unband von Mädchen anfängt."

Der Junker fuhr sich mit der Hand durch das
zierlich gekräuselte Haar und begab sich wieder zu
seiner Urs, um an ihrer Seite die Sorge, die ihn
bewegte, zu vergessen.

Vierzehntes Kapitel.

Aus dem Frühling war der Sommer geworden, und die Strahlen der Nachmittagssonne lagen heiß auf dem Hofe von Kelles. Im Wohnhause schlief alles oder hielt sich wenigstens still, denn die Hitze hatte auf jedermann ihre erschlaffende Wirkung geübt. Am erträglichsten war es noch in den nach Norden gelegenen Zimmern, und unter diese gehörte das Gemach, in welchem die Bücherei und das Archiv des Stiftsvogts untergebracht waren. Es war eine große zweifenstrige Stube, deren vergitterte Fenster auf einen schmalen Raum hinausgingen, der sich hier zwischen Haus und Staket hinzog und der für gewöhnlich nur von den Hühnern besucht wurde, die hier auf Regenwürmer Jagd machten.

In diesem Zimmer saß Bonnius heute und studierte in einer alten Urkunde, aus der er Aufklärung über den Lauf der Gutsgrenze suchte. Aber er kam nicht weit damit, denn er bemerkte, daß während seine Augen auf den Schriftzügen weilten, seine Gedanken ihre eigenen, weit abliegenden Pfade wandelten. Er legte daher die Urkunde auf den Tisch, lehnte sich im Stuhle zurück, kreuzte die Arme über der Brust, schloß die Augen und gab den Gedanken freie Bahn.

Bonnius hatte einen Vetter und Jugendgespielen in Lübeck, der ihm ganz ergeben war. Es war mehr als eine herzliche Freundschaft, die sie verband, denn unseres Bonnius Vater hatte den Neffen ganz erzogen und der Sohn ihm einst mit eigener, höchster Lebensgefahr das Leben gerettet. Der Vetter, Hinrich Bonnius, hatte in Lübeck sein Glück gemacht, denn es war ihm nach dem Tode des Kaufherrn, dem er seine Dienste widmete, dessen Geschäft zugleich mit der jungen Witwe zugefallen. Hinrich Bonnius war jetzt ein sehr wohlhabender Mann.

An diesen Vetter nun hatte Franz Bonnius vor ein paar Wochen geschrieben, ihm mitgeteilt, daß er ein Fräulein von Adel zu entführen gedenke und ihn um seine Unterstützung gebeten. Er hatte dabei die ungeheuere Gefahr, der er sich aussetzte, nicht verschwiegen, zugleich aber betont, daß er ohne die Jungfrau nicht leben könne und tausendmal lieber verderben, als freiwillig von ihr lassen wolle.

Jetzt folgte er in Gedanken dem Brief und suchte sich zu vergegenwärtigen, welche Aufnahme er wohl finden würde. „Hinrich wird mich nicht im Stich lassen," dachte er, „und er wird auch jemand in Riga haben, der uns dort Unterschlupf bietet, bis ein Schiff uns nach Deutschland bringt. In Lübeck werden wir ja nicht bleiben können, und im Braunschweigischen auch nicht, aber die Welt ist groß, und sind wir erst aus dem Lande, so finden wir schon irgendwo einen

Ort, wohin die Hand der Thedingsheim nicht reicht. Das schwierigste ist, aus dem Lande zu kommen, aber auch das muß gelingen, wenn wir nur in Riga einen Helfer finden. Wir! Bin ich denn aber auch so sicher, daß Bärbchen mir wird folgen wollen?" Bonnius lächelte.

Es war so still im Gemach, im Hause, in der Welt. Nur die Fliegen summten, aber auch das eintönig, verschlafen. Die Grenze, die das Träumen des Wachenden von dem des Träumers unterscheidet, war überschritten. Ein schnell fließender Bach eilte plätschernd dem rauschenden Wehr zu, über das seine Wasser sich schäumend hinabstürzten. Auf dem Bach trieb ein losgelöstes Blatt der Wasserlilie, aber dieses Blatt war zugleich etwas Lebendes, das Anstrengungen machte, sich der Strömung zu entziehen. Wie lächerlich! Bonnius lächelte wieder. Diesmal im Schlaf. Aber er fuhr auf, denn er hörte einen leichten Schritt auf dem Korridor, den er unter Tausenden erkannt haben würde. Er sprang schnell auf und verbarg sich hinter dem Vorhang, der vor das Bücherregal gezogen war.

Die Thür ging auf, und Barbara trat ein. Die Tante hatte am Vormittag das Siegel des Stiftsvogtes gebraucht und Barbara aufgetragen, es wieder an seinen Ort zu stellen. Diese hatte es bisher versäumt und wollte nun den Auftrag ausführen. Als sie die Urkundenlade geöffnet sah und Bonnius' Hut erblickte, fuhr sie zusammen, denn sie hatte nicht geahnt, daß er hier sein könnte. Erschreckt blickte sie um sich, aber da trat er auch schon hinter dem Vorhang hervor und auf sie zu. Er breitete die Arme aus, und sie sank hinein.

Vergeblich wollte sie, als sie zur Besinnung kam, das alte Verhältnis wieder herstellen. Seine starken Arme umschlangen sie, sein Mund bedeckte ihr Gesicht mit Küssen. — Was half die Erinnerung an die furchtbaren Gefahren, die ihnen drohten, wenn er lachenden Mundes schwur, daß er tausendmal lieber mit ihr verderben als ohne sie leben wolle. Die Strömung war allzustark, jeder Versuch eines Widerstandes vergeblich.

Vonnius setzte ihr, während sie auf seinem Schoß saß und ihren Kopf an seiner Brust barg, seine Pläne auseinander. Sie glaubte nicht an ihr Gelingen, aber sie fühlte, daß die Seligkeit, endlich in seinen Armen ruhen zu können, für sie auch mit dem Tode nicht zu teuer erkauft war.

In dieser Nacht hatte Barbara einen furchtbaren Traum. Randen, das Schloß ihrer Väter, stand in Flammen. Eine ungeheuere Lohe schlug aus den alten Mauern empor und färbte den Himmel und die Umgebung weithin blutrot. Um die Flamme kreiste in weiten Bogen eine Schar Tauben. Eine dieser Tauben war Barbara. Sie fühlte, wie die Flamme eine seltsame Anziehungskraft auf sie ausübte. Sie hatte eine entsetzliche Angst vor dem Feuer und doch mußte sie die Kreise enger und enger ziehen. Heiß, erstickend, verzehrend heiß schlug ihr die Glut entgegen — jetzt stieß Barbara einen Schrei aus und erwachte.

„Bärbchen, was hast du?" rief Anna, die sich jäh im Bett aufgerichtet hatte.

„Es ist nichts, Anna, ein Traum ängstigte mich," war die Antwort.

Barbara schlief in dieser Nacht nicht wieder ein. Sie lag mit verschränkten Händen still da und ließ die Zukunft, wie sie sich voraussichtlich gestalten mußte, an sich vorüberziehen. Sie erschien ihr immer gleich verderbenbringend, selbst in dem Fall, daß Bonnius und sie der Verfolgung durch ihr Geschlecht entgingen. Auch dann war sie ein fahrendes Weib, losgelöst von allem, was ihr bisher lieb gewesen war. Aber sie dachte nicht daran, daß sich das alles noch ändern lasse. Sie gehörte zu Bonnius, als ob sie ein Teil von ihm geworden wäre. So hatte es ihr seliges, unseliges Schicksal gewollt.

Seit jenem Tage vernahmen die alten Urkunden im Archiv von Kelles oft heimliches Liebesgeflüster.

Bonnius war, in der Weise sehr leidenschaftlicher Menschen, im Grunde ein kalter, nüchterner Mann und er war klug. Nun war es, als ob diese Eigenschaften auch übergingen auf das Mädchen, in dessen Seele die seinige gleichsam überflutete wie in ein leeres Gefäß. Das Verhältnis wurde mit der größten Umsicht und Vorsicht fortgesetzt, so daß auch die schärfste Beobachtung nicht Verdacht schöpfen konnte. Nicht nur die Hausgenossen ahnten nichts, auch der schwarze

Tönnies mußte berichten, daß er nichts wahrgenommen habe, was irgend verdächtig erscheinen konnte.

Von Moskau aus war durch Vermittelung eines russischen Bettlers ein Brief nach Livland gelangt, in dem Herr Kruse über den Großfürsten bitterlich klagte. Die Verhandlungen kamen nicht aus der Stelle, ein Ende derselben ließ sich nicht absehen.

Im Lande selbst vermittelten unterdessen die Gesandten des römischen Königs Ferdinand und der Herzöge Barnim und Philipp von Pommern zu Wolmar zwischen dem Erzbischof und dem Orden. Am 12. August vereinigte man sich endlich dahin, daß alles wieder auf den alten Fuß gebracht werden sollte. Die Bischöfe Herman Weiland von Dorpat und Johann von Münchhausen von Ösel und Kurland sollten das Erzstift bis zur Restitution sequestrieren, der Koadjutor, Herzog Christoph von Mecklenburg Koadjutor bleiben, jedoch geloben, das Erzstift in keine weltliche noch erbliche Herrschaft zu bringen. Darauf kamen auf Verlangen des Königs von Polen der Herrmeister Fürstenberg, der Erzbischof Wilhelm und Herzog Christoph in das polnische Lager zu Poswol und dort erfolgte am 5. September der endgültige Friedensschluß.

Es mochte etwa vierzehn Tage später sein, als eines Nachmittags Bruno von Thebingsheim auf den Hof von Kelles ritt. „Guten Abend, Junker," redete er den ihm entgegen eilenden Eilhard an, „wenig fehlte, so hättet Ihr unsere Freunde in den langen Strümpfen wiedergesehen."

„Wie das?" erwiderte Eilhard, „ich denke, Euer

Handel mit dem Hauptmann ist doch durch den Herrn Herrmeister vertragen und gänzlich beigelegt?"

„So ist es, trotzdem hätten wir, so es nach Seiner fürstlichen Gnaden Wunsch und Meinung gegangen wäre, es ansehen müssen, wie die frommen Landsknechte am Embach hausten wie damals an der Aa."

„Was meint Ihr?"

„Nun die Herren vom Orden finden, daß sie ihre Rosenobel besser verwenden können, als indem sie mit denselben Hans Hau die tiefen Taschen füllen. Da schrieben sie denn an unseren gnädigen Herrn von Dorpat und fragten an, ob er der Gänsetöter nicht notwendig bedürfe wider den Moskowiter. Na, der gnädige Herr trat denn auch richtig schon bald mit einem Bein auf, bald mit dem anderen; wir vom Adel aber haben die Mäuler nicht zugehalten, so daß der Bischof wohl wußte, was der Zeiger bei uns geschlagen hat und wohin unsere Opinion ging. Da hat er sich denn freundlich bedankt, aber gemeint, die Reiter und Knechte würden das Stift kahl machen und mit Frauen und Jungfern allen Mutwillen treiben. Sollte aber das Land doch verdorben werden, so möchte das besser durch die Feinde als durch die Freunde geschehen. Na, ich hätte Sr. Ehrbarkeit Gesicht wohl haben sehen mögen, wie des Bischofs Brief an ihn gekommen und er eingesehen, daß wer das Bier getrunken hat auch die Zeche bezahlen muß."

„Die Landsknechte hätten uns wahrhaftig gerade noch gefehlt," rief Eilhard hitzig. „Ist es nicht genug, daß des Ordens Stallbrüder sich rühmen Pföste und Pfeiler des Landes zu sein, sollen auch noch die Landschäumer aus Deutschland an uns zu Rittern werden? Ich möchte wohl wissen, was denn die Reußen uns übleres anthun könnten als diese Schnapphähne."

„Natürlich," meinte der von Thebingsheim. „Mit ihrem Stampfen und Meutereianrichten würden die Schlagetots überdies den Reußen auch nicht zum Lande herausbringen. Dazu ist ja die ganze Moskowiternot blinder Lärm, denn die Botschaft wird schon Friede machen."

So redeten die Junker miteinander und wie sie sprachen, so dachte das ganze Land. Auch der Orden, wenigstens wurden auf Betreiben des Landmarschalls Christopher von der Leyen die Landsknechte abgelohnt und nach Deutschland entlassen. Im Lande aber ging es in diesem Herbst ausgelassener zu als je zuvor. Es war, als ob die alte livländische Lebenslust sich noch einmal ganz und voll austoben müsse. Ein Wackenfest folgte dem anderen, überall erklangen die Trompeten und Kesselpauken zum Tanze der Herren, gellten die Sackpfeifen zum Springen der Bauern. Der Acker hatte reichlich getragen, man hatte Brot die Fülle, das Bier floß in Strömen.

In Kelles merkte man wenig von diesem Treiben. Die Sorge um den fernen Gatten bewirkte, daß Frau Katharina alle Geselligkeit nach Kräften fernhielt, die jungen Mädchen zeigten den Gästen auch kein freundlich Gesicht, Eilhard war noch immer krank. So kamen denn die Nachbarn nur selten und blieben meist nicht

lange. Der schwermütige Geist, der in dem einst so
gastlichen Hause umging, war wenig nach dem Sinn
der lebensfrohen Livländer.

Die Antwort aus Lübeck ließ lange auf sich warten.
Endlich kam sie. Eines Tages bot ein Krämer auf
dem Hofe seine Ware feil. „Herr, nehmt diese Pelz=
mütze, sie steht Euch hübsch zu Gesicht, und wird Euch
gute Dienste thun," sagte er zu Bonnius und blickte
ihn dabei so seltsam an, daß Bonnius merkte, es
müsse eine besondere Bewandtnis mit der Mütze haben
und sie erwarb. Als der Krämer darauf seiner
Mähre den Futtersack wieder abnahm und ihr die
Trense ins Maul schob, trat Bonnius nahe an ihn
heran und vernahm deutlich: „Im Futter." Er eilte
nun auf sein Zimmer, trennte das Futter mit zittern=
der Hand ab und fand zwei Schreiben. Das eine
kam aus Lübeck, das andere rührte von dem Geschäfts=
freunde von Hinrich Bonnins in Riga her.

„Daß du dich," hieß es in dem ersten Brief, „des
Junkers so angenommen, daß du ihm auf der Flucht
förderlich und dienstlich sein willst, will mir wenig
gefallen. Du hättest der gemeinen Rede eingedenk
sein sollen: ‚wer will haben etwas zu schaffen, besaß
mit Adel sich und Pfaffen.' Über diesen Stein ist
schon mancher gute Geselle gestolpert und zu Fall
gekommen, der sonst fest stand in seinen Schuhen, und
die adelige Freundschaft ist für unsereinen meist doch
nur der Mäusedreck im Pfeffer. Doch das sei Gott
anheimgestellt. Hat er Daniel in der Löwengrube
behütet, darin ihn der Persianische König warf, also

daß die blutdürstigen und greulichen Tiere ihm kein Härlein krümmen durften, so kann er auch dich und deinen jungen Gesellen vor der livländischen Junker Wüten gänzlich und vollkommen bewahren.

„Nun schreibst du, daß der Junker eines Totschlages wegen das Land meiden muß und daß die Sippschaft des, den er erschlug, überall im Lande seßhaft und angesessen sei, auch sonder Zweifel weder Gold noch Atem sparen werde, ihn, wo er auch sei, zu ergreifen und mit ihm nach ihrem Willen zu verfahren. Solchen Gast wird nun niemand hegen und pflegen wollen, denn dem Feldhauptmann spukt auch der Landsknecht nicht in den Bart. Darum geht meine Meinung dahin, man müsse keinen darum angehen, ein halb Jahr lang ein Pulverfaß als Kopfkissen zu haben; ein paar Tage lang aber hält man das schon aus. Deshalb solltest du auch den Junker, so es angeht und die Dinge es leiden, bis zum Frühling lassen, wo er ist und erst dann das Wanderbündel aufhocken. Über die wilde See kommt ihr eher, als durch die Wildnis. Könnt ihr nun warten, bis in der Düna wieder gesegelt wird, so thut also und seht dann zu, wie ihr zu Martin Lenz, Kaufmann über See, in der Herrenstraße kommen könnt. Er wird euch um der Freundschaft willen, die er für mich hegt, in jeder Weise förderlich und dienstlich sein, auch mit dem Schiffer alle Abrede treffen, daß ihr ungesehen an Bord kommt. Sollten die Hunde aber den Hasen vor der Zeit aus dem Lager treiben, — was jedoch — so Gott will — mit nichten geschehen oder sich ereignen wird, so suche nur eben dort Unterschlupf, indem dir mein Freund mit Herberge, Rat und Geld jeder Zeit zu willen sein wird. Doch solltest du ohne dringende Not den Biedermann nicht in so gefährliche und weitaussehende Händel verwickeln und verstricken. Was geschehen kann, wenn ihr in der Trawe seid, will ich dir zu seiner Zeit nicht verschweigen noch vorenthalten. Doch soll man nicht um die Wiege sorgen, ehe denn das Kind da ist. Dem Junker entbiete ich meinen Gruß. Ist er erst hier, so wollen wir sein wohl warten und ihn geziemender Weise halten, als ehrliche, rechtschaffene Leute."

So schrieb der Vetter. Der zweite Brief kam von Herrn Martin Lenz und lautete nach dem Eingang, wie folgt:

„Ehe das Eis fort ist, werdet Ihr den Junker schwerlich aus dem Lande bringen, denn die Grenze wird streng bewacht und wenn ein Häher angeschossen wurde, schreien alle anderen mit. Darum rate ich dringend, der Junker möge, wo es irgend angeht, in seinem Versteck bleiben, bis die Drossel ruft und der Wald grün wird. Sollte Euch aber schon vorher das Wasser zum Fenster hineinlaufen, so seht zu, wie Ihr hierherkommt. Seid Ihr erst hier, und es geht nicht anders, so wollen wir sehen, ob wir Euch und den Junker nicht doch über die Grenze bringen. Kannt Ihr erst über den Hund, so sollt Ihr auch über den Schwanz kommen. Mir könnte nichts Lieberes werden auf Erden, als wenn wir das Lamm den Wölfen

aus dem Rachen rissen, ich will deshalb auch, so es
nicht anders geht, meine Haut zu Markte tragen in
diesem Handel und nach Eueres Vetters Bitten Euch
in allen Stücken zu Willen sein. Darauf könnt Ihr
Euch gänzlich verlassen. Bedenket aber wohl, daß,
wer bei schlechten Wegen fährt, eher ans Ziel kommt,
wenn er langsam, als wenn er rasch fährt. Deshalb
rate ich nochmals, nicht eher zu satteln, als bis Ihr
reiten könnt und erst zu Tanze zu gehen, wenn Ihr
die Sackpfeifen hört."

Bonnius las die Briefe noch einmal durch; dann
errichtete er aus allerlei Holz, das gerade zur Hand
war, im Ofen einen kleinen Scheiterhaufen und ver-
brannte sie zu Asche. Er war sehr bleich, als er in
die Flamme blickte, denn die Gefahr, der er entgegen-
ging, trat ihm wieder einmal unverschleiert und furchtbar wie sie war vor die Seele, aber sein Entschluß
war endgültig gefaßt. Sobald „die Drossel rief und
der Wald grün wurde," sollte die Flucht unternommen
werden.

Es wurde zum Essen geklappert, und Bonnius
ging hinab, um sich ins Wohnhaus zu begeben. Als
er den Hof betrat, hielt eben Pastor Westermann auf
demselben. Der Pastor kam in dieser Zeit häufiger
als sonst, er wußte wie willkommen er den Frauen
gerade jetzt immer war.

„Guten Tag, Bonnius," rief der Pastor, indem
er nicht ohne Mühe vom Pferde stieg, „wie ich das
Klappern hörte, war es mir gerade, wie dem im
Schneetreiben Verirrten, der eine Glocke läuten hört.

Mein Klepper hat mich tüchtig geschüttelt, und ich bin hungrig wie ein Kriegsmann."

„Ihr solltet Euch einen besseren Gaul erwerben, Pastor," erwiderte Bonnius, indem er den mageren Braunen, den ein Reitknecht eben in Empfang genommen hatte, prüfend betrachtete. „Verzeiht, aber es ist wider alle Ordnung, daß ein geistlicher Herr auf einer solchen Schindmähre durch das Land reitet."

Der Pastor lachte. „Ich habe für die paar Gulden in meinem Seckel bessere Verwendung," erwiderte er, „als sie dem Roßkamm zu geben. Und was die Ordnung anbetrifft — unser Herr und Heiland ritt auf einer Eselin und das noch dazu, als er in Jerusalem seinen Eintritt hielt als ein König."

„Er war aber auch nicht in Livland Pastor."

„Das ist wahr," meinte Westermann, „dafür ist ja aber auch mein Brauner kein Esel."

Sie gingen ins Haus, und der Pastor begrüßte die Familie in der ihm eigenen, herzlichen Weise. Über Tisch erzählte Westermann, daß er am Tage vorher einen gar traurigen Gang gegangen, indem er einem armen Sünder das letzte Geleit gegeben. „Er hieß Klaus Wernersrode," erzählte er, „war ein Kaufgeselle bei Herrn Dietmar und sonst ein wackerer, frommer und ehrbarer Mann. Da geschieht es, daß, wie er in der Pleskau ist, er einen reußischen Kaufmann findet, der Herrn Dietmar von lange her viel Geld schuldig war. Der Kaufmann war unterdessen weit weg gewesen und hatte mit seinem Handel viel

Geld verdient. Da hat er sich denn auch nicht lange mahnen lassen, hat dem Klaus die Schuld bezahlt auf Heller und Pfennig und ist dann wieder fortgezogen. Wie nun Klaus das Geld hat, spricht der Teufel zu ihm: ‚stecke das Geld flugs ein und sage deinem Herrn nichts davon. Der Kaufmann ist wieder in Reußland gezogen und nach dem Gelde kräht weder Hahn noch Huhn.' Der Klaus leiht Satanas das Ohr und wird ein Dieb. Nun geschieht es, daß des reußischen Kaufmanns junger Bruder in der Narwa Heinrich Queck trifft, der auch ein Kaufgeselle bei Herrn Dietmar ist. Wie die beisammen sind und haben einen guten Rausch, spricht der Queck: ‚Mit euch sollte man nicht Handel treiben, denn ihr seid Schelme und Euer Bruder hat meinem Herrn nicht bezahlt, was er schuldig ist'. Da ruft der Reuße: ‚Du bist selber ein Schelm und ein Lästermaul, denn mein Bruder hat deines Herrn Kaufgesellen alles bezahlt, was er zu zahlen schuldig war'.

„Darüber hat man nun den Klaus vernommen, und da seine Schuld zu Tage gekommen, hat man ihn als einen Dieb zum Galgen geschickt. Er war auch ganz reuig und zerknirscht und als er zum Galgen hinaufstieg, sprach er: ‚mir geschieht ganz recht und ich habe es nicht anders verdient', ermahnte auch die Leute, die um den Galgen herumstanden mit beweglichen Worten, ‚daß wenn der Böse sie auch einmal so ganz plötzlich sollte versuchen, sie ihm keineswegs nachgeben möchten, denn er sei ein Lügner von Anbeginn und wenn die Sache auch in den tiefsten

Brunnen gelaſſen würde, ſo ſorge er ſchon dafür, daß einer ſie mit dem Eimer herauſhole.'

„Wie er ſo redete, weinten alle jämmerlich, und die Frauen, die unter dem Galgen ſtanden, nahmen ihre Kinder und hoben ſie auf ihre Arme, damit ſie das gottſelige Ende dieſes armen Biedermannes anſehen könnten."

„Der arme Mann," ſprach die Ahne, „er wird gedacht haben: Der Herr hat das Geld doch in den Schornſtein geſchrieben und von dem Reußen wird er nie wieder hören."

„Ja," rief Eilhard, „es mag die Verſuchung ganz übermächtig geweſen ſein."

Der Paſtor ſchüttelte den Kopf. „Mit dieſer Ausrede würde er vor des Höchſten Gericht ſchlecht beſtehen," ſagte er. „Gott läßt niemand über ſeine Kräfte in Verſuchung führen."

„Aber bedenkt, Paſtor, wie die Verſuchung ſo plötzlich an ihn heran trat."

„Das gilt alles nichts. Seht, lieber Junker, ein Chriſtenmenſch ſoll allezeit auf der Wache ſtehen, denn er weiß, daß Satanas immerbar umgeht, wie ein brüllender Löwe. Mit den Kräften aber iſt es ein eigen Ding. Wer nie ein Schwert geführt hat, dem wird der Arm im Kampf geſchwind lahm, ob es ihm auch an Kräften nicht fehlt; darum muß, wer ein Kriegsmann werden und bleiben will, ſich allezeit üben. Die Griechen haben hierin eine feine Hiſtorie von einem Manne, der anfangs ein Kalb auf die Schulter nahm und eine Strecke weit trug und das fürder alle Tage, so daß er zuletzt, da aus dem Kalb ein Ochs geworden war, auch einen Bullen hat fortschaffen können, während er doch, so er sich gleich frisch an den Bullen gemacht hätte, jämmerlich zusammengebrochen wäre. Nun weiß niemand von uns, was für Kreuz und Anfechtung uns der Herr schicken wird, ob wir ein Kalb müssen auf die Schulter nehmen können, oder ob es ohne den Bullen nicht abgeht, deshalb müssen wir anfangen mit dem Kleinen, müssen den Apfel meiden, wenn er nicht unser ist und stillhalten, wenn wir den Wurm im Zahn haben. Sind wir daran gewöhnt, unser Begehren zu zügeln und nicht wider den Stachel zu löcken, so bringen wir es auch fertig, wenn statt des Apfels Goldgülden da liegen und statt der Zahnpein das Rad uns herumreißt."

„Also Ihr meint, daß wir allezeit Herr werden könnten über jede Versuchung?"

„Das meine ich, gnädige Frau. Seht, die armen, unvernünftigen Vögelein, wenn die Zeit kommt, daß ihre Vettern fortziehen, da müssen sie auch in ihrem Käfig toben und wider die Stäbe rennen und wenn ihnen darüber der Kopf in Stücke ginge, aber der Mensch kann allezeit seinem Herzen gebieten, daß es still sei. Nur ist das freilich eine Kunst, die gelernt sein will, wie jede andere auch."

„In der Kunst gibt es in unserem armen Livland wenig Meister."

„Gott sei es geklagt, ja, gnädige Frau," erwiderte Westermann. „Es ist eine böse Zeit, in der jedermann nur an sich denkt. Die armen, tollen Leute, wie wollen sie einst vor Gott bestehen! In der katho= lischen Zeit, da konnten sie wenigstens ihre Last ab= wälzen auf die Geistlichen und sprechen: ‚Ihr habt uns kein ander Beispiel und Exempel gegeben,‘ aber nun, da Gottes lauteres Wort an den Tag gebracht worden und jeder sein eigener Hohepriester ist, wo kann da solche Entschuldigung gelten? Da gilt nun keine Fürbitte, Totenmesse noch Ablaß, sondern jeder erhält seinen Lohn nach seinen Thaten."

„Und nach seinen Gedanken."

„Und nach seinen Gedanken, gnädige Frau."

„Wie schrecklich, Pastor. Wer kann seinen Ge= danken die Wege weisen?"

„Jeder, edle Jungfrau, jeder, der es will."

Barbara schwieg. Sie fühlte das Blut in ihren Schläfen hämmern und es ergriff sie eine Unruhe, die sie nur mit großer Mühe so weit unterdrückte, daß sie nicht zu Tage trat. Sie fühlte, wie zu all den Geistern, die sie bereits verwirrten und be= drängten, jetzt ein neuer Dränger gekommen war. Voll Angst schlug sie alle Thüren zu, die in ihr Herz führten und schob die Riegel vor. „Das glaubt er selbst nicht," dachte sie, „das spricht er nur, weil er ein Pfaffe ist."

„Es muß selbst einem Mann wie Euch schwer fallen unter diesem Gesetz zu leben, Pastor," sagte Bonnins mit kaum verhehltem Spott.

Barbara warf ihm einen dankbaren Blick zu für das erlösende Wort.

"Warum sollte es mir weniger schwer fallen als Euch, Bonnius?" erwiderte der Pastor einfach. „Ich bin so wenig ein Heiliger als Ihr. Schwer fällt dieses Gebot jedem und eben dadurch wird es einem jeden ein Zuchtmeister auf Christum, indem es in uns die Unruhe weckt, die nur er zu stillen weiß. Aber nun, gnädige Frau, hebt, wenn es Euch recht ist, die Tafel auf, daß wir rechtzeitig ins Dorf kommen und nach denen sehen können, die diese Unruhe noch nicht kennen, weil ihrer noch das Himmelreich ist, in das wir alle nur unter so viel Trübsal und Herzleid den Rück= weg suchen und dann nur finden, wenn unser Herr und Heiland unser Führer ist."

Fünfzehntes Kapitel.

Im Herbst trat in Eilhards Befinden eine merkliche Besserung ein, und als der Winter ins Land kam, fühlte er sich körperlich so wohl, wie seit lange nicht. Hand in Hand mit der Genesung steigerten sich aber auch die Qualen, die das Verhältnis, in dem er zu Barbara stand oder vielmehr nicht stand, ihm auferlegte. Mit eisiger Kälte wies sie jede Annäherung ab, und er konnte nicht in Zweifel darüber sein, daß er ihre Gunst völlig verscherzt halte. So lange die Krankheit ihn niederhielt, hatte er das ertragen, jetzt aber trieb es ihn fort aus der Nähe des so traurig verwandelten, ihm so teuren Mädchens und er benutzte jeden Anlaß, sich an den geselligen Freuden des Adels zu beteiligen. Die Familie war auch für den Winter in Kelles geblieben, er aber verlebte Wochen und Monate in Dorpat und suchte in der seinem Temperament so wenig entsprechenden Geselligkeit ein Vergessen, das er nicht fand.

Im Januar des Jahres 1558 wurde der ganze Adel aus dem Stift, sowie aus Harrien und Wierland nicht wenig in Aufregung versetzt durch die Vorbereitungen zu einer Hochzeit, die eine der glänzendsten zu werden versprach, die je im Lande gehalten wurden. Die reiche Herrin von Rogel, Maiken Üxküll, Otto Vietinghofs Witwe verheiratete ihre Tochter mit Hermann Böge, und nichts wurde gespart, um das Fest auf das glänzendste zu gestalten.

„Es werden Tage, wie wir sie noch nicht erlebt haben," sagte Werner Thedingsheim zu Eilhard und seine Augen blitzten vor Lebenslust. „Die Frau von Rogel hat sich verlauten lassen, es solle eine Köste werden, an die Kind und Kindeskind gedenken würden. Seit zwei Monaten soll ein Schreiber den ganzen Tag über nichts anderes thun, als die Einladungen an die vom Adel zu schreiben. Ganz Livland wird da sein. Darum wollen sie auch nicht nur eine Gildstube in Reval nehmen, sondern alle."

„Unerhört," rief Eilhard.

„Nicht wahr? Ich sage dir, Elert, es ist ein Jammer, daß deine Mutter nicht auch hinkommt mit Anna und Bärbchen. Na, von Anna will ich nicht reden, aber wie schwer wird es Bärbchen fallen, das Spinnrad zu treten, während wir bei Trompeten und Kesselpauken tanzen! Konrad Vietinghof hat mir für gewiß erzählt, daß nicht nur die Drometer und Spielleute von Reval, sondern auch die aus der Narwa da sein werden und daß überdies auch des Herrmeisters Heertrommeln zur Köste kommen. Juchhe, Elert, ich sage dir, mir springen die Beine schon unter dem Tisch."

Walter Thedingsheim schüttelte den Kopf. „Wenn

uns nur der Reuße nicht einen bösen Strich durch die Rechnung macht!" sagte er.

„Er wird sich hüten," meinte der von Randen, „seinetwegen leben wir so sicher wie in Priester Johanns Land."

„Du hast keine Nachricht aus der Moskau, Elert?"

„Nein, Walter, aber ich meine, das sei ein gutes Zeichen. Machte der Moskowiter Ernst, so würde mein Vater schon Mittel und Wege finden, uns zu warnen."

„Es gehen allerlei Gerüchte um im Lande," sagte Elert Dücker. „Man erzählt sich, der russische Hauptmann in Iwangorod, Paul Powik, der viel mit den deutschen Herren zecht, habe den Vogt von Neuschloß, der beim Zechen sein Vater geworden ist, gewarnt, er solle, was ihm lieb ist und wert fortschaffen."

„Ach was," rief Jürgen Thebingsheim, „daß der Reuße an der Grenze vorhanden ist, weiß jedermann, aber er steht nur da, wie der Niklas, um mit der Rute die Kinder zu schrecken. Wenn wir uns nicht bange machen lassen, wird er bleiben, wo er ist. Wenn die Sonne auf livländische Harnische scheint, kann kein Reuße die Augen aufmachen."

„Ich geh' nach Reval," rief Heinrich Hahn, „und wenn es Moskowiter vom Himmel regnete, und alles was vom Adel fahren, reiten und wanken kann, geht mit."

Und so geschah es. Als der Tag der Köste herannahte, waren die nach Reval führenden Straßen von Schlitten bedeckt, in denen alles, was von Adel war, dem Feste zueilte. Die Nachbarn hatten sich zusammengethan, man fuhr in kleinen Karawanen dahin, des Lachens und Jubelns war kein Ende. In Reval waren bald die Stadtkrüge und die Bürgerhäuser brechend voll von fröhlichen Junkern mit ihren Frauen und Kindern, sowie von den Domherren aus Dorpat und Hapsal, im Schloß waren zahlreiche Ordensherren abgestiegen.

So war der Sonnabend herangekommen. Am Nachmittag fanden sich alle Herren in ihrem schönsten Schmuck auf dem Marktplatz zusammen. Die eine Hälfte war in Grün gekleidet, von wegen der Braut, die andere in Rot, von wegen des Bräutigams. Goldene Ketten, an denen kostbare Schaustücke hingen, hatte man um den Hals gehängt, die besten Waffen angethan. Auch die Rosse waren mit silbernen Ketten behängt, auf ihren Häuptern schwankten Federbüsche, Sattelzeug und Schabraken waren auf das kostbarste geschmückt. Die schweren Hengste waren kaum zu bändigen, ihr Wiehern tönte weithin durch die klare Winterluft, zugleich mit Trompetenschall und dem Getöse der Heertrommeln. Als alle beisammen waren, ritt man in zwei Haufen hinaus aus dem Thor auf eine Bahn, die man vom Schnee gereinigt hatte. Hier hielt der alte Reinhold Zöge die Oration. Er dankte zuerst den Herren, daß sie zu Ehren der Braut und des Bräutigams erschienen seien und bat sie sodann, dafür sorgen zu wollen, daß sie das christliche Fest in allen Freuden endigen lassen sollten. So aber jemand mit einem etwa einen alten Haß oder Groll haben sollte, der möge dessen hier nicht gedenken. „Wollt ihr nun solches zu thun bedacht sein," rief der Redner zum Schluß, „so hebt die Hand auf und gelobet es!" Da hoben alle die Hände auf.

Nun ging es wieder mit Heertrommeln und Trompeten zurück in die Stadt. Der Zug ging kreuz und quer durch die Gassen, die Hengste steilten und tanzten, und der Atem drang wie Rauchwolken aus ihren Nüstern. Endlich ging es an der Gildstube vorüber, in der sich mittlerweile die Frauen und Mädchen eingefunden hatten. Hier auf der Schwelle der Gildstube hielt die Braut. Sie war ein zartes Fräulein, das unter der Last des Schmuckes und der hohen Brautkrone auf dem Haupte fast erlag.

Zweimal zog der Zug an der Braut vorüber. Dann löste er sich auf und die Reiter eilten in ihre Herbergen, um Stiefel und Sporen abzulegen und sich zum Abendmahl auf die Gildstube zu begeben, wo man bis Mitternacht fröhlich war.

Am folgenden Morgen begaben sich die Braut und der Bräutigam mit allen Hochzeitsgästen in die Kirche. Voran schritten die Spielleute und Trompeter, Diener, die große Wachskerzen in den Händen trugen, gingen zu beiden Seiten des Zuges her. In der überfüllten Kirche empfing sie feierlicher Chorgesang und in dem Sermon des Pastors fehlte es nicht an Anspielungen auf das Brautpaar. Nach der Predigt trat dasselbe vor den Altar, und die feierliche Handlung begann. Sie zog sich lange hin, denn es dauerte wohl eine halbe Stunde, ehe die Braut durch den Geistlichen dazu gebracht werden konnte, das „Ja" auszusprechen. Nun ging es wieder zum Festmahl in die Gildstube und nach demselben begannen die Tänze. Schließlich wurde der Brauttanz getanzt und zwar folgendermaßen:

Vor den Bräutigam stellten sich Winrich Zöge und Konrad Vielinghof als Marschälle, während sich hinter ihnen alle Junggesellen paarweise ordneten. So tanzte man um die Stube. Dann bildeten die Junggesellen einen Ring um den Bräutigam, der einen von ihnen ergriff, ihn herumschwenkte und ihn dann küßte, worauf der Betreffende in den Ring zurücktrat und einem anderen Platz machte. So ging es fort, bis die Reihe herum war. Dann hob man den Bräutigam auf den Händen in die Höhe, er trank dreimal ein Glas Wein und warf dann stets das Glas auf die Erde. Darauf sprang man noch eine Weile um ihn her und setzte ihn wieder ab. Hierauf tanzten mit ihm die Männer in derselben Weise. Ebenso tanzten nun erst die Jungfrauen, dann die Frauen unter dem Vortritt der Marschälle mit der Braut, doch wurde diese nicht hochgehoben und trank auch nicht. Schließlich wurde das junge Paar unter lautem Jubel in die Brautkammer getanzt.

So weit war alles gut gegangen, aber nun wurde den Kaufen so energisch auf den Grund gesehen, daß alsbald Händel ausbrachen. Ein Risbiter und ein Taube hatten einen Wortwechsel, der in Thätlichkeiten ausartete. Alsogleich nahmen die Familien Partei für die Ihrigen, die übrigen schlossen sich diesem oder jenem Geschlecht an, und die Schwerter fuhren aus der Scheide. Kreischend flüchteten die Frauen und Jungfrauen auf die Tische und Bänke, mit lautem Geschrei wälzte sich der kämpfende Haufe der Trunkenen hin und her, bis der eine Teil auf die Straße gedrängt war. Hier aber wurde noch weiter gekämpft, bis es endlich gelang, die Wütenden auseinander zu bringen.

Am folgenden Morgen wurde übrigens der Handel mit Leichtigkeit beigelegt und wer am Abend vorher unversehrt geblieben war, schloß sich dem Zuge an, in dem die jungen Eheleute sich wieder in die Kirche begaben, um dort den Ehesermon zu vernehmen. Dann ging es wieder in die Gildstube.

„Merkwürdig," dachte Eilhard, als man bei der Tafel saß, „heute will es gar nicht recht lustig werden." Er bemerkte, daß die älteren Herren einer nach dem anderen abgerufen wurden und dann mit verstörten Gesichtern wieder auf ihre Plätze zurückkehrten. Was hatten sie nur? Als Eilhard auch Bruno Thebingsheim wieder eintreten sah, eilte er auf ihn zu und fragte: „Was habt Ihr? Es sind doch nicht etwa schlimme Nachrichten aus der Moskau gekommen?"

Der von Kongota nahm den Junker beiseite und flüsterte ihm ins Ohr: „Die Reußen sind ins Land gefallen."

„Um Gotteswillen," rief Eilhard, „es ist nicht möglich."

„Es ist gewiß. Das Aufgebot des Herrmeisters, das den Adel an die Grenze ruft, ist schon gestern eingetroffen, die Herren haben aber nichts davon verlauten lassen, damit man die Köste in Freuden zu Ende bringen möchte."

Eilhard wollte fortstürzen, aber Thebingsheim hielt ihn fest. „Wohin?" fragte er.

„Nach Hause, zu meiner Mutter, zu Bärbchen!"

„Seid kein Thor, Ehlert, die Eurigen werden längst in Dorpat sein. Unser gnädiger Herr ist gewarnt worden, die Gesandten haben durch einen Reußen einen Brief an Christopher Lustfer in der Pleskau gelangen lassen, darin der Dörptsche Sekretarius Friedrich Groß an Valentin Nyhertz geschrieben, daß des Großfürsten Kriegsvolk im Anzuge. Diesen Brief hat Lustfer an den Bischof gebracht."

„Seid Ihr dessen sicher?"

„Ganz sicher, denn Johann Zöge von Erstur hat es mir im Vertrauen gesagt. Wartet nur bis zum anderen Morgen, Junker, dann reiten wir alle. Jetzt aber zu reiten, wollen wir Hermann Zöge nicht anthun."

Eilhard sah ein, daß er allein die Seinigen nicht retten konnte, wenn sie noch in Kelles waren. Und dann — Gott sei Dank — sie hatten ja den umsichtigen Bonnius. Auch war es zweifellos, daß, wenn der Bischof rechtzeitig gewarnt war, er nicht unterlassen hatte, die von Kelles zu benachrichtigen.

Trotz alledem saß Eilhard wie auf Kohlen. Die Kunde vom Einfall der Russen, die anfangs noch geheim gehalten werden sollte, kam bald zu aller Ohren, aber das Bier war bereits in den Leuten und der alte livländische Leichtsinn that das Seinige.

Überall trank man die Russen einander in ganzen und halben Haufen zu und richtete in Worten ein furchtbares Gemetzel unter ihnen an.

Als das Gelage in vollem Gange war, kam Jürgen Thebingsheim auf Eilhard zu und setzte sich neben ihn. „Dir brennt wohl schon der Moor unter den Sohlen," sagte er lächelnd, „wie?"

„Ja, Jürgen. Sei gut und brich mit mir auf."

„Das wollen wir dem von Zöge nicht anthun, Elert. Und wegen der Reußen brauchen wir uns auch nicht zu sorgen. Hörst du nicht, wie sie zu Haufen totgesoffen werden? Ich rechne, daß Jürgen Stahlbiter mindestens vierzig Moskowiter bereits in seiner Kause ersäuft hat und Wolmar Risbiter, schätze ich, nicht einen weniger. Das ist aber noch gar nichts gegen den kleinen Jakob Webbewes. Potz Marter, der fährt dir unter die Heiden wie König Artus. Nimmst du nun noch zu seiner Gurgel seiner Frau spitze Zunge, so soll es mich wundern, wenn ein Reuße lebendig wieder über die Narwsche Bäche kommt."

„Um Gotteswillen, Jürgen, wie kannst du scherzen, während vielleicht der Reuße schon in Kelles und Ranben ist."

Der von Ranben zog das eine Bein behaglich mit den Armen an sich heran. „Sei ohne Sorge," sagte er, „Bärbchen schlägt ein ganzes Geschwader mit Leichtigkeit in die Flucht. Vor der fürchten sich selbst die Tatern."

Es war Eilhard, als ob er träumte. Der lärmende Jubel rings um ihn her, der behagliche Spott seines

Vetters — während vielleicht daheim bereits alles in Flammen stand.

Der von Randen legte seine Hand schwer auf Eilhards Arm. „Ich scherze, weil ich an den ganzen Einfall nicht glaube," sagte er ernst. „Bruno ist wieder einmal ängstlich. Es mag ja sein, daß ein paar Reußen in Allentaken eine Badstube angezündet und ein paar Dirnen, die sich darin wuschen, geschändet haben, aber daß der Moskowiter wirklich im Lande sei, daran ist ja gar nicht zu denken."

„Du glaubst das?"

„Ich weiß es. Der Moskowiter fürchtet uns. Er weiß sehr gut, daß wir ihn niederwerfen. Und überdies stehen hinter uns der Kaiser und die Könige von Schweden und Dänemark. Genug davon. Und nun noch eins, Elert, sobald dein Vater zurück ist, macht ihr Hochzeit. Nicht wahr?"

„Bärbchen mag mich nicht mehr," erwiderte Eilhard düster.

„Ach was, mag mich nicht, das sind Worte. Jedes Weib mag jeden Mann, der sie niederzwingt. Glaube mir, ich habe das oft erfahren. Die Weiber sind wie die Pferde, mit Bitten richtet man nichts aus, aber laß sie die Sporen fühlen und du bringst sie über Hecke und Graben. Ich kenne Bärbchen genau. Sie will ganz in den Zügeln gehen. Du verstehst sie nicht zu führen, darum ist sie aus Rand und Band. Außerdem ist es nichts für sie, Jahr und Tag im Stall zu stehen. Das gibt bei Weibern einen harten Sinn und macht sie kitzlich. Sobald sie deine

Frau ist, mußt du sie unter die Leute bringen zu Spiel und Tanz und du wirst sehen, wie sie die Beine heben und die Nüstern blähen wird. Nein Elert, deshalb mach dir keine Sorge, eine Nonne steckt in der nicht und wenn sie sich in die Kutte hüllt, ist es Mummenschanz und weiter nichts."

„Aber wozu dieser unbegreifliche Mummenschanz?"

„Wozu? Das mußt du kein Weib fragen. Ich will dir etwas im Vertrauen sagen, denn du wirst ja doch einmal ihr Mann. Die Antwort lautet: Ein mannbares Weib will einen Mann haben. Hat sie den nicht, so wird sie traurig."

„Jürgen! Elert! Hierher! Wir ziehen wider Naugart!" schrien die Trunkenen.

Die beiden kehrten zu den Tischen zurück.

www.ingramcontent.com/pod-product-compliance
Lightning Source LLC
Chambersburg PA
CBHW032107230426
43672CB00009B/1667